ヴァナキュラー文化と現代社会

Vernacular Culture & Modern Society

ウェルズ恵子 編
WELLS Keiko

思文閣出版

目次◉ヴァナキュラー文化と現代社会

はじめに

ウェルズ恵子

二〇一八年二月一四日午後（日本時間の一五日早朝）、フロリダ州南部パークランドのマージョリー・ストーンマン・ダグラス高校で、元生徒がライフル銃を乱射して一七名が死亡するという痛ましい事件が起こった。日本のメディアはそれを銃が氾濫するアメリカでの出来事として扱い、アメリカの病巣を探る口調で報道が続いた。しかし、若者が個人で暴力を行使する事件は日本でも起こっている。ただ、背景にある社会システムと文化状況が異なるので、あたかも対岸の火事のように見えるだけである。この事件の文化状況――青少年が銃を手にする・過激な暴力事件を起こすのは必ず男性である・彼が自己実現するはずだった場所とそこに属する人々が犠牲になる――の一部はアメリカ特有で、一部は日本にも共通しうる。本書の第一部一章は、アメリカ男性の暴力と遊びという文化を分析し、問題の所在を明示している。

時を少し戻して二〇一七年秋、アメリカでは、#MeToo というハッシュタグによる性的ハラスメントの告発がいっきに広がり、年が明けた三月のいまでもそのうねりは続いている。しかし、性的ハラスメントの告発は二一世紀に急に始まったことなのだろうか。たとえば、「赤ずきん」の物語は、少女を危険にさらす男性セクシュアリティへの警告と対応の仕方を教えている。民衆が文字を読めなかった時からずっと、文化はそれぞれの時代の制約の中でハラスメントを告発し、救済を訴え続けてきた。このことに気づかなかったとしたら、それは私たちが、物語の主題を自分の文化状況に還元して聞きとる耳を失っただけなのだ。本書の第二部六章は、セクシュアリティの脅威を表した文化と、その脅威を避けて生きていくための文化的提示に耳を傾けている。

二〇一七年大晦日から元旦にかけて日本で放映された人気お笑い番組で、著名な芸人が顔を黒塗りにして登場したことに対し、日本在住のアフリカ系アメリカ人や欧米メディアから厳しい批判が続いた。顔を黒塗りにして笑いをとる文化が、一九世紀以来、アフリカ系の人々をどれほど深く傷つけ続けてきたかについて、番組制作スタッフも含めた当事者は知識を持ち合わせていなかったのかもしれない。しかしこの騒ぎによって、文化の表層だけを受容してしまうことの深刻な影響を、番組を見た人も見なかった人も理解したのではないだろうか。本書の第三部一三章と一四章は、ミンストレルショーと呼ばれた黒塗りの大衆芸能の、光と影に翻弄されたひとりの天才的音楽家を紹介している。

〈いま〉人々のすることこそがヴァナキュラー文化である。ヴァナキュラー文化の研究は、たとえ過去の文化を扱っていても、その分析は必ず現在の文化を知るための鍵になる。ヴァナキュラー文化は権威の箱に収まることなく連続し、変化しながら生き続けているものだからだ。この論文集は、そうした文化を扱っている。

身近なもの、とくに、ある共同体に固有の言語やモノや習慣を形容して、英語で「ヴァナキュラー(vernacular)」という。生活に密着し、公的権威をもたないコトやモノに対して使う言葉である。ヴァナキュラーという用語の学問的位置づけは、実はまだ確定しているとはいえないのだが、近年、政治的文脈と密着した「フォークロア(folklore)」という用語に代わるものとして使われるようになってきた。(1) その背景には、民衆ないしは一般大衆（folk）を国家の主体に考えようという近代の思想が、他方、「前近代的で」「素朴な」民衆文化（フォークロア）と「洗練された」貴族文化との差異化、ローカルチャーとハイカルチャーの区別や優劣の議論を促したということがある。その結果、フォークロアという言葉には、ある文化を過去のものとして位置づける姿勢と劣ったものとして周縁化する視線とが、執拗につきまとう。この束縛から自由になるために、ヴァナキュラーという用語が新たに使われるようになったのである。

こうした学問的な事情とは別に、私自身が初めてヴァナキュラーという言葉に触れたのは、大学時代にダンテの『神曲』を勉強したときである。勉強したと言っても、解説と作品のわずかな抜粋を英訳で読んだだけなのだが、その解説に、ダンテは『神曲』を当時の筆記言語であったラテン語ではなくヴァナキュラー（話し言葉＝イタリア語）で書いた、とあった。『源氏物語』や『枕草子』といった平安時代の代表的な作品が漢文ではなく仮名文で書かれたようなものか、それはすごいな、と思ったのを記憶している。以来、私にとって「ヴァナキュラー」は、より多くの人々に近しいもの、強く真実な訴えを持ったもの、長い年月を生き延びる価値を潜在させた文化、革新の始まり、というニュアンスを持っている。

英語の“vernacular”は、『オックスフォード英語辞典（OED）』によれば形容詞と名詞で使われ、名詞の場合は土着の言葉、方言などの生活言語を意味するか、近年の用法として、特定の土地に関連した建築物を指す。言語と建築物にのみ使用されている名詞としての用法をさらに拡大して、他の文化事象にも適応させようとしているのが、現在のヴァナキュラー研究の流れである。しかしこの用法は、とくに日本ではまだ認知度が高いとはいえないので、本書ではヴァナキュラーを慣用に準じて形容詞として用い、「ヴァナキュラー文化」とした。

本書でいう「ヴァナキュラー文化」とは、ある集団の人々の生活に深く関連した文化と、特定の時期や時代や状況や土地で発生した文化、および、そうした文化の底流となっている伝統を指している。私たちの生活が混沌としているように、ヴァナキュラー文化も人間の生の営みに関わるありとあらゆる活動を含むので、研究は学際的である。ここに掲載された一五の論考も例外ではなく、各執筆者の主たる専門分野も、文化人類学・民俗学、文学、歴史学などと複数にわたる。細分化していえば、表象研究、地域研究、音楽文化研究、メディア研究、カルチュラル・スタディーズなど、関係する専門領域名はさらに数が増える。また、論考のスタイルにもバリエーションがある。そうした多種多様な論考を、本書は以下の三部構成で所収している。

第一部は、文化の生成や創造の現場（コンテクスト）に関連した論文がそろっている。人が生きて活動している限り、何らかの文化が生成されているので、それをどう取り上げて意味づけるかが重要である。第一部で分析されているのは、生成し続けられる文化現象の枠組み（フレーム）、社会的な問題を含んだ事件の提示（リプレゼンテーション）の意味、記憶と記録およびそこに働く主体の意思に関わる問題である。

第二部には、文化の伝承や変容に関わる論文が収められている。五つの論考はどれも、ある文化のルーツと、現在と今後とを考察したものである。文化は、どのような集団の人々や背景の人々によって、どう伝承され変化しながら、どの部分を残しどこを失い、何を補って生き続けるのか。そうした動きの分析の後に、人間や社会や文化そのものについて、私たちが洞察できることは何か。第二部は、そうしたことを考察している。

第三部は、文化が変化しつつ拡散し、再生していく様子をいくつかの観点から追っている。共通する視点は、文化の創造主体である〈人間〉だ。つまり第三部では、個別の文化的生産物を追うのではなく（たとえば、ある歌がどこへ拡散しどんな歌に変化・再生するのかというような追跡よりも）、文化的な生産者や享受者（たとえば、歌を作ったり歌ったりした人々、歌を聴いたり個人的に楽しんだりした人々）に光を当てて、その人たちがどのような状況で何をしたかを説いている。畢竟、文化とは、社会や時代の影響を受けながら生きる人間の、行為の写し絵だからである。

少し話が変わるが、自分はなぜ研究がしたいのだろうと考えることが時々ある。理由は幾つか思いつくものの、つまるところ面白いからやっていると思う。ゼミ生が卒業論文のテーマを選ぶとき、最近では、身近に観察しうる文化現象分析を卒論テーマの候補にあげる学生が多い。理由は、「面白そうだから」だという。そう簡単ではないよと言うこともあるが、自分だって面白いから研究しているのだし、「では、その勘を信じてやってごらん」と、なるべく励ますようにしている。他方、どのようなテーマ設定を促し、どう資料収集を指導し、着眼点を提案し、何を評価したらいいのだろうということは、いつも悩みの種だった。これは同時に、自分自身の論文についても言えることである。

それで、文化研究論文のサンプル集を作りたいと思ったのである。研究の要点とアプローチが明確で、専門外の人でもわかりやすく、学生なら真似がしたくなるような論文のバリエーションを一冊にできたらいいなと思った。今まで見逃してきたことや当たり前に感じてきたことが、意味を持って立ち上がる、意識的に観察してこなかった身の回りの文化（人間の生の営みとその現象）の深層が、平易な文章で明晰に示してある、そういう本を編集してみたかった。

もっと気負って言えば、ヴァナキュラー文化研究と現代的関心とのつながりを、研究対象や研究方法のバリエーションも含めて、広範に見せる身近な本を目指した。

この本は、ヴァナキュラー文化研究論集の実験である。文化とは、〈いま〉を生きる私たちと密着して、私たち自身の課題として研究されるべきだという意思の表明でもある。同時にこの本は、雑多なものを雑多なまま受け入れつつ、明晰な考察をわかりやすい言葉——可能な限りヴァナキュラーに近い言葉——で提示したいという、私自身の希望の具体化でもある。

国内外で活躍する研究者の方々に各分野から本書へご寄稿いただいたことは、編者として僥倖であった。本書の試みと内容とに、読者のご批判を承れれば幸いです。

（1）「フォークロア」から「ヴァナキュラー」への展開については、小長谷英代『〈フォーク〉からの転回——文化批判と領域史』（春風社、二〇一七年）の序章および第一章「「ヴァナキュラー」——「文化」への超領域的視点」に詳しい。

I

生成・創造

1　アメリカの文化における暴力と遊びのフレーム化

サイモン・J．ブロナー（石田文子 訳）

要点とアプローチ

暴力に関する研究は、戦争や暴動を扱ったものであれ、民族紛争を扱ったものであれ、伝統化された集団的暴力に焦点をあてる傾向がある。「伝統化された暴力」というのは、「ある文化の中で人々が習慣的に行い、今では当然のように受け入れられてしまうタイプの暴力」を指す。ところで、ある個人が集団の中で遊んでいるつもりで、その実、暴力的な表象を発動したり暴力行為におよんだりするとき、その人は伝統をどう利用しているのだろうか。そのような状況は、しばしば「フレーム化」、すなわち他と区別されている。暴力的な攻撃がフレーム化されている場合、それはよくあることだと社会が合意して受け入れてしまったり、暴力の脅威があるにもかかわらず〈遊び〉という括《くく》りでしか認識されなかったりする。したがって、こういうフレームによって生じるパラドックスはまさに、フレーム内での行為が、たいてい〈冗談《ジョーク》〉として認識されてしまうことだ。フレーム内で様式化された攻撃的な言葉や行為に対して、その場にいる者は面白おかしい雰囲気を期待する。このようにしてできているフレームだからこそ、文化的に重要なのである。面白いのだという前提があれば、暴力的な言説（物言い）や暴力的行為について話しやすく〈コメントしやすく〉なり、結果的にその暴力的言説を別の人へと伝達し広めていくことになるからだ。暴力的な言動の場に居合わせた人間が、そこで見聞きしたことを他人にどう伝えるかを研究することによって、暴力的な言動が〈遊び〉として伝達され拡散する状況が社会的に重要な意味を持つことが明らかになる（様式化された暴力的言説や行為の現場に居合わせた者が、そうした言説や行為を〈遊び〉のフレームで認識して、そこにいなかった者へ〈遊び〉としてコメントし伝達することは、「メタコミュニケーション」に分類することができる）。

図１　「パイリング・オン」という遊びをする少年たち。20世紀半ばのアメリカ合衆国にて〔サイモン・ブロナー提供〕

男児がする悪ふざけや、通過儀礼としての新入りいじめ、路上での暴力的なパフォーマンスなどのたわいない行為のフレームは、そのフレームの社会的構築に影響している、より広範で国民的な暴力の様式について、いくつかの疑問を浮き彫りにしている。たとえば、おもちゃの銃で撃ち合ったりするような攻撃的な遊びは社会で起きた事件を反映しているのか。あるいは、鬼ごっこのような逃げる行為を含む遊びは社会からの逃避を象徴しているのか。子供の遊びを見た者はそんな疑問を抱くだろう。

また、子供たちが集団で敵対する相手をしばいたり、ぶちのめしたり、やっつけたりするときや、相手の不格好をあげつらう際に口にすることは、性的、人種的な侮辱が含まれることが多く、それを耳にすれば、社会一般に存在する差別や偏見について考えこんでしまうだろう。特にアメリカでフレーム分析が必要である理由は、アメリカの伝統の多くが暴力と結びついているからだ。たとえば、アメリカ人は独立戦争や西部「辺境地帯」の征服、アウトロー、ギャング、暴動などにしょっちゅう言及し、こうした伝統の項目は暴力によって築きあげられた国家特有の遺産として認識されているのである（Slotkin 1973）。

暴力的な過去が現在に影響をおよぼしているというアメリカ人の自国に対する認識は、自分たちを比較的非暴力的な国民だとする日本人の一般的な認識とは対照的だ。この自己認識の違いは、個人主義的で民主主義的なアメリカの社会と、集団主義的で序列的な日本の社会の違いによるのだろうか。日本にも関連することだが、私がアメリカで主に論じている問題は、ゲームや文学、映画、音楽などフレーム化されたアメリカの文化的営みが、集団的暴力に対する国民の意識の変化にどう影響しているかということである。

図2　おもちゃの銃で遊ぶ子供たち。20世紀半ば〔サイモン・ブロナー提供〕

そもそも私が「アメリカの暴力の文化的ルーツ」という大きな問題を整理する一つの方法としてフレームを使用するのは、近代化が引き寄せた核心的な疑問を解明するためである。その疑問とは、「人が日常生活で考えたり行動したりすることは、その人物が意識的にあるいは無意識的に参加している特定の文化的状況とどう関係しているのか」である。理論家の仮説によると、複雑な現代社会では、人々は異なる環境、異なるキュー（行動のきっかけとなる暗示）、異なる関係者が存在するさまざまな状況で、適切な行動や言葉を識別しながら生活している。前近代的な社会では、人々は特定の場所に縛られ、狭い地域にいるすべての人間を知っていた。したがって、見慣れない状況はほとんどなく、適切な行動や言葉を識別するのは難しくなかった。一方、現代では空間的な移動の範囲が広く、未知の人間と遭遇する機会が多いので、適切な行動や言葉を識別するのは難しい。だから、人々は多様な状況での振る舞いを伝統的な知識や慣例に頼って判断し、それを身につけるようにしている。多様な状況は、他人との関わりの中で、仕事、余暇、スポーツ、家族、友人、家庭、遊びというふうに社会的に定義され、構造、象徴、意味とともに読み取るべき「テクスト」と考えられている。ある状況に参入するとき、人は無意識にフレーム化をしてしまう。つまり、ある場面での自己表出的なコミュニケーションが持つ動機や戦略を理解し、その逆説的な意味（暴力なのに遊びと認識されるような逆説）を説明したりコミュニケーションに含めたりしようとするのである。著しく逆説的で文化的に意味のある場面としてフレーム化されたコミュニケーションを分析することは、現代における暴力と遊びのボーダーレス化に関する多くの議論の土台となっている（Bronner 2010; Mechling 2009）。

暴力と遊びの逆説的な結びつきは重層的な問題をはらんでおり、暴力が遊びと認識される現場にはさまざまな矛盾や謎が数多く観察され、記録されている。以下におもな疑問点を列挙してみた。

1　もし人が本当にフレームを用いて考えるのだとしたら、いわゆるポストモダニティと呼ばれる現代よりも、昔のほうが暴力と遊びの境界線ははっきりしていたのか。それとも、その境界線が曖昧化して見えること自体が、ポストモダニティの産物なのか。

2　アメリカの文学やメディアや言語は、自分たちアメリカ人は攻撃的だという国民意識を育んできた歴史的議論にならい、暴力を「成人が集団的かつ全階層的に行うもの」と定義してきたのか。

3　もしそうなら、なぜ「若者による単独の同階層内での暴力」にこれほど注目が集まっているのか――それは極端な個人主義に対する懸念の表れなのか。

4　文化をテクストとして分析対象にした場合、現代の言語や文学に現れる「過激な」「恐ろしい」「衝撃的な」「無差別な」「不可解な」などの暴力を形容する修辞は、どのような意味を言外に含んでいるのか。

右の疑問に対する答えを探るために、私は以下の三つの仮説を提唱する。第一の仮説は「精神病理学的な意味での正常と社会的な意味での正常の区分が崩壊していることから、さまざまな区分の境界が曖昧になっている」である。第二の仮説は「現代の暴力と遊びの過激化は、虚構や現実におけるセクシュアリティの危機、特にマスキュリニティ（男性性）の危機に関係しており、人々の意識の状態が変化したこととも関係している」である。第三の仮説は「芸術や遊びやスポーツなどの表出的文化こそ、このようなボーダーレス化を先取りしたり、敏感に反応したり、助長したりするものについて我々が分析する際に重要な役割を果たす」である。

若者たちの暴力事件

このテーマに対する私の関心に、過去二〇年間影響をおよぼしてきたのは、一九九六・九七年の日本での滞在中に見聞きしたことであった。一九九七年七月、一五歳の少年が神戸で二件の殺人を犯して逮捕され、たいへんな騒ぎとなった。アメリカなら、これほどすさまじいメディアの注目を集めることはなかっただろうが、当時、地元自治体の関係者たちは、こんな恐ろしい暴力が（彼らの言い分によると）伝統的に和や秩序を重んじる日本で起きたとは信じられないというコメントを相次いで発表した。逮捕前、犯人の少年は、自分を捕まえてみろと挑発する手紙を警察に出し、その中で殺人を愉快な「ゲーム」と呼ぶ特異な表現を用いていた（Chen 1997; Levinson 2001）。当惑した日本の行政指導者たちは、このような「フレーム」が日本の社会から出現したはずはないと考え、原因は日本の若者文化がアメリカの暴力的なコンピュータゲームに傾倒していることにあるとみて、こうした文化を繰り返し非難した。犯人の少年は逮捕後、精神鑑定によって性的サディズムと診断される（町沢 2000）。

性的サディズムとは、他者を傷つけることによって性的興奮や満足を得る精神障害の一種だ。事件が起こってから数週間のあいだ、英字紙の『ジャパンタイムズ』には「我々の知っている平和で秩序正しい日本にいったい何が起こったのか」と問う論説があふれていた。精神科医がこのショッキングな殺人の原因は精神的な疾患によるものだと合理的に説明しても、新聞への投書の多くは、日本社会の変化ではなくアメリカの有害なポップカルチャーの影響が原因だと主張していた。他方、私が話した学生たちは日本の社会について違う見解を持っていて、日本は「安全な」社会だという国民的な自己認識はまだ存在するものの、急激な都市化やポップカルチャーの浸透によって、親孝行や若者の従順さを重視する価値観に変化が生じていると指摘していた。

一方、アメリカも神戸の事件の二年後に、自国の若者の危険性について考えさせられるときを迎えた。その年、コロラド州リトルトンのコロンバイン高等学校で、たくさんの銃や爆弾で重武装した二人の最上級生が、一二名のクラスメートと一人の教師を殺害したのち自殺したのである。事件後、犯人の少年たちの日記や生活についての調査の結果、文学や音楽、メディアなどが、少年たちの一見不可解な行動と密接に関係しているとされた（Cullen 2009; Kass 2009）。二人とも、新異教主義的なゴスカルチャーや、『ドゥーム』、『ウルフェンシュタイン3D』といったコンピュータゲーム、一九九四年の『ナチュラル・ボーン・キラーズ（*Natural Born Killers*）』のような過激なバイオレンス映画、死や身体傷害に関する言葉をふんだんに盛りこんだ歌詞をまくしたてるラムシュタインやマリリン・マンソンなどのヘヴィメタル・バンドに興味を持っていた。また、彼らが「ひと騒ぎ起こす」のに選んだ日付けは、アドルフ・ヒトラーの誕生日か、一九九五年四月一九日に起こったオクラホマシティ連邦政府ビル爆破事件に関係するのではないかと推測するジャーナリストもいた。

残念ながら、学校での銃乱射事件はその後も続いた。「コロンバインする（to pull a Columbine）」という言い回しがアメリカの俗語となって、たとえば、二〇〇七年、学校銃乱射事件としては最多の三二名の死者を出したヴァージニア工科大学銃乱射事件で、二三歳の犯人チョ・スンヒが犯行を予言する際に使っていた（Grider 2007, 5）。チョは中等学校生のときに選択性無言症をともなう重度の不安障害と診断されていた。さらに、二〇一〇年には、リトルトンの街と学校銃乱射犯の精神疾患がふたたびニュースに登場した。三二歳の男が銃を持ってコロンバイン高等学校にほど近い場所にあるディア・クリーク中等学校を襲撃し、事件を報じた記者たちは、いわゆる「コロンバインの大虐殺」の悪夢を思い起こさずにいられなかった（Meyer 2010）。他の学校襲撃事件の場合と同じく、犯人には精神的な障害と社会的な困難があったと推測されたが、ポップカルチャーのように広く一般に共有された文化の中で、ちょっと変わった攻撃的な行動と精神疾患とを区別することの難しさについて、さまざまな論評がなされた。ディア・クリーク事件の場合、犯人の父親の言によると、犯人は統合失調症を患っており、「幻聴に襲われたり、とても支払えないほどの金額の買い物をしていた」という（Pankratzs, Vaughan, and Bunch 2010）。

学校関係者や保護者だけでなく、研究者たちも二〇世紀末から二一世紀初頭にかけて、子供たち、すなわち暴力とは無縁だと思われていた層における暴力の蔓延に言及している。研究者たちは銃乱射事件の犯人の特徴をみつけようとして、次のような犯人像を描いた。

・若者である
・学校ではいじめられているか疎外されている
・家庭では虐待されているか家族がばらばら
・精神病の兆候がある
・銃や暴力的なコンピュータゲームに興味がある

などがおもな特徴だが、

・動物を虐待する傾向がある

という報告もあった。

議論は学校の指導教官やソーシャルワーカーたちから人文系の研究者にまで広がっていき、人文系の研究者は特に、近代化によって期待されていた秩序ある社会を維持するにあたっての文化の役割を分析するよう求められた。たとえば、私はアメリカの若者文化を研究してきた者として *American Children's Folklore*（1988）という本で、庇護された無垢な存在という子供のイメージを打ち破ろうとした。また二〇〇二年には、アメリカにおいてティーンエイジャーが社会的脅威と認識されつつある問題について論じた学術誌に“Folklore Responds to Colonbine and Adolescence”（コロンバイン銃乱射事件と思春期の問題への民俗学の反応）というタイトルの序論を寄せた。その中で私は、青少年による暴行、薬物濫用、脅迫などの犯罪は、統計によると一九九〇年代を通じて減少しているのに、世論調査では、若者のあいだで暴力が蔓延しているとか、青少年は危険で怖いとかいう認識が増えていることを指摘した。

アメリカでは、暴力に関する言説は、コロンバイン銃乱射事件についての言及を避けて通れない。学校銃乱射事件に関する研究報告をみると、犯人はすべて少年で、本人が敵対的と感じた環境の中で「自分の地位を確立」しようとしていた例が多いことから、思春期の葛藤とともに男性であることの葛藤に焦点があてられている。かつて、思春期の難局に対して少女たちよりもうまく対処できると考えられていた少年たちが、とつぜん危機に瀕したようだった。しかも彼らは、周囲から「女々しいやつ」「いくじなし」「ホモ」という烙印を押されることによって、ますます苦しくなっているようであった。

親の養育態度、特に自由放任主義とともに、かつては緑豊かで家庭的で平和で子育てに適していると考えられた郊外のよそよそしい環境も問題視されるようになった。暴力に関する言説の焦点が、都会の、有色人種の、恵まれない環境で育った若者による暴力から、いわゆる「ジェイソン効果」という現象にシフトしたのだ。「ジェイソン効果」とは、私が一九八〇年の人気ホラー映画『13日の金曜日（*Friday the 13th*）』にちなんで名づけたものである。『13日の金曜日』では、現代の怪物が、一見ふつうの近所の子供として主流社会の中にまぎれこんでいる（Brake 2005）。この手の映画でしばしばほのめかされるのは、「精神異常者が社会の主流の中にまぎれこんでいるのに、その隣人たちはそれについて情報を与えられず、その結果、殺人者が守られている」という論理である。現実には暴力的な犯罪は減少しているのに、映画やコンピュータゲームの中では、無差別攻撃や、心の病を隠し持つ切り裂き魔などが増加している。私が日本でアメリカ文化の講義をしていたとき、学生から最初に受けた質問の一つが「先生は銃を持っていますか？」というものだった。私がびっくりして「なぜそんなことを訊くのか」と問い返すと、その学生は「日本のテレビでみるアメリカの番組では、アメリカ人はみな銃を持っているみたいだから」と答えたのである。

銃の所持は暴力を防ぐのか、それとも助長するのかという問題は、二〇一六年の大統領選でもさかんに議論された。リベラル系の候補者が銃の所持を「厄災の種」と宣言し、保守系の候補者は「権利」と主張したが、ちょうど時を同じくして元兵士の二五歳の男がテキサス州ダラスで五人の警官を射殺した。殺された警官たちは、アフリカ系アメリカ人に対する警官の蛮行に抗議する平和的なデモの警備にあたっていた。また、同年六月には、フロリダ州オーランドのゲイが集まるナイトクラブで、たった一人の男が銃を乱射して四九人を殺害し、五三人を負傷させ、国中に衝撃が広がった。フロリダの事件は犯人がイスラム教徒で同性愛を嫌悪していたことから、「ヘイトクライム」とみる向きが多かった。銃規制法の成立を叫ぶ世論にもかかわらず、その実現は連邦政府レベルで行き詰まっていた。連邦議会議員の中には、法案の議決を求めて下院で座り込みを挙行し、表情豊かに歌やシュプレヒコールを口ずさんだ者もいる。

日本では、二〇〇五年に大阪府寝屋川市の小学校で、一七歳の少年が包丁で教職員に無差別に切りつけ、教師一人が死亡、他の職員二人が負傷した。このときも、暴力を誘発し攻撃的な若者文化を醸成するものとしてコンピュータゲームが非難され、大阪府は暴力的なゲームの未成年への販売を禁止した。さらに、暴力的なコンピュータゲームを有害図書類に指定し、若者に「健全な生育環境」を提供する際の障害となるものとみなした（Gamespot Staff 2005）。この規制条例は神奈川県や埼玉県の同様の条例にならったものである。ゲーム制作会社の広報担当者たちは、コンピュータゲームの人気が高まっているにもかかわらず、日本の凶悪犯罪の発生件数は増えていないと指摘したが、中には、日本の文化的価値に配慮した地域限定バージョンを作った会社もあった。たとえば、カプコンは人気のゲームソフト『バイオハザード』の日本版で斬首その他の残虐シーンを削除した（Klepek 2015）。

コロンバイン銃乱射事件後の言説を読み解く一つの方法は、「子供時代は遊びの時期だというフレーム化」と、そのフレームの中に存在する「新しい世代が成長して大人になったとき、どんな倫理的価値観を持つことになるのだろうという懸念」が混同されている点に注目することだ。当時、研究者たちは若者文化の実態をどんどん解明しつつあったし、子供は純粋無垢だという考えは時代遅れだと明らかにしていた。にもかかわらず、若者があまりに幼い段階で社会的脅威になっているという考えが広まり、アメリカ文化全般に対する見方がゆがんでしまった。そういった若者脅威論の中には、若者は独立心が強すぎて成熟するのも早すぎ、もはや親がコントロールできないという考えも含まれていた。このようにして、日常的な会話の中でも、文化の中でも、若者は「凶暴」になってしまったのだ。少年たちはフェミニズムのせいで適切な行動様式が把握できなくなってしまったのか、あるいは反対に男性中心主義が強まっているから過剰に男らしさを示すようになってしまったのか。それはさておき、ジャーナリスティックな批評家の多くは、少年たちの行動がますます乱暴になり、過度に男性性を強調するようになってきていると見ていた。

銃の使用を抑制するための教育プログラムや法律の制定にもかかわらず、おもちゃの銃を使った遊びや町中での暴力的パフォーマンスは相変わらずニュースに登場し続けた。中でも、従来から銃と関連づけて考えられてきた黒人やマイノリティやスラムの非行グループによるものよりも、「退屈」していたり、過度に「競争心が旺盛」だったりする郊外の若者によるものが目立った。また、アメリカで二〇世紀後半まで圧倒的に人気のあったスポーツは野球だったが、最近の若者には、野球の娯楽的なのどかさよりも、アメリカン・フットボールの暴力的な激しさのほうが魅力的らしいということも指摘された。さらに、「伝説の冒険(lore of legend quests)」や「窒息ゲーム(breath control games)」や「オカルト遊戯(supernatural play)」といった類の都市伝説や遊びが紹介され、現代のティーンエイジャーは死に取りつかれていて、それはポストモダン的な強迫観念だという指摘もなされた。そういった遊びの多くは昔からみられた伝統的なものであるという民俗学者たちの指摘(Ellis 2003: 220–35; Tucker 2008–2009)は、あまり顧みられなかった。

言語

ここで、遊びの中の暴力というパラドックスが前面に出てくる表出的文化のいくつかのジャンルを概観してみよう。まずは言語についてだが、私は暴力的表現の兆候を明らかにするために、一三歳未満の子供たちのあいだで使われるスラングを蒐集し、その中で最も多くみられるテーマをまとめたことがある(Bronner 1988: 38–40)。そして、子供たちがごくふつうに、競い合いを命にかかわるものとしてフレーム化していると気づいた。子供たちは「こてんぱんにやっつける(clobber)」「ぶった切る(whack)」「たたきのめす(smear)」「殺す(kill)」「しばく(kick ass)」「ぶちのめす(kick the shit of)」「痛めつける(fuck up)」などといって相手を脅す。「自分の銃にしがみつく(stick to your guns)」という言い回しは「多数派の圧力に屈さず自分を押し通す」という意味で用いられ、個人主義的な考えが表れている。だからといって、目立つことがいつも歓迎されるわけではない。ティーンエイジャーは、ふつうではない子や「まともな子たち(regulars)」とうまくなじめない者を、「変人(weirdos)」「キモい野郎(freaks)」「イカれたやつ(geeks)」「オタク(nerds)」などの俗語を使って表している。上流階級意識や自己陶酔癖があるエリートも「セレブ(A-listers)」などといって疎《うと》んじられる。

少年のあいだでも少女のあいだでも、社会的優劣を表現する際は、男らしさに関する二項対立的な表現が用いられる。屈強であることや勇敢であること(英雄願望と関係する特性)は好ましいものとされ、反対に、軟弱で女性的で細かいことにこだわるホモセクシャル的な人物は好ましくないとされる。「フォークロア」(常套的に人々のすること、習慣、やり方)は、このような偏見に満ちた言葉遊びを機能させるための一種のルールを定め、それを利用して大胆で反権威主義的な「境界越え」を行う。そういう例として注目すべきものの一つに「悪口の応酬(contests-in-insults)」がある。この遊びは、かつてはアフリカ系アメリカ人だけのものと考えられていた(Bronner 1978)が、MTV(米国の音楽専門有線テレビ局)の『ヨー・ママ(*Yo Mama!*)』のような二一世紀の人気テレビ番組によって、黒人と白人の両方の文化として様式化された。昔から変わらないのは、参加しているのは男性だけで、他人の母親に対して言葉で性的虚勢を張る場合が多いということである。そのことから、こういった悪口の応酬は、男らしさを誇示する機能を持つと考えられている。それは、遊びのフレームによって許容される、フェミニズムや平等主義の原則に対する攻撃だ。悪口の応酬に参加する若者たちは、女性である母親から独立していることを、自己中心的で攻撃的な男根期的性格を誇示することによって示しているのだ。ただしそれによって、かえって母親が自分たちの社会の中心であることを明らかにしてしまうことになる(Abrahams 1962)。

チャールズ・クレイ・ドイル、ウルフガング・ミーダー、フレッド・R・シャピロによって編纂された *The Dictionaries of Modern Proverbs*（2012）も、アメリカ文化に深く染みこんだ攻撃的な言説を探す手がかりとなる。ここには二〇世紀に入ってから出現した、一般によく使われることわざが集められている。注目すべきは犯罪者が法を逃れることに関する言い回しで、アメリカ人の反権威主義をあおるようなものだ。たとえば「唯一の犯罪は捕まること」、「被害者がいなければ犯罪ではない」、「捕まらなければ違法ではない」などがそれにあたる。そのほかに、宗教的規範を破ることを示唆するようなものもある。一例が「己の欲するところを相手にせよ」というキリスト教の黄金律をもじった「己がやられる前に相手をやれ」というものだ。また、攻撃的であることの価値を、個人主義がむきだしの勇ましい言葉で主張するものもある。「戦う価値のあることは、汚いやり方をしてでも戦う価値がある」、「徹底的にやる気がなければ最初からやるな」、「状況が悪くなればなるほど、強い者が勝つ」、「度胸がなければ栄光はない」などがそれだ。当然ながら、銃に言及したものもある。「銃を抜いたからには必ず撃て」、「銃には逆らえない」などだ。

ことわざが文化的に重要なのは、ことわざには集団的英知が含まれ、社会の基本的な価値や通念が凝縮されていると一般的に考えられているからである。また、ことわざは一般に、伝統的な知識として、上の世代から若い世代に伝えられるものであり、若い世代から生まれるものではない（Mechling 2004）。さらに、民俗学者のジェイ・メックリンが指摘しているように、「子供たちの倫理行動はその場の状況に大きく左右される」。子供たちの行動規範は、大人のまねをすることや、直近の文化的環境を構成するさまざまなフレームの中で、攻撃的な言説がどのように使われているかを学ぶことによって形成されるとメックリンは述べている。

遊び・スポーツ

「カウボーイとインディアン」、あるいはその名称は古いと感じる向きには「男の子と女の子」といってもよいが、そういった、集団でする鬼ごっこはアメリカの子供たちが最初に覚える遊びの一つだ。私は以前、かくれんぼについて *Exploring Traditions*（2011）という本で論評したことがある。かくれんぼ遊びは世界中でみられるが、アメリカでは小さな子が親の権威に反抗する状況が強調されるという変わった特色がみられる（2011: 208–11）。日本やイギリス、ドイツなどでは、かくれんぼの鬼は強い権限を持っているが、アメリカの鬼は現実世界の親のように「家」にいて、基地や家のような安全地帯から出て散らばってしまった子供を、ほとんど制御することができない。子供たちは好き勝手に隠れ、鬼はふつういつまでも鬼のままで、他の子供たちを探しまわる。このような昔ながらの遊びは、何かが失われてそれを探したり取り戻したりするという直線的な物語構造を含んでいる。それは、参加者すべてが主人公でもあり敵役でもあるという、同時多発的あるいはポストモダン的な遊びと対照的である。後者の特徴は、「バイキンうつし（Cooties）」や「暗殺者（Assassin）」や「殺し屋（Killer）」といった遊びに顕著で、参加者はみな基本的に「逃げだす」と同時に「他の参加者を捕まえにいく」。というのは、どの参加者も他の参加者を捕まえることができる一方で、他の参加者から捕まえられることもあるからだ。参加者は、誰が誰を捕まえられるかわからないことさえある。しかもゲームは日常生活の中でずっと続き、かくれんぼのように、「はじめ」という掛け声とともに、ある特定の時間、特定の場所でするといった決まりがない（Bronner 1995: 124–25）。

遊びやスポーツというジャンルにおける暴力のとらえ方は、それが現実からの逃避を意図するものなのか、現実をくつがえそうとするものなのか、あるいは現実を補強するものなのかという問題も含めて、たしかに複雑で

図3 『ビッグ・バック・ハンター・プロ』というビデオゲームで遊ぶ子供。ペンシルベニア州ハンバーグの「カベラス」というアウトドア用品店にて〔サイモン・ブロナー提供〕

ある。たとえば、私は *Killing Tradition*（2008）という本の中で、アメリカ人が自分たちの伝統の象徴として狩りに魅力を感じることについて、近年広まってきた動物の権利を重視する平和主義的倫理とともに考察した。その結果、メディアでは狩りをする人物も動物への虐待も一貫して否定的に描かれているのに、意識調査では狩りはアメリカ人の重要な活動として一般的に支持されていることがわかった。

同じような不思議なパラドックスはアメリカン・フットボールに関してもみられる。アメフトは、誰もが気軽に参加できる類のスポーツではなく、男性中心のスポーツだし、極端に闘争的で、現代の市民社会で優勢な進歩的価値観に明らかに逆行している。にもかかわらず、もっとも人気があって、おそらくもっともアメリカ的なスポーツとみなされている。このようなパラドックスはインターネット上の営みにも広がっており、インターネットは暴力的な遊びに関心のある人々が交流する活動領域の一つではないかと私は考えている（Bronner 2009）。

暴力の源を突き止める際に特に厄介なのは、コンピュータゲームやドラッグカルチャーが、公共スペースで個人が犯す通り魔的な暴力に関係しているという主張だ。二〇一一年一月に発生したアリゾナ州ツーソン近郊の銃撃事件では、二二歳のジャレド・リー・ローフナーという男が、ゲイブリエル・ギフォーズ下院議員主催の「あなたの町の連邦議会」というイベントで参加者に向かって発砲し、ギフォーズ議員を含む一九名が撃たれて、うち六名が亡くなった。事件は世界中のメディアで報じられ、アメリカ国内では、トークショーや新聞、テレビの社説、声明などで、「社会の秩序が失われ、暴力に取って代わられた」と嘆く声があがった。その多くは政治色を帯びていて、保守派はリベラル派がアメリカの道徳的退廃を助長したと非難し、リベラル派は銃規制の法制化を阻止する保守派を責めた。

私が本章で提起している論題は、正常であることの曖昧さであり、それが公の場での言説や表出的文化の中にどのように投影されているのかということであるが、特に、暴力が存在する一方で流動性や自由が奨励される開かれた社会のポストモダン的ジレンマの中で、正常と異常のボーダーレス化がどのような様相を呈しているのかに焦点をあてている。その観点からツーソン銃撃事件の論評について指摘できることは、それらの論評の多くが、犯人のローフナーの精神状態に関するものだったということである。ローフナーの友人の中には、彼のことを「正気でない」とか「凶暴だ」とかいわずに、「おもしろいやつだった」とか「風変りだった」と証言する者もいた。また、ローフナーが思春期の頃にコンピュータゲームやドラッグやヘヴィメタル音楽に傾倒していたことはもちろん言及されたが、それは必ずしも異常ではないと何度も指摘された。たとえば、『ニューヨークタイムズ』の記事にはこう書かれている。「友人たちは、ローフナーがマリファナやマッシュルームなどのドラッグ、特にサルビア・ディビノラムという幻覚作用のあるハーブを使用していたと述べている。（中略）しかしそのことでローフナーが高校時代の友人たちと比べてとりわけ目立っていたわけではない。ドラッグに手を出したり、『ワールド・オブ・ウォークラフト』や『ディアブロ』といったコンピュータゲームをやったり、ゴス音楽その他の逸脱的なサブカルチャーを経験した者はほかにもいた」(Barry 2011: 16; Yardley, Luo, and Dolnick 2011)。

ローフナーが通っていた大学が、彼が抱えていたという精神衛生上の問題に適切に対処していなかったと批判するコメンテーターも多かったが、大学や行政の関係者は、プライバシー保護の規則のもとでは、大学がローフナーに強制的に治療を受けさせることはできないし、彼が危険人物とみなされていなかったとしたらなおさらだ、と指摘した。ここでもまた、個性の表出と精神異常との境界が曖昧になっていることがわかるのである（Bronner 2014）。

音楽・詩歌

一般向けの新聞・雑誌・テレビ等はヘヴィメタルやオルタナティブ・バンドのあからさまな攻撃性が、芸術と人生、遊びと現実のボーダーレス化に影響を与えているとたびたび報じている。コンサートという「文化的シーン」で観客が参加する活動の中には、じっさいに攻撃的な行為が起こる可能性の高いものもある。観客が互いに体をぶつけあって小競り合いのような様相を呈するのが典型的な例だ。コンサートの主催者は、「モッシュピット（ステージ前で観客が踊る場所）」での激しい踊りが制御不能になり、暴動につながることを懸念している。

しかし、その手のコンサートやヘヴィメタル音楽を性急に非難する前に、アメリカ民謡には殺人をテーマとした物語詩「マーダーバラッド（murder ballad）」という独特のジャンルが存在することに注目してほしい。スコットランドやアイルランドなどヨーロッパの先達のバラッドでも、ヒロインが恋のために死んだり、兄弟が争って恐ろしい結末になったりが定番の悲劇がもちろん存在する。有名なのが「トマス卿と色白のエリナ（"Lord Thomas and Fair Ellinor"）」というバラッドで、トマス卿は「（自分の）花嫁の首を根元から切って壁に投げつけた」とある。しかし、ヨーロッパのバラッドの場合、その多くは貴族の世界が舞台で、貴族的精神にのっとったシナリオになっている。一方、二〇世紀まで口承による物語詩を作り続けてきたアメリカでは、もっと大衆の関心に訴えるポピュリズム的なものになっている。だがもちろん、ヨーロッパと同じように恋愛や家族関係の悲劇がテーマになることが多い。残虐な死が、警告として、あるいは「こういうことがここでも起きた」と伝えるその土地の物語として表現されている。一八九二年にマサチューセッツ州で両親を殺害したリジー・ボーデンを歌ったわらべ歌には、現代にも通じる文脈がみられる。

リジー・ボーデン斧をとり
母さんを四〇回めった打ち。
ふと我に返ってから
父さんを四一回めった打ち。

Lizzie Borden took an axe
And gave her mother forty whacks;
When she saw what she had done
She gave her father forty-one.

アメリカの民間伝承でリジーの悪名が高いのは、おそらく彼女が無罪放免になったからだろう。このわらべ歌の歌詞はリジーが明らかに殺人を犯したのに罰せられなかったというパラドックスをいじっている。リジー・ボーデンの歌が子供たちのあいだでいつまでもすたれないのは、覚えやすい韻文になっているからという以上に、リジーが罪を犯しながら無罪になった点と、リジーの両親が恐ろしい死に方をしたのは自業自得だとほのめかしている点に負うところが大きいと私は思う。それはたとえば次のような歌詞に表れている。

あんたはすべてに耐え
すごい度胸をみせた
その肝っ玉のおかげで
あんたが両親を殺したということは
きちんと証明されなかったよ

You have borne up under all
With a mighty show of gall
But because your nerve is stout
Does not prove beyond a doubt
That you knocked the old folks out,

リジー・ボーデン　Lizzie Borden.　（Burt, 1958: 15）

殺人を正当化することはアメリカのマーダーバラッドのテーマの一つだ。だが、もっとのちの時代の民間音楽では、殺人が面白いものとして、あるいは男らしさを誇示する手段として犯されることに注目が集まっている。たとえば、有名な例として、ジョニー・キャッシュの「フォーサム監獄ブルーズ（"Folsom Prison Blues"）」がある。その中で、「おれ」はリノで男を一人殺すが、その理由は「ただやつが死ぬのを見たかったから」だった。また、長年歌い継がれてきたバラッドで、一つの変化を示しているのが「パール・ブライアン（"Pearl Bryan"）」だ。これもまた、実在した一九歳の少女パール・ブライアンの伝説として登場する。パール・ブライアンは一八九六年にインディアナ州グリーンキャッスルで中絶に失敗したあと死亡した。死因は薬物の大量投与というのが真相らしいが、バラッドや伝説の注目は、彼女の頭部が切断されていたことに向いている——頭部切断という方法が、若い娘を殺すやり方として、あまりにもひどいものとして注目されているのだ。

翌朝、みんなは興奮し　Next morning the people were excited
あたりを見回し、言ったとさ　They looked around and said
死んだ女がここにいる　Here lays a murdered woman,
でも、頭はいったいどこにある?　But where, O where is her head?　（Burt 1958: 32; Baker 1992）

アフリカ系アメリカ人のブルーズはロックの隆盛にも大きな影響を与えたが、その歌詞に頻繁に登場する決まり文句（フローティング・リリックス）にも、暴力は不可欠の要素である。研究者たちは、わけのわからない歌詞の多くが、男性の虚勢を示すものであり、抑圧された人間にとって現実逃避や異議申し立てとして機能していることに気づいた（Oliver 1990[1960]: 265–89）。たとえば、「44ブルーズ（"44 Blues"）」は非常によく演奏された曲の一つだが、銃について次のように言及している。「44口径マグナムを持って一晩じゅう歩きまわった。浮気したあの女を撃ってやる」（Oliver 1990[1960]: 203）。ブルーズバラッドで重要なのは、たとえば「スタッコリー（"Stack o Lee"）」で「あの悪いやつ、残酷なスタッコリー」と歌われたように、アウトローソングに黒人の無法者が登場したことだ。スタッコリーはしばしばラップやヒップホップに登場するワルの先駆けとみなされるが、警察や権威に盾つき、その威勢のよさで賞賛されている（Brown 2004; Roberts 1989: 201–220）。

そのほかに、アメリカ人が暴力について途方もない想像を膨らませる証拠が、子供たちの歌う替え歌や若者たちが酒場などで朗誦する民衆詩にもみられる。それらは暴力を面白おかしく誇張したもので、たとえば「リパブリック賛歌」の替え歌として次のようなものがある。「わが眼は栄えある学校の焼失をみたり。我らはあまねく教師を殺し、すべての規則を破りたり」（Bronner 1988: 97–98）。男子大学生の友愛会や酒場で朗誦される民衆詩には、性的倒錯や男根中心主義を面白おかしく歌うものがあるが、その過激な内容は女性が同席する場合は適切ではないとみなされることが多い。

灯りが消えて、おれは床に伏せた
あのよそ者が暗闇の中で飛びかかる
やつは狙いをあやまたず、あたりに火花が飛び散る
男が脱糞し
力と力がぶつかり合って、痛みのあまり悲鳴があがる

The lights went out, and I ducked to the floor
As the stranger sprang in the dark.
His aim was true, and the sparks they flew
As his donnicker found its mark
With might and main, and a scream of pain

男の声が部屋じゅうに響き
ため息とうめき声と屁とあえぎ声をあげて
三つの体が暗闇の中で折り重なった
そして灯りがつき、よそ者は立ちあがって
満足げな表情を浮かべた
一方、ケツを血まみれにして床に横たわっているのは
哀れカマを掘られたダン!

A man's voice filled the room.
With sighs and moans and farts and groans,
Three forms lay stacked in the gloom.
Then the lights went on, and the stranger rose
With a satisfied look on his pan,
For there on the floor with his ass all gore
Lay poor old corn-holed Dan!

("Dan McGrew" あるいは "The Face on the Barroom Floor"; Baker and Bronner 2005: 324-25)

人々がどこにでも移動できる社会では、見知らぬ人間に遭遇して恐怖を感じる場合があるということに思い至れば、こうした民衆詩の意味がよく理解できるだろう。見知らぬ人間というのは、人種や民族や階級によって規定される「異質な人間」ではなく、人々が移動することによって出現するよそ者、初めて出会う相手のことだ。そこには当然ながら不信が存在するが、それだけではなく、自分も相手にとっては見知らぬ人間であり、攻撃者が攻撃されることもあるという矛盾した二元性が生じる。

むすび——文化的営み、フレーム、そして暴力の文脈

ジャーナリスティックな批評家たちは、人々がポップカルチャーに触れることで暴力に対して鈍感になっている、としばしば非難する。たとえば、ヘヴィメタルやロック、ヒップホップなどは、その暴力的な歌詞に歌われた行動を一部のリスナーが現実の世界で再現することにつながるとして、特にやり玉にあげられてきた (Richardson and Scott 2002)。そういった非難からうかがえるのは、民衆詩や替え歌などは差し向かいの交流の場で歌われるのに、マスメディアカルチャーでは、遊びと現実をきちんと分離する差し向かいの場のようなフレーム機能が壊れてしまっているということである。

社会学者のリチャード・フェルソンは、マスメディアが暴力的行動に与える影響について検証した論文で「メディアでの暴力の浸透ぶりをみると、それが視聴者に何の影響も与えないとしたら驚きだ」と述べている。いかにももっともらしい意見だが、その論文は、それ以上厳しくメディアの責任を追及していないのだ（Felson 1996: 123）。これについてフェルソンは次のように説明する。「メディアの影響がつねに確認できるわけではない理由は、おそらく、メディアの視聴者に対する影響が弱く、影響を受ける視聴者の割合も非常に限られているからだろう」。一方で、そういう小さな影響でも、実際問題としてやはり重要かもしれないとも指摘している。なぜなら、人口総数が大きい場合は、現実と空想を区別するために社会的に構築されたフレームを認識できない特殊な個人が一定数存在することになり、ふつうは小さな影響しか与えないメディアでも、ある程度の死者や負傷者を生み出すことになるかもしれないからだ（Felson 1996: 123）。

本章で示したとおり、アメリカの場合のように、社会の開放性という文脈にあてはめて説明される暴力は、これまでずっと人気のあった市場性の高いテーマで、さんざん論じられてきた。それでも近年、表出的文化がますます強く暴力と結びつけて考えられるようになってきた理由については、まだ十分に解明されていない。ここまで歴史的な観点から述べてきたように、アメリカの文化はもともと暴力的なイメージに満ちており、それらは少なくとも部分的には辺境開拓の遺産と開放的な社会に起因している。つまり、文化と暴力の結びつきは最近始まったことではないのに、近年それが特にクローズアップされているのはどうしてだろうか。

右の問題を解明する手掛かりは、表出的文化によって表現された社会のイメージが、野放図に広がる近代化に対する恐れを生み出し、身の安全や社会的アイデンティティに関する不安を喚起している点に見出すことができるだろう。個人主義、平等主義、移動性といった特性は、民主的進歩主義の理想と手をたずさえてやってくるが、それらは民間のポップカルチャーの中では、社会的に疎外された個人やステータスにこだわる個人を生み出すものとして否定的に描かれている。それは、リチャード・セネットが『公共性の喪失（*The Fall of Public Man*）』（一九七七年）で、ロバート・パトナムが『孤独なボウリング――米国コミュニティの崩壊と再生（*Bowling Alone: The collapse and Revival of American Community*）』（二〇〇〇年）で、ロバート・ベラが『心の習慣（*Habits of the Heart*）』（一九八五年）でそれぞれ嘆いてきたように、コミュニティや公共文化の衰退に対する懸念でもある。それとともに人々の不安をあおっているのは、サービスおよび情報経済の興隆によって、アラン・ダンダスの表現によると、個人が「巨大で非情な車輪のちっぽけな歯車」になってしまったような感覚が生じていることなのである（Dundes and Pagter 1992 [1978]: xxii）。

コミュニティの衰退に関連して、日本に滞在した経験から比較文化的な注釈を一つしておこう。私は *Following Tradition*（1998）や *Folklore: The Basics*（2017）などの著作で、いわゆる「祭り文化」について論じてきたが、日本では祭り文化が伝統意識に大きな影響を与えている。それに対して、アメリカの文化には日本の祭りを連想させるような地域に根差した集団的合意に基づく公の儀式がない。とはいえ、コミュニティ衰退の原因を祭りだ

図4　武士や鬼などで飾りつけられた博多祇園祭の山笠。福岡にて〔サイモン・ブロナー提供〕

けに帰するつもりはない。複雑な要因として、家族の役割の変化（特に、日本で親孝行がすたれてきているのと同様の変化）、職業教育重視政策の変化、道徳規準や権威の低下、さらには伝統的にコミュニティを活性化する役割を担ってきた学校、教会、自治体などの公共機関の弱体化があげられる。男性性や個人主義といった国民性を数量化しようとして作成されたチャートによると、アメリカはたしかに個人主義の指標が高い。さらに、マールボロ（煙草）の広告に登場する男性やカウボーイなどに象徴され、いままで当然とみなされてきた男性優位主義的価値観の変化に直面している（日本はアメリカのポップカルチャーにおいてはしばしば女性的に描かれるが、ホフステードの比較文化調査によると、現代の主要国の中では最も高い男性性を備えた国であることが明らかになっている）（Hofstede 2001: 279–350）。また、暴力に正当性があるかどうかや、暴力を振るったときに処罰される可能性があるかどうかが暴力の発動とどう関係するかについても、時代的な変化を突き止めてはっきりと述べたいところだが、先にあげたリチャード・フェルソンの論文でも述べられているとおり、明確な結論は出ていない。今日、ナショナリズムや宗教や軍国主義は衰退しているのか、それとも隆盛しているのか、という議論がなかなかまとまらないのも、さまざまな分野で境界が曖昧化していることと関係していると私はみている。

芸術や遊び、スポーツなどの表出的文化がしばしば議論の発火点になるのは、このように暴力の発動に関係する社会的要因の解明が困難だからだ。本章で論じてきたジャンルの中では、たとえば暴力を防止する教育的介入として、書籍その他の文化的営みが画一的に禁止された際にそのような議論が起こった。遊びやスポーツの分野では、いくつもの学校が、社会的優位や暴力を助長する恐れがあるとしてドッジボールなどの遊びを禁じた（Bazar 2006）。それでも、危険な離れ業が評価されるスポーツ競技（エックスゲームズ）や遊園地での危険な遊具（スリルライズ）の流行を止められなかったし *The Dangerous Book for Boys* という本の圧倒的な人気も抑えられなかった。この本が提供しているのは、怪我するかもしれないからこそ味わえる興奮と、不平等のフレーム化であり、それは現代社会で見られる軟弱化、女性化の影響を補正する一つの手段だという（Iggulden 2007）。音楽の分野では、かつては親たちの役目であった監視役を政治家が引き受け、暴力に関するレーティング・システムを課している。同様に「ヘイト・スピーチ」における「憎悪《ヘイト》」も法律で規制されている。断っておくが、私はそういった規制に反対しているわけではない。ただ、それらはいまやアメリカから他の先進諸国にまで広がっている社会的不安の表れだと指摘しているだけだ。二〇一〇年のギャラップの調査報告によると、アメリカ人が自国の道徳性について下した評価は、二一世紀に調査が始まって以来最低だったという（Jones 2010）。道徳性の低下とは具体的にどういうことかという質問に対しては、「他者に対する敬意の欠如」などの答えとともに「犯罪や暴力の増加」という答えが多く、アメリカ人が道徳性の低下と暴力を結びつけて考え心配していることがうかがえる。

これまでの検証をもとに、本章の冒頭で述べたことをここで言い換えよう。まず、さまざまな表出的文化が、暴力は個人の責任感や道徳性の欠如に起因するという考えに対する疑問を浮き彫りにしている。また、暴力と遊びの逆説的な結びつきに関する疑問を解明するために私が提唱した三つの仮説も、次のように言い換えることができる。

まず第一に「遊びのフレームへの格下げに抵抗するかのような暴力が勃発する中で、かつては明確だと考えられていた正常と異常の境界が崩壊しつつあるが、それは相対主義や平等主義や自己の欲望の充足を重視する個人主義的な考えに疑問が生じていることと関係している」。そして第二に「もし暴力が我々の伝統の一部であり、それが今日ますます過激化しているように思われるとしたら、それは個人主義によって生じた地位不安や、かつては非常に好ましくみなされていた社会の開放性に関係している可能性がある」。それから第三に「もし私が指摘してきたように、芸術や遊びやスポーツなどの表出的文化が、暴力を規制するための特定の法規にまつわるさまざまな問題を議論する際に重要な役割を果たすとしたら、それは今日、それらの文化が生まれる場所が、かつてのように既成の権威によって把握しきれなくなってきているという見解と結びつけることができるかもしれない。つまり、かつては、人々の集う公共空間はコミュニティの管理下にあり、子供は親の管理下にあり、視覚文化は美術館や映画館などの管理下にあったが、今日ではそうではなくなってきて、だから文化にも法的規制が必要だという話になり、議論が巻き起こるのだ」。

本章のはじめに、今日のアメリカ社会で暴力と遊びを区別する難しさを象徴する出来事として学校銃乱射事件を取りあげた。締めくくりにあたって指摘したいことは、責められるべきはアメリカ文化ではないということである。さらに、正常の基準がますます曖昧化する中で、責任と秩序を確保しながら自由と平等をどうやって提供するか、そのジレンマにこそ問題があるということも指摘したい。どちらかといえば、表出的文化は暴力を助長する有害なものであるどころか、説得のための道具としてますます重要になっている。新しいテクノロジーによって、そういった文化が草の根でどんどん生じやすくなっている今日では、なおさらだ。問題は、アメリカでも日本でも、攻撃性の放出をともなうような一見して過激な文化的営みを、表出的なものとして、あるいは逸脱的、反主流的なものとして、きちんとフレーム化することができるかどうかなのである。

引用文献

Abrahams, Roger D. 1962. "Playing the Dozens." *Journal of American Folklore* 75: 209–20.

Baker, Ronald L. "Pearl Bryan in Legend." In *Creativity and Tradition in Folklore*, ed. Simon J. Bronner, 93–104. Logan: Utah State University Press.

———, and Simon J. Bronner. 2005. "Letting Out Jack: Sex and Aggression in Manly Recitations," in *Manly Traditions: The Folk Roots of American Masculinities*, ed. Simon J. Bronner, 315–50. Bloomington: Indiana University Press.

Barry, Dan. 2011. "Looking Behind the Mug-Shot Grin: Jigsaw Portrait of the Man Jailed in the Tucson Rampage." *New York Times*

(January 16), 1, 16–17.

Bazar, Emily. 2006. "'Not It!' More Schools Ban Games at Recess." *USA Today* (June 6). http://www.usatoday.com/news/health/2006-06-26-recess-bans_x.htm. Accessed August 19, 2010.

Bracke, Peter M. 2005. *Crystal Lake Memories: The Complete History of Friday the 13th*. Los Angeles: Sparkplug Press.

Bronner, Simon J. 1978. "'Who Says?': A Further Investigation of Ritual Insults among White American Adolescents." *Midwestern Journal of Language and Folklore* 4: 53–69.

________. 1988. *American Children's Folklore*. Little Rock: August House.

________. 1995. *Piled Higher and Deeper: The Folklore of Student Life*. Little Rock: August House.

________. 1998. *Following Tradition: Folklore in the Discourse of American Culture*. Logan: Utah State University Press.

________. 2002. "Folklore Responds to Columbine and Adolescence." *Children's Folklore Review* 24: 7–20.

________. 2008. *Killing Tradition: Inside Hunting and Animal Rights Controversies*. Lexington: University Press of Kentucky.

________. 2009. "Digitizing and Virtualizing Folklore." In *Folklore and the Internet: Vernacular Expression in a Digital World*, ed. Trevor J. Blank, 21–66. Logan: Utah State University Press.

________. 2010. "Framing Folklore: An Introduction." *Western Folklore* 69: 275–97.

________. 2011. *Explaining Traditions: Folk Behavior in Modern Culture*. Lexington: University Press of Kentucky.

________. 2014. "'The Shooter Has Asperger's': Autism, Belief, and 'Wild Child' Narratives." *Children's Folklore Review* 36: 35–54.

________. 2017. *Folklore: The Basics*. London: Routledge.

Brown, Cecil. 2004. *Stagolee Shot Billy*. Cambridge, Mass.: Harvard University Press.

Burt, Olive Woolley. 1958. *American Murder Ballads and Their Stories*. New York: Oxford University Press.

Chen, Joie. 1997. "Horrific Killing, Threats of More Stun Japan." *CNN World News*. http://www.cnn.com/WORLD/9706/07/japan.beheading/index.html. Accessed February 22, 2018.

Cullen, Dave. 2009. *Columbine*. New York: Twelve.

Doyle, Carles Clay, Woflgang Mieder, and Fred R. Shapiro, comps. 2012. *The Dictionary of Modern Proverbs*. New Haven: Yale

University Press.

Dundes, Alan, and Carl R. Pagter. 1992 [1978]. *Work Hard and You Shall Be Rewarded: Urban Folklore from the Paperwork Empire*. Detroit: Wayne State University Press.

Ellis, Bill. 2003. *Aliens, Ghosts, and Cults: Legends We Live*. Jackson: University Press of Mississippi.

Felson, Richard. 1996. "Mass Media Effects on Violent Behavior." *Annual Review of Sociology* 22: 103–28.

Gamespot Staff. 2005. "Debate Over Game Violence Boils Over in Japan." *Gamespot* (June 20). http://www.gamespot.com/articles/debate-over-game-violence-boils-over-in-japan/1100–6127821/ Accessed February 22, 2018.

Grider, Sylvia. "Public Grief and the Politics of Memorial: Contesting the Memory of 'The Shooters' at Columbine High School." *Anthropology Today* 23: 3–7.

Hofstede, Geert H. 2001. *Culture's Consequences: Comparing Values, Behaviors, Institutions, and Organizations Across Nations*. 2nd ed. Thousand Oaks, California: Sage.

Holguin, Jaime. 2005. "School Stabbing Rampage in Japan." *CBS News* (February 14). http://www.cbsnews.com/news/school-stabbing-rampage-in-japan/. Accessed February 22, 2018.

Iggulden, Conn. 2007. *The Dangerous Book for Boys*. New York: Harper Collins.

Jones, Jeffrey M. 2010. "Americans' Outlook for U.S. Morality Remains Bleak." *Gallup* (May 17). http://www.gallup.com/poll/128042/americans-outlook-morality-remains-bleak.aspx. Accessed February 22, 2018.

Kass, Jeff. 2009. *Columbine: A True Crime Story*. Denver: Ghost Road Press.

Klepek, Patrick. 2015. "From Japan, With Changes: The Endless Debate Over Video Game 'Censorship.'" *Kotaku* (December 14), http://kotaku.com/from-japan-with-changes-the-endless-debate-over-video-1747960323. Accessed February 22, 2018.

Levinson, Hugh. 2001. "Japanese Juvenile Justice." BBC World Service. http://www.bbc.co.uk/worldservice/people/highlights/010223_japan.shtml. Accessed February 22, 2018.

Mechling, Jay. 2004. "'Cheaters Never Prosper' and Other lies Adults Tell Kids: Proverbs and the Culture Wars over Character." In *What Goes Around Comes Around: The Circulation of Proverbs in Contemporary Life*, ed. Kimberly J. Lau, Pter Tokofsky, and Stephen

D. Winick, 107–26. Logan: Utah State University Press.

________. 2009. "Is Hazing Play?" In *Transactions at Play: Play & Culture Studies*, ed. Cindy Dell Clark, 45–62. Lanham, MD: University Press of America.

Meyer, Jeremy P. 2010. "Deer Creek Middle School Math Teacher Apparently Tackled Gunman." *Denverpost.com* (February 23). http://www.denverpost.com/breakingnews/ci_14456314. Accessed February 22, 2018.

Oliver, Paul. 1990 [1960]. *Blues Fell This Morning: Meaning in the Blues*. 2nd ed. Cambridge, UK: Cambridge University Press.

Pankratz, Howard; Kevin Vaughan; Joey Bunch. 2010. "2 Students Shot, 1 Man Arrested at Deer Creek Middle School." *Denverpost.com* (February 23). http://www.denverpost.com/ci_14456094. Accessed February 22, 2018.

Richardson, Jeanita W., and Kim A. Scott. 2002. "Rap Music and Its Violent Progeny: American's Culture of Violence in Context." *Journal of Negro Education* 71: 175–92.

Roberts, John W. 1989. *From Trickster to Badman: The Black Folk Hero in Slavery and Freedom*. Philadelphia: University of Pennsylvania Press.

Slotkin, Richard. 1973. *Regeneration Through Violence: The Mythology of the American Frontier, 1600–1860*. Middletown, Connecticut: Wesleyan University Press.

Tucker, Elizabeth. 2008–2009. "'Go to Bed, Now You're Dead': Suffocation Songs and Breath Control Games." *Children's Folklore Review* 31: 45–57.

Yardley, William, Michael Luo, and Sam Dolnick. 2011. "At a Gun Show and a Safeway, Tucson Looks for 'Normalcy.'" *New York Times* (January 16), 18.

町沢静夫『危ない少年――いま、家族にできること』講談社　二〇〇〇年

〈訳注〉本章では、わかりやすい訳文にするため本文の一部をパラフレーズ化してある。

2　民衆による死の記念化

ジャック・サンティーノ（佐藤　渉　訳）

要点とアプローチ

私は本章で、死を記念する人々の営みが、追悼から社会運動まで広い範囲におよんでいることを論じたい。記念化がどのような状況から生まれ、どのような形態を取るかによって程度は異なるが、集団の記憶を形成するオブジェや行為は、人や出来事を指し示すだけではなく、死とその原因となった状況に人々がどのような姿勢で向き合おうとしているのかを示している。その広がりは、永続性と不変性を感じさせる彫像などの物質的かつ文化的なオブジェや、特定の社会問題に焦点を当てたパレードやデモンストレーションのような大衆行動を見れば明らかである。本章では、「自然発生的な祭壇」（spontaneous shrine）と私自身が名付けた現象に重点を置き、それらを大きなコンテクスト（さまざまな出来事と物の文脈）に位置付けて、それぞれの祭壇にどのような力学が働いているのか、明らかにしたい。

自然発生的な祭壇

「自然発生的な祭壇」は、誰かが不慮の死を遂げた現場を示すために、人々が感情に衝き動かされて設けた一時的な記念建造物を指す。通常、こうした記念物の集合体（アッサンブラージュ。Santino 1986）は、宗教的な聖像の他、花やロウソク、個人的な思い出の品やメッセージからなる。これらの物品のいくつか、あるいはすべてが揃っていることもあれば、状況に応じて別の要素が加わることもある。交通事故で誰かが亡くなった場合は、十字架や花輪、あるいは花を供えて現場を示すのが一般的である。民兵組織による大規模な攻撃で死者が出た時には、死者や一般市民に宛てたメッセージによって追悼することが多い。アメリカのギャングがらみの殺人では、壁画を描き、殺された側のギャングの構成員にとって大事なもので祭壇を作り、追悼する（Sciorra and Cooper 1994）。人々は、誰かが死んだ時や、死者に縁のある大切な日には、こうした場所を利用して追悼式などの世俗的な記念行事を行う。自然発生的な祭壇を構成する物品や図像は、国によって異なる。たとえば、スペインでは

図1　広島市内の「被爆ポンプ」(上)や祭壇に捧げられた折り鶴(下)〔写真提供：思文閣出版〕

ＥＴＡ①のテロ攻撃に対して黒いリボンと白い手の図像、北アイルランドではサッカーの応援用の襟巻を使用し、日本の広島平和記念公園では折り鶴を捧げる（祭壇の類型に関してはThomas 2006）。

「自然発生的な祭壇」という用語は、ある程度受け入れられるようになったが（たとえばGrider 2001）、やや誤解を招きやすい用語でもある。「自然発生的な（spontaneous）」という語によって私が示唆しようとしているのは、一人または幾人かの死を、その人（たち）の死の文脈において重要な意味を持つ場所で追悼する行為が、衝動的である（時にはそうであるかもしれない）とか、軽薄である（決してありえない）とかいうことではない。むしろ私はこの語によって、祭壇に携わる人たちの自発的な意志を表現しようとしているのである。つまり、みずからの願いや友人や家族の行動に心を動かされて生まれた、そんな場を作ろうとか、自分も協力しようといった決意を指しているのである。こうした祭壇は国家や教会の命令によって作られるわけではない。実際のところ、国家や教会は、しばしば自然発生的な祭壇に眉をひそめるものである。

図２　9・11同時多発テロ跡地に捧げられたメッセージ（2003年撮影）〔写真提供：思文閣出版〕

私がこうした集合体を「祭壇」と名付けたのは、それが単なる記念建造物以上のものだからだ。私は祭壇に関わる人たちから、故人の亡くなった場所に形見の品を供えることがいかに大切か、何度も聞かされてきた。その場所こそ、故人が最後に生きていた場所だからである。したがってある意味では、死亡現場とそこに設けられた祭壇は、死よりむしろ生を表していると言えよう。祭壇に残されたメッセージは、死者――あの世にいる人たち――とのコミュニケーションなのである。

それどころか、スティーヴ・ツァイトリンが示したように、こうしたメッセージはしばしば死者の視点から書かれているのである（Zeitlin 2016）（9・11追悼メッセージの詳しい検証はFranklin 2001）。祭壇は双方向のコミュニケーションが生じうる、あの世への入り口とみなされている。それだけでも、こうした建造物を祭壇とみなすことができよう。さらに、自然発生的な祭壇は、「巡礼」と呼び慣らわされている旅の目的地であることが多い（Dubisch 2005）。そして言うまでもなく、祭壇は死者を称えている。自然発生的な祭壇は、単なる記念建造物以上のものであり、（宗教的あるいは精神的な要素もあるにせよ）世俗性あるいは日常性を備えた一種の民俗的祭壇なのだ。

北米で見られる、誰かが他界した場所を示す道路脇の十字架は、植民地時代から知られている（Griffith 1992）。一般に、スペイン人によって新世界に持ち込まれたと考えられている道路脇の十字架は、アメリカ南西部とメキシコで何世紀にもわたり継承されてきた地域的な民俗伝統であり、アメリカ先住民のあいだでも見られた。時代が下ると、この習慣はアメリカ全土に広まった。類例は、ギリシャやアイルランドをはじめヨーロッパ諸国でも多く見られる。

二〇世紀後半になると、路上での死を示す風習に加え、違う形の死を認知する新しい追悼儀礼が登場する。おそらく最初の例は、誰ひとり死んでいない場所で生まれた。ワシントンD.C.のベトナム戦争戦没者慰霊碑である。建設中には前例のないデザインが議論を呼んだが、驚いたことに、墓石のように簡素ですべての戦没者の名前が（階級順ではなく）死亡年順に刻まれた碑は、大きな感動を呼び起こした。市民は積極的に戦没者を追悼するようになり、今日に至るまで愛と追憶の証をこの碑に捧げている。

ベトナム戦争戦没者慰霊碑での追悼行動は自然に生じたものであり、慰霊碑の設計者もこの施設を管理しているアメリカ合衆国国立公園局も予想していなかった。追悼は必ずしも記念化された死亡現場で行う必要はない。適切であれば他の場所でもかまわないのである。たとえば、ダイアナ妃が亡くなったパリの事故現場は、妃を追慕する場として記念されているが、イギリスでも何百万もの人々が、ダイアナ妃に縁のある宮殿に花を捧げている。

アメリカであれ他の国であれ、自然発生的な祭壇がそれとわかる形で最初に登場したのがいつなのか、特定するのは難しい。最初の例としてジョン・レノンの死をあげる人がいるが、私はこの現象がそれ以前にも存在していたように記憶している。テロリストによってスコットランドのロッカビー上空で航空機が爆破された事件②のように、大きな悲劇は、一般市民が悲しみを表現する媒体としての自然発生的な祭壇を広め定着させた。ダイアナ妃逝去にともなうイギリスの「花の革命」と並び、アメリカで起きた二〇〇一年九月一一日の同時多発テロや、スペインで起きた二〇〇三年三月一一日の列車爆破テロ事件といった世界に大きな衝撃を与えた悲劇は、あらゆるメディアによって大々的に報道された（Kear and Steinberg 1999, Walter 1999）。ベネディクト・アンダーソンは、初期のアメリカでは印刷メディアが独立記念日の伝統を広める役割を担ったと指摘しているが、テレビとインターネットという電子メディアは、自然発生的な祭壇による追悼行為を世界の視聴者に紹介する役割を担ったのである（Anderson 1991）。

自然発生的な祭壇の重要な特徴として、それらが公共の場所に現れ、人々の注目を集めることがあげられる。たとえば、祭壇に捧げられたメッセージは死者宛てに書かれているかもしれないが、それらは公然と人目にさらされるだけではなく、広範な読者を想定して書かれていることも多い。少なくとも祭壇にメッセージを寄せた人は、自分の書いたメッセージが多くの訪問者の眼に触れることを知っている。祭壇によって注目される死は、市民生活に関わり議論となっている、何らかの状況によって引き起こされたものである。自然発生的な祭壇が、市民を取り巻く（文化的側面を含む）風景の一部となっている理由として、ひとつにはそれらがやっかいな公共的問題——飲酒運転、青少年の自殺、警察の暴力、民兵による一般市民に対する暴力など——を文字通り指し示しているからである。自然発生的な祭壇は個人の死を追悼するだけではなく、死の原因、つまり対処すべき社会悪に私たちの目を向けさせるのである。そこには、こうした問題が適切に対処されていれば死は避けられたのではないだろうかとか、もしこうした問題を意識しなければ、再び死者が出るだろう、という暗黙の認識がある。

ここまで私は、自然発生的な祭壇が不慮の死と、ある種の重要な社会問題に対する一般の人々の反応を表していると述べてきた。その過程で、公式／非公式の儀礼と追悼という二元論的な枠組みを示した。これまで述べてきた事例において、この枠組みは有用かつ極めて重要だと考えるが、あわせて死に関わる儀礼は多様であることも認識しておかなければならない。ある個人の死を追悼するにしても、家族、親交のあった人たち（学校の友人、会社の同僚など）、教会、あるいは一般市民は、さまざまな行事を行うだろう。公的な行事もあれば、そうではないものもあろう。統治機構の文化に関係している兵士や警官、あるいは消防士といった人たちの死は、盛大な国家儀礼によって称えられ、統治機構を支える諸前提の強化につながる英雄的犠牲として語られる――つまり公式の言説に位置付けられよう。ギャングの構成員を追悼する壁画は、それとは大いに異なる（とはいえ直接関連した）言説に属し、別の美学に基づいて語りかける。壁画を生み出し、壁画が語りかけるコミュニティも別である。

以上から導き出される含意は、それぞれの記念行為において、故人のアイデンティティはその人物に関係した集団の要求と性格にあわせて構築されるということである。こうして構築されたアイデンティティ＝構築物は、必ずしも互いに調和あるいは共存しうるとは限らない。家族は、愛する人が死んだ道路脇に手作りの十字架を立てたいと願うかもしれないが、公的機関はそれを認めないかもしれない。時には家族が作った追悼のための品を、当局が許容範囲とみなす代替物と交換することもあろう。死を悼む人たちにとって、そんな妥協はたいてい認めがたいものである。ここで浮かびあがるのは、公共空間をめぐる対立、すなわち誰が利用でき、誰が用途を定義し、誰が統制するのかという問題である（Everett 2002）。

北アイルランドでは民兵組織の構成員の死を悼み、壁画を制作する。死亡した人物は、殉教した兵士として軍服姿で描かれる。一方で、自然発生的な祭壇に捧げるメッセージには、まったく種類の異なる言葉が用いられる。死者は親族関係に応じて「お父さん」「おじいちゃん」「ピーター」などと呼びかけられる。祭壇を作った人たちは、（準）軍隊式の修辞を拒否し、個人的関係や親族関係——民兵組織が破壊した関係に他ならないわけだが——を表す言葉にこだわる（Santino 2000）。自然発生的な祭壇は、アメリカでいまだに評価の定まらないベトナム戦争、北アイルランドその他の民兵組織、さらに飲酒運転や都市のサブカルチャーなどの大きな社会問題に顔と名前、そして人間関係を与える。

自然発生的な祭壇は、本質的に、統治機構による空間領有や言説統制に対して異議を唱えるものである。聖職者たちは、自然発生的な祭壇とそこで行われる行為は聖別されていないとして、それらに反対してきた。教会の公式なヒエラルキーの統制外にあるからだ（Westgaard 2006）。さらに、企業も事業への悪影響を恐れ、敷地内や近辺に祭壇が設置されるのを嫌う。自治体の職員も祭壇の合法性を絶えず議論している。

デリーにおける多様な記念行為

我々の芸術は追悼のための芸術である。我々は、進歩のために代償を支払った庶民に敬意を表する。

——ケヴィン・ハッソン

（ウィル・ケリー『芸術と癒し——ボグサイド・アーティスト』）

北アイルランド第二の都市は、「ロンドンデリー」と「デリー」という二つの正式名称を持っている。北アイルランドとアイルランド共和国のカトリック系市民およびナショナリストは、常に「デリー」と呼んでいる。今日では権力分有の成功例とみなされているが（人口の大半はカトリック系だが市議会は統合されている）、過去には激しい対立があった。市の名称はアイルランド語の"Doire"――英語化されて"Derry"――に由来しているが、一七世紀の植民地化の過程で「プランター」（ここではロンドン会社）によって簒奪されると、「ロンドンデリー」に変更された。市の名称をめぐる対立と同様の対立が、一般市民による記念行事にも頻繁に見られる。

デリーでは記念化行為は珍しくない。プロテスタント系住民と統一党員は、デリー包囲網が解かれた記念として、年に二度パレードを行う。一六八八年から一六九〇年にかけて、オレンジ公ウィリアムの軍隊がジェイムズ王の軍隊を破った戦いである。毎年一二月にはロバート・ランディの人形《ひとがた》が焼かれる。デリーの長官だったランディは、ウィリアムの軍勢が到着する前にジェイムズ軍と和解した人物である。ランディの人形を燃やす行事と年二回のパレードは壮観である。街は大勢の見物客（多くは市外から来た人たち）と音楽であふれ返り、かがり火が焚かれる。集まった人々は、アイルランド島でプロテスタントのためのプロテスタント国家を存続していくために欠かせない行事として、これらを祝う。ボグサイドとして知られるローマ・カトリック系住民の居住地は、旧市街を囲む壁の外に広がる傾斜地に位置する。この地区では、「ボグサイドの戦い」や忌まわしい「血の日曜日」など、比較的新しい事件が壁画や記念碑、毎年行われるデモ行進によって記念されている。

一九六九年八月一二日、アプレンティス・ボーイズ（オレンジ党に似た友愛組織で、ランディが敵の軍隊と会談するのを防いだ徒弟たちにちなむ）が行進していると、ボグサイドの住民が妨害を始めた。彼らの眼には、行進が侵略的で勝ち誇っているように映ったのである。行列に向けて石や瓶が投げつけられ、瞬く間に全面的な暴動に発展した。手製の火炎瓶には王立アルスター警察隊が武力で応じた。住民たちはいわゆる「立ち入り禁止（"no-go"）」区域を設け、誰かが切妻に絵を描いて「ここより先、デリー解放区」と書き込んだ。アルスター警察隊は戦車を投入し、バリケードをなぎ倒した。この三六時間続いた衝突は、今では「ボグサイドの戦い」と呼ばれている。

それから数年後の一九七一年一月、カトリック系住民が市民権を求めて行った平和なデモ行進が、武装したイギリス軍の銃撃によって粉砕されるという事件が発生した。この事件で一四名が即死し、のちにもう一人が病院で亡くなった。この事件は「血の日曜日」として広く知られるようになった。英国議会による最初の調査で、兵士たちの責任がまったく問われなかったことが、事態をさらに悪化させた。一連の出来事は、あらゆるアイルランド人の記憶に焼きついている。

今日、これらの事件は人目を惹く形で記念されている。デモンストレーションが行われた地区は再建され、「ボグサイドの戦い」のよく知られた場面を（ベルファーストや、北アイルランドの他の地域とは異なり）写実的に描いた壁画が取り囲んでいる。第二次世界大戦で使用されたガスマスクを着用し、ベッドスプリングで身を守っている子ども。負傷者を安全な場所に運ぼうとして、必死に休戦の合図のハンカチを振っているデイリー神父。殺害された人々の顔。道路上の広い緑地帯には、亡くなった人たちにとって重要なモニュメントが設置されている。「ここより先、デリー解放区」と書き込まれた切妻の現物もその一つである。その隣には共和国軍の囚人を収容したメイズ監獄の、悪名高いH型棟を表現した花崗岩のモニュメントが置かれている。緑地帯の反対の端には、「血の日曜日」事件によって命を落とした一五名の名前を刻んだ碑が建っている。私は何度かその場所を訪ねたが、ある時はプラスチック製の聖母マリア像が供えられており、別の機会には花が捧げられていた。この碑は墓石ではない。そこには誰も埋葬されていないのだから。ワシントンD.C.のベトナム戦争戦没者慰霊碑と同じように、この公共のモニュメントは不完全であるとみなされ、人々から自分と個人的なつながりのあるものにしたいという欲求を引き出した。死者に対して、いつまでも敬意を表するために。

リチュアレスク

多少なりとも永続性を持つ壁画やモニュメントに加え、「血の日曜日」の死者は、毎年実施されるパレードによっても記念されている。人々は愛する故人の顔を描いたバナーを掲げ、街路に繰り出す。明らかに社会的な憤りに向けられた、こうした象徴的で劇的な行事を、私は「リチュアレスク[3]」と呼んでいる。

「血の日曜日」を記念した行進では、最愛の人を亡くした家族が、故人の大きな肖像を掲げて練り歩く（Dunn 2000）。この行事は、一五名の死者を悼み記念すると共に、英国支配下におけるローマ・カトリック系住民に対する不当な扱い全般、とりわけ英国当局による隠蔽とみなされた行為に対する民衆の抗議でもある。ハリエット・セニエ（2006）が「抗議の形をとった追悼」と呼んだ、追悼と激しい憤りという二重性ゆえに、このパレードは一般市民によるリチュアレスクな行事の典型例であると言える。リチュアレスクという用語は、ミハイル・バフチンのよく知られた造語である「カーニバレスク」（英語初版 1968, 1984）を補完する。自然発生的な祭壇や死を記念するその他の様式に関する研究で、私はそれらの現象が（通常は不慮の）死を遂げた人物を追悼すると同時に、彼らの死を招いた状況（飲酒運転、警察による暴力、民兵組織による暴力など）に注意を喚起する役割を果たしていると指摘した。自然発生的な祭壇は、人々に対して立場をはっきりさせるよう迫る。死の原因となった社会状況を非難し、変革せよと。したがって、自然発生的な祭壇や「血の日曜日」を記念するパレードなど、市民が死者を追悼し記念する現象は、本来的に政治性を帯びている。J・L・オースティンが念頭においていたある種の発話、すなわちそれを口にすることによって社会状況が変わる発話（「私は○○を厳粛に誓います」「ここにあなたがたは夫婦であることを宣言します」など）と同じ意味で、こうした現象は行為遂行的（performative）である。自然発生的な祭壇と並び、イラク戦争で死亡した兵士の名前を連邦議事堂の階段で読みあげる行為や、エイズキルト[4]を制作し展示する行為など、死を公共の場で追悼する行為の多くは、何らかの社会状況を変えようとする試みである。右にあげたような、変化をもたらそうとする意図そのものが「リチュアレスク」である。これらの行為は何よりもまず象徴として機能するが、直接的に変化をもたらし、行動につなげることを目指していることから手段であるとも言える。したがってリチュアレスクとは、社会状況を変革し、社会的態度や振る舞いを変えて何かを生じさせるための（純粋に表現的であるよりは）手段であり、象徴性を併せ持つ大衆行動を意味する。

大規模な祝祭行事の多くは今述べたような性格を持っている。たとえば、ゲイ・プライドデイやアースデイはいずれも、同性愛や環境についてどういう態度を取るかと関連しており、社会的態度や振る舞いを変革しようと訴えかける。アメリカの「民族の日」[5]も同じ性格を持っている。同様に、多くの政治的デモンストレーションは、戦争、原子力、銃規制など何に関するものであれ、大勢の人が集う陽気なお祭りのように見えるが（あるいは実際にそうなのかもしれないが）、特定の目的を達成するために行われる。「リチュアレスク」と「カーニバレスク」という概念は、一般市民による行事の両極を表している。だからと言ってこの二つが対立するわけではない。たとえば、プライドデイの道化はたいていカーニバレスク的存在だが、この場合のカーニバレスクはリチュアレスクな機能を果たしている。すなわち、肌を公共の場でさらすという祝祭的な倒錯、つまりはカーニバレスクの提示そのものが、見物人に対してこれまでの態度や思い込みを再検討するよう迫るのである。

むすび

個人の死は、しばしば抗議という形で追悼される。すでに述べたように、デリーでは多様な追悼の在り方を見ることができる。まずは年二回、街の中心部で催される大規模なパレードがある。この行事は、三百年前のプロテスタント勢力の勝利——北アイルランドと英国の連合が維持されている現状を承認する根拠とみなされている

——を祝っている。さらに、リチュアレスクで行為遂行的なデモンストレーションがある。カトリック系の市民は、死者の肖像を公然と掲げて行進し、北アイルランドと英国が連合している現状と、附随する差別、暴力、宗派主義に対して異議を唱える。さらに、死者を悼む個人的儀礼もある。デリーでは激しい紛争と死者の出た武力行使を記念してオブジェや壁画が制作された。市民による抵抗を示す建造物が立ち並ぶ空間は、特別な価値を有している。それらのモニュメントは、戦闘により死者が出た現場を示す印として設置され、何の過ちも犯していないと一般に信じられている人々が殺害された場所を象徴的に表している。人々は、死者の名が刻まれた、墓石を思わせるモニュメントに花や聖像を捧げるという形で、絶えることなく儀礼活動を行っている。感情に衝き動かされた個人は、自発的に祭壇に関わろうとする。アプレンティス・ボーイズのパレードはデリーの街を囲む壁の上を行進するが、英国の狙撃手はまさにその壁の上から計画的に民間人を狙撃したと言われている。空間、場所、儀礼、記念化といったあらゆる要素がこの空間に折り重なり、相互に依存しながら発展し、そこから意味が絶え間なく、多義的に構築されていくのである。

死を記念する行為は、どんな次元であっても、常に追悼から行為遂行性（performativity. オースティンの言う、変化を引き起こすことを意図した行為）におよぶ機能を果たしている。公的な彫像はたいてい何かを記念しているだけであるかのように見えるが、実は規範意識を創り出すという行為遂行的な機能を有している。だからこそ目につきにくいのである。将軍や比較的古い戦争を記念した建造物には、いつしか誰も注意を払わなくなる。ジェームズ・E. ヤングは、公的記念物の建設は忘却の第一段階であると述べている（1993）。ベトナム戦争戦没者慰霊碑が革新的なのは、まさにそのためである。つまり、この慰霊碑は軍隊に関する規範的言説を打ち崩し、一般市民やコミュニティの参加を促し、彼らの手によって完成される余地を残し、それを求めてさえいるのだ（Dubisch 1992）。

公式の記念建造物は、設置者の想定する、物事のあるべき姿を提示する。戦争やテロなどによる人命の喪失と受難の経験――共同体を支えてきた大きな物語の裂け目――は常に存在したが、公式の記念建造物はむしろそうした裂け目を封じ込め、都合よく定義しようとするものである。その結果、社会構造は自然なものとして受け入れられる（Handelman 1990）。しかし、ひとつひとつのモニュメント、儀礼行為、リチュアレスクな行事は、それらに関わりのある個別の集団に語りかけ、その集団のために語るのである。デリーに見られる多様な記念建造物は、追悼する主体の重要性を反映しており、そこに物を供える行為は、コミュニティの神聖な空間に物質文化を組み込む個人的・共同体的行為である。花やプラスチック製の聖母マリア像を捧げる行為は、コミュニティの精神性や信仰体系の反映であると同時に、死者を悼み、死をもたらした状況を嫌悪し非難する個々人の独自な行為でもある。デリーではデモンストレーション、切妻に描かれた絵、聖化された土地に並ぶ彫像、自然発生的な祭壇などさまざまな形態の記念化が、同時に存在している。これらはすべて関連しており、相互に力と意味を引き出しあっているのである。

訳注

① 「バスク祖国と自由」の略称。バスク地方の分離独立を目指す民族組織。

② 一九八八年一二月二一日、パンアメリカン航空一〇三便が爆破されたテロ事件。乗員乗客、巻き添えとなった周辺住民を合わせて二七〇名が死亡。

③ 「リチュアレスク（ritualesque）」の元になっている言葉はリチュアル（ritual）で、名詞としては「儀礼」「祭礼」などの意味。形容詞としても用いられる。

④ The NAMES Project AIDS Memorial Quilt. エイズで亡くなった人たちを偲ぶキルト。一九八五年にサンフランシスコで始まり、現在も全米各地で巡回展示されている。三×六フィート（約九一×一八三センチ）の布を縫い合わせて制作され、

パネルの数は四八、〇〇〇枚以上にのぼる。The AIDS Memorial Quilt, The Names Project Foundation (http://www.aidsquilt.org/).

⑤ El Dia de la Raza. コロンブスのアメリカ大陸到達を記念する祝日。中南米諸国では「民族の日」、合衆国では「コロンブス・デイ」と呼ばれる。

引用文献

Anderson, Benedict (1991). *Imagined Communities: Reflections on the Origins and Spread of Nationalism*. London: Verso.

Austin, J.L. (1962). *How to Do Things with Words*. Cambridge, MA: Harvard University Press.

Bakhtin, Mikhail ([1968] 1984). *Rabelais and His World*. Bloomington, IN: Indiana University Press.

The Bogside Artists and Will Kelly (nd). *Art and Healing*. Derry, NI: The Bogside Artists and the Derry City Council.

Dubisch, Jill (2005). "Healing 'the Wounds That Are Not Visible': A Vietnam Veterans Motorcycle Pilgrimage." In Dubisch, Jill and Michael Winkelman , eds., *Pilgrimage and Healing*. Tucson: University of Arizona Press.

Dunn, Seamus (2000). "Bloody Sunday and Its Commemoration Parades." In T.G. Fraser, ed. *The Irish Parading Tradition*. New York: St. Martin's Press.

Everette, Holly (2002). *Road Side Crosses in Contemporary Memorial Culture*. Denton, TX: University of North Texas Press.

Frankel, Beatrice (2001). *Les Ecrits de Septembre*. Paris: Textuel.

Grider, Sylvia (2001). "Spontaneous Shrines: Preliminary Observations Regarding the Spontaneous Shrines Following the Terrorist Attacks of September 11, 2001." *New Directions in Folklore* 4.2. http://unix.temple.edu/isllc/newfolk/shrines.html.

Griffith, James S. (1992). *Beliefs and Holy Places*. Tucson: University of Arizona Press.

Handelman, Don (1990). *Models and Mirrors: Towards an Anthropology of Public Events*. New York: Cambridge University Press.

Hass, Kristin Ann (1998). *Carried to the Wall: American Memory and the Vietnam Veterans Memorial*. Berkeley and Los Angeles: University of California Press.

Kear, Adrian and Deborah Lynn Steinberg, eds. (1999). *Mourning Diana: Nation, Culture, and the Performance of Grief*. London:

Routledge.
Santino, Jack (1986). "The Folk Assemblage of Autumn: Tradition and Creativity in Halloween Folk Art". In Vlach, John Michael and Simon J. Bronner, eds., *Folk Art and Art Worlds*. Ann Arbor, MI: UMI Research Press.
Santino, Jack (2000). *Signs of War and Peace: Social Conflict and the Uses of Symbols in Public*. New York: Palgrave Macmillan.
Santino, Jack, ed. (2006). *Spontaneous Shrines and the Public Memorialization of Death*. New York: Palgrave Macmillan.
Sciorra, Joseph and Martha Cooper (1994). *R.I.P.: Memorial Wall Art*. New York: Henry Holt and Company.
Senie, Harriet (2006). "Mourning in Protest: Spontaneous Memorials and the Sacralization of Public Space". In Jack Santino, ed., *Spontaneous Shrines and the Public Memorialization of Death*. New York: Palgrave Macmillan, 41–56.
Thomas, Jeannie Banks (2006). "Communicative Commemoration and Graveyard Shrines: Princess Diana, Jim Morrison, My "Bro" Max, and Boogs the Cat." In Jack Santino, ed., *Spontaneous Shrines and the Public Memorialization of Death*. New York: Palgrave Macmillan, 17–40.
Walter, Tony D. (1999). *The Mourning for Diana*. Oxford: Berg.
Westgaard, Hege (2006). "'Like a Trace': The Spontaneous Shrine as a Cultural Expression of Grief." In Jack Santino, ed., *Spontaneous Shrines and the Public Memorialization of Death*. New York: Palgrave Macmillan, 147–176.
Young, James E. (1993). *The Texture of Memory: Holocaust Memorials and Meaning*. New Haven, CT: Yale University Press.
Zeitlin, Steve (2006). "Oh Did You See the Ashes Come Thickly Falling Down? Poems Posted in the Wake of September 11." In Jack Santino, ed., *Spontaneous Shrines and the Public Memorialization of Death*. New York: Palgrave Macmillan, 99–118.

〈付記〉　本章は「自発的祭壇、記念化、公共のリチュアレスク」（『立命館大学人文科学研究所紀要』第九四号、二〇一〇年三月）を改訳したものである。

3　日系アメリカ人強制収容とアンセル・アダムズの写真記録

荒このみ

要点とアプローチ――歴史的記述としての写真

多木浩二は『写真論集成』の中で、ミシェル・フーコーに言及しながら、写真について論じている。写真はそれじたいが人間の意味作用の営みであり、何かを意味する「間接的思考」であるので、いわゆるドキュメンタリー、「非人称的」な記録写真と呼ばれるものであっても、意味体系の中で関連づけられ意味化されていく。「ミシェル・フーコー流にいえばドキュマンはいつでもモニュマン化される。それは記録を歴史にかえ、一種の神話的な空間に編成する意味論的な行為」（多木 62）である。

第二次世界大戦中、アメリカ合衆国大統領ローズヴェルトの行政命令九〇六六号により、西海岸に居住する約一二万人のいわゆる日系アメリカ人が全米一〇か所に設けられた強制収容所に移住させられた。そのうちカリフォルニア州マンザナー強制収容所の暮らしを写真家アンセル・アダムズ（Ansel Adams, 1902–84）、ドロシア・ラング（Dorothea Lange, 1895–1965）、日系アメリカ人写真家トーヨー・ミヤタケ（宮武東洋、一八九五～一九七九）などが記録した。

それぞれの写真家は、「ドキュマン」としてマンザナー強制収容所の日系人の生の営みを写し記録したはずだが、写し出されているマンザナーは決して同じではない。マンザナー強制収容所という歴史的トポスは、収容所の日系人を含め、写真家によって異なる「モニュマン」を生み出している。多木浩二は次のようにも言う。「それ（写されているもの）は外なる事物の世界というよりは、われわれの意識の向こうからおくりかえされてくるもうひとつの意識すなわち自己のなかの他者の意識、あるいはその逆に他者のなかの自己なのである」（多木 41）と。そこに多木が認めているのは、「詩的にいえば神とよべる」力の相互作用であり、おのれを越える世界を「よびこむ」のである。「よびこまれた世界」のパイオニアとして、多木はウジェーヌ・アジェ（Jean-Eugène Atget, 1857–1927）をあげる。アジェの世界は、「日常的な眺める主体」はなく、同時に「外部としての世界」もない。「生は中断され、人間は還るべき世界を持たず、さまざまの秩序がもの音ひとつたてないのにひとりでに逆さまに動きはじめる」（多木 41）のである。パリの隅々を写し出したアジェの世界を、マンザナー強制収容所の写真群とそのまま同列に論じることはできない。けれども転住所、戦争、アメリカ的信条、大自然というコンテクストの中にマンザナー強制収容所の写真群をおいてみると、「よびこまれた世界」をそこに見出すことができるのではないか。その〈神話的空間〉を読み解くのがこの論の目的である。

封印された歴史的体験

ジーン・ワカツキ・ヒューストン（Jeanne Wakatsuki Houston, 1934–）が、『マンザナーよ、さらば（*Farewell to Manzanar*）』（一九七三年）を書いたのは、マンザナー生まれの従妹が、出生地の「秘密」を親はおしえてくれない、と打ち明けたことからだった。ナチのホロコーストを体験したユダヤ人や広島・長崎の被爆者が、その歴史的体験を当初、語らなかったように、強制収容を体験した一世・二世たちもまた忌まわしい記憶を封印した。

けれども一九六〇年代後半のヴェトナム反戦運動の政治的空気の流れ、六六年の情報公開法（ＦＯＬＡ）の制定など連邦政府の姿勢の変化を経た七〇年代、沈黙していた日系人やその子孫が歴史の一コマを確認する作業を進めていった。絶版だった記録写真集が復刻され、写真展が開催された。

日系人は収容当時、大統領令に「しかたがない」と諦め、素直に従った。一九四一年初め、日系市民連盟の指導者だったマイク・マサオカは、「より偉大なるアメリカで、よりよきアメリカ人になる」（Muller 14）というスローガンを掲げ、行政命令に従うように奨励した。フレッド・コレマツやゴードン・ヒラバヤシ、ミツエ・エンドウ、ミノル・ヤスイ、メアリー・ヴェンチュラの五人が、日系人のみに課せられた夜間外出禁止令、強制退去の違法性を訴えて合衆国を相手取り法的手段をとったが、かれらの主張は認められなかった。日系人の強制収容が憲法違反であるという意見は、政府内部においても当初からあった。強制収容された約三分の二が日系二世であり、アメリカ市民権を持っていたからである。

この行政命令がきわめて人種主義的であったのは、枢軸国ドイツやイタリアからの移民には、適用されなかったことに明白である。ジョン・ダワー（John Dower, 1938–）が主張するように、太平洋戦争は「人種戦争」だったといえよう。すでに一九四一年一〇月および一一月に大統領に提出された報告書により、日系人が危険分子でないことは進言されていたのである。

「西海岸にいわゆる日本人問題はありません。日本人が武装蜂起することは予想されません。（略）概してこの地域の日本人は合衆国に対して忠実で、最悪の場合でも、静かにしていることで強制収容や無責任な暴徒から免れることを願っています。少なくともわれわれが戦争状態にある他の国家の、合衆国に居住している人種集団と比べて、忠誠心に欠けるということはありません」（Kashima 40）。さらに「かれらは強制収容所へ入れられることをひたすら怖れています」（Robinson 67）と記している。

強制退去とは通常、地震・火事・洪水・大嵐・飢饉などの災害で居住が困難になった地域から、住民を安全な場所に避難させ保護することを意味する。合衆国政府は、日系人を対象とする特殊な強制収容をいかに表現するか戸惑い、「強制収容所」という表現を消した。マンザナー収容所は「マンザナー戦時転住センター」となり、収容者は転住者あるいは「強制退去者」と呼ばれた。このような婉曲話法の使用は、とりもなおさず日系人強制収容じたいが矛盾を含んでいたことを意味する。

日系人は転住の手続きの過程で、自分の名前を失い、自己証明は家族にあてがわれた番号と化す。「数字」に変わったときの感情をある日系人は、「私のアイデンティティはなくなりました。プライヴァシーも威厳も」(Creef 48)と述べている。

「テューリー・レイク、そこは牢屋だったよ。このことを言っておきたいね。じっさい有刺鉄線が張り巡らされ、ライフルや機関銃を構えたMPのいる監視塔があった。近寄ったりしなかったよ。殺されたらいやだからね。銃で撃たれた奴がいたんだ。だがな、物理的に閉じ込められていたこともそうだが、それより自分たちの気持ちに柵を作ってしまったこと、強制収容で一番の精神的破壊は気持ちの封鎖だね」(Fugita 61)。

子供時代を収容所で過ごしたある日系人三世は、「大変な恥だったよ。深い恥だった。政府だって恥を感じたのだろうが、それは拡散してはっきりしない。でも強制収容は自分が感じる恥だった。何も悪いことをしていないのに、汚点を背負っているんだ。それは自分の一部で、自分を作っている」(Creef 56)と収容所体験を記憶している。

『自由と平等のもとに生れて――忠実な日系アメリカ人の物語』

以上のような証言、大統領の思惑・歴史的状況を踏まえて、マンザナー強制収容所の記録写真を読まねばならない。

アンセル・アダムズはマンザナーの写真群について、不自然さを極力排除しようと努めながら撮影したとあがきで述べている。記録写真（フォト・ドキュメンテーション）において「リアリティと確信」がまったくのところ一番重要であり、そのためには、対象者が気取らずに自然に協力してくれることが絶対条件であるとアダムズは言う（Adams 121）。

マンザナー強制収容所の記録では、「集団より個人が最重要であると感じた。ある意味では、各個人が集団をきわめてはっきりと露呈する」（Adams 121）のである。「斜めから撮影するのでは個性が薄れる」というのがアダムズの信念で、写された個人は、「レンズを直視し、したがって見る者を直視している」（Adams 121）。自然光やフラッシュの使用法についての説明では、可能なかぎり「白然」に近い状態を追求し、技巧的な光やぼかしなどは避けたと言う。

図1 『自由と平等のもとに生れて——忠実な日系アメリカ人の物語』

一九四四年、『自由と平等のもとに生れて——忠実な日系アメリカ人の物語』というメッセージ性の高い、しかもきわめてアメリカ的なタイトルをつけて、アダムズの記録写真が刊行された。そして二〇〇二年、同名のタイトルで復刊された。

アダムズはオリジナル版のテクストの中で、マンザナーを「小さな都会、よく管理され、生き生きしている。典型的なアメリカの都会の小規模な姿である」（Adams 37）と描写している。そして「戦時転住のマイノリティ集団にとって適切な避難所」であり、「よく組織されたアメリカのコミュニティにひそむ意気と姿勢があり、さらにここには強制退去の衝撃から、ある種の緊張感と忍耐力が見られる」（Adams 37）と記す。

この記述の反対の頁には、一〇代の日系二世が三々五々、学校へ通う姿の写真がある。バラックを遠景にスカート姿やズボンをはいた女子高校生が、教科書を抱きかかえ、にこやかに談笑しながら歩いている。当時、流行のツートン・カラーの靴を履いている学生がいる。男子学生は一人、クルーカットの髪型、右手に教科書を抱え、左手はズボンのポケットに突っ込み、自信に溢れた姿で、典型的なアメリカの高校生たちのようだ。やや高みから撮られたこの風景は、希望に満ちた若い世代の「アメリカ人」が、希望の未来へ向かって歩む一場面である。ところが周囲に木は一本も見えない。広々とした砂地の「道路」を歩く高校生から、砂嵐に悩まされ、髪の毛の中まで砂だらけになった現実を読み取ることはできない。

あるがままのドキュメンタリー、自然のままの通学風景のような印象でありながら、じっさいは計算された構図のように映る。三人、三人、二人、一人、二人、しばらく距離をおいて二人、三人、四人、二人と映し出された人数配分の構図上のバランスのよさ、前景の三人の微笑む女子学生など、「自然な」表情とは決して思えない。

アダムズは日系アメリカ人の収容所体験を、「アメリカ市民への道のりの岩場の多い困難な、戦時中のほんの迂回路」（Adams 37）と見なしており、この写真のキャプションでも、「マンザナーはアメリカ市民への道のりのほんの迂回路」となっている。「アメリカ市民」であることを証明するために、戦争という緊急事態にあって、その迂回路は避けては通れぬプロセスだったと考えているのだろうか。

収容所の日系人をアメリカ市民として強調する写真に、「アメリカの家族」と題された連作写真がある。ナカムラ家の母親、その二人のローティーンの娘たちの肖像写真など。だが「ミヤタケ一家――マンザナーの家庭」という写真こそ、特別に注目せねばならない。

著名な日系人写真家だったミヤタケ一家を写したこの一枚〔図2〕は、正面から写すアダムズの多くの写真と

図2　「ミヤタケ一家」(アンセル・アダムズ　1943年)

違って、一家の次男と思われる少年がレンズを振り返っているだけである。ミヤタケも妻も長男も机に向かって絵を描く幼女を眺め、後頭部から写されている。子供部屋のようなその部屋には、幼女の勉強机があり、バラの造花が飾られ、二、三冊立てかけられた本の表紙には「妖精物語」という文字が読める。机の前にはクリスマスの切り絵や、女の子のシルエット、影絵、家や動物を描いた絵などが貼られ、にぎやかに楽しい子供の空想の世界が広がる。子供用の壁掛け時計、人形やチューダー朝の家の模型が棚に、小さなたんすの上には汽車の模型が置かれている。裾と上部にレースが縫い取られた布が、棚の中身を隠すように覆い、おしゃれなカーテン風である。幼女の座る椅子の背中をお揃いのチェックのクッション風の布が覆う。子供のお絵かきを見守る両親という暖かい一家団欒の図である。人物に「自然」な表情を求めたというアダムズだが、すべての装置が人工的に映る。

父親ミヤタケと息子の二人は、厚手の上着を着たままだが、母親と幼女は半袖ブラウス姿で、幼女のほうは花柄ちょうちん袖である。窓の外は雪景色のようにも見えるがそうではない。家の中は暖かいのだろうか。それにしても男女の服装が季節的にちぐはぐである。

もう一枚、ミヤタケ一家の写真が収録されている。居間でくつろぐ姿で、低いテーブルには雑誌『ヴォーグ』や『ニューヨーカー』が置かれ、隅にはクリスマス・ツリーがある。ここでもミヤタケは笑顔で、娘は恥ずかしそうに微笑んでいる。イリーナ・タジマ・クリーフはこの写真を、「アメリカ文化のあらゆる表象があるべき場所に安全に置かれ、家族は自分たちの生活を成している品々に囲まれている」（Creef 29）と説明する。

ここに描かれたのはアメリカの幸せな家庭像で、収容所にも楽しい我が家が存在すると主張している。やさしい父母や兄たちに囲まれ、愛情いっぱいに女の子は育っている。まるで「ディックとジェイン」の家庭像である。「ディックとジェイン」とは、アメリカの大多数の小学校で使用されていた教科書である。一九三〇年代から六〇年代半ばまで、アメリカの少年少女はこれで英語を学び、同時に理想の生活様式と家庭像、アメリカ的価値観を刷り込まれていった。ミヤタケ一家を写した「アメリカの家庭」は、まさに「ディックとジェイン」に象徴されたアメリカ的価値観の表現である。アダムズは日系人を伝統的に清潔な民族だと言い、昼間は砂嵐や泥土に汚れながらも、夜になるときれいさっぱりとして映画を見に行きダンスに興じる。「私がマンザナーを探訪したかぎり、不潔な人々に出会ったことは一度もない。こもった空気や不潔で散らかった部屋を見たことがない」（Adams 63）と記す。収容者たちは、「質素なホーム」という伝統的なアメリカのピューリタンの価値観を具現していると言いたいのだろうか。写真「アメリカの家庭」のどこに無理があるのか。何が人工的に映るのだろうか。

かわいらしいカーテン風の覆いは、おしゃれな飾りではなく何かを隠すためである。椅子は荒削りの板が不細工に釘で打ち合わされている。机の天板は板のはぎ合わせ、壁のような白いバックは、実は厚紙にしかすぎず、切り絵の飾られた厚紙の上部に、バラックの屋根を支える梁《はり》用の木材がのぞいている。アダムズは困惑したにちがいない。バラック建ての個人の家には、台所もなければ食堂もない。「家庭」を成り立たせるもっとも重要な営みの一つが、かれらの人生から剝奪されている。共同食堂の前の戸外で、列を作り順番待ちをしなければならない三度の食事は、生存のためだけのものである。そこに人間を支える精神的いこいの時間はない。

マンザナー収容所のミヤタケ家の内部を描写しながら、一九世紀の作家ストウ夫人が書いた『アンクル・トムの小屋』の描写が浮かんでくる。若い奴隷のトム一家が住む丸太小屋をストウ夫人は次のように創りあげたのだった。「アンクル・トムの小屋は小さな丸太小屋だった。（略）小屋の前にはこぎれいな花壇・菜園があり、毎夏、イチゴや木苺がなり、野菜が採れた。（略）小屋の正面は大きな赤いつる草が這い、（略）夏にはマリゴールドやペチュニアなどさまざまな一年草が咲き誇った（略）」（Stowe 16–17）。「小屋の中に入るとその一隅には、雪のように白い布団で覆われた寝台があり、そのそばにはかなりの大きさの絨緞があった。（略）実際この片隅はトム家の客間だった。反対側には、ずっと質素な寝台があり、あきらかに使用目的のものだった。暖炉の上部の壁には宗教画が飾られ、ワシントン将軍の肖像画があった」（Stowe 17–18）。

このようにストウ夫人はアンクル・トムの一部屋の丸太小屋を、まるで数部屋もある住居のように描き出すのだが、それは一九世紀アメリカの中産階級が理想とする家だった。マンザナー強制収容所のミヤタケ家の住居もまた、「二〇×二五フィートのベニヤ張り、タール塗りの紙張り」の狭い空間でしかなかった（Creef 28）。

アダムズは肖像写真によってさまざまな職種を紹介している。元編集者、建具師、X線技師、会計士、デザイナー、溶接工、トラクター運転士、農夫など。あるいは神学・国際関係を勉強していた学生。女性の場合は看護師。軍隊へ志願できるようになってからは、日系人兵士、従軍看護師など。多種多様な職業に日系人が進出している印象を与えるが、現実は多くが農夫であり、日系人にとり専門職の道は険しかった。

その中でも若い看護婦の肖像写真「マンザナー病院の看護師アキコ・ハマグチ」という一枚が目を引く。「ハマグチはおもに人間に興味があるが、ブリッジ、テニス、乗馬、読書も楽しむ」（Adams 73）とアダムズは記し、休憩時間に仲間とブリッジを楽しむワンピース姿のハマグチを写し出す。いっぽうで制服・制帽のハマグチはとりわけ美しく、まるで光輪（ハロー）を背負った「聖なる天使」であり、アメリカの美しい未来を担う聖化された女性像になっている。

一九二〇年代、「ブリッジ・テニス・乗馬」は、アメリカで自由を謳歌する中産階級以上の若者の余暇の過ごしかたの定番だった。それを日系人のハマグチに当てはめるのだが、現実との距離に違和感を抱かざるを得ない。

アダムズは写真集の締めくくりに、メアリー・オースティン（Mary Austin, 1868−1934）の言葉を引用する。「砂漠は人間に苦闘を強いるが、それには報いがある。深い呼吸、深い眠り、そして星々の交わり」（Adams 96）。苦闘を強いる砂漠の暮らしを肯定し、砂漠にもすばらしいことがあると説くのである。短期間であれ収容所を見学し、実態を見ていたはずのアダムズが、ここまでセンチメンタルになれるものだろうか。

またテクストの結論で、「アメリカはわれわれを庇護してくれる。アメリカは山々のように堅固で、大洋や空のように揺らぐことなく永遠である！」（Adams 116）と語っている。シエラ・ネヴァダ山脈のアメリカの大自然を撮り続けてきたアダムズは、自然が人間へおよぼす力、とりわけアメリカの大自然がそこに住む人々へ与える力のすばらしさを信じていた。戦争という「緊張と悲しみ」（Adams 13）の年月において、「これまでになく山々の荘厳さ、美しさ、静けさ」（Adams 13）が私たちにとって意味を持っているとアダムズはふたたびアメリカの自然を礼讃し、主要な対象は人間でありその生の営みだが、人間に与える「風景の偉大なる影響」（Adams 13）を記録したのであり、「この写真集は土地を強調している」（Adams 13）と主張している。

同書の見開き二頁に掲載された「ウィリアムスン山を背景にしたマンザナー北部農場」こそ、アダムズがマンザナー写真群の中でもっとも記録したかった写真ではないか。写真の上部三分の一を雪で覆われた山々の雄姿が占め、下部三分の二は、整然とみごとに耕された畝《うね》が波打つ大農場である。そこに二、三〇人の人々がそれぞれの姿勢で作物の手入れをし、選り分け、植え込み、箱に入れる作業をしている。この写真から、マンザナー強制収容所の収容者の「現実」を見ることは不可能である。有刺鉄線も監視塔もバラックもない写真からは、雄大な山々のふもとで自然の恵みを受けとめているようすしか伝わってこない。写真に写る日系人が強制収容され、この不毛の土地に連れてこられ、選択の余地なくこの場所で、決められた作物を育てていることは伝わってこない。

それでもアダムズは、美しく雄大な山並みをすぐそばに見ながら、農作業にたずさわることの幸せをあらわそうとしたのか。大自然の恵みに「アメリカの農夫」の喜びがあると語ろうとしているのか。

アダムズはこの地域について次のように描写している。「地図や測量によって勝手な領域が決定されるが、この谷間の精神（霊）は、そのような限界事項によって抑え込まれはしない。西に何百マイルにわたって高くそびえるシエラ・ネヴァダの巨壁の力を感じる」（Adams 31）。もはやそこが強制収容所だということは忘れ去られる。点在する働く農夫たちの写真には、一七世紀に大西洋を渡ってアメリカ植民地を建設し、森林を伐採し、開墾地を作りあげていった「アメリカの農夫」の姿を見る。西部の雄大な山脈のふもとへ到達した「アメリカの農夫」の歴史が、そこには刻まれている。

個人写真から集合写真へ——トーヨー・ミヤタケの場合

アンセル・アダムズは、個人を集団より重要だと考え、肖像写真を残したが、その友人でありプロの写真家だった日系のトーヨー・ミヤタケは、かえって集団を撮り続けた。「パール・ハーバー」以前のミヤタケの本領は、ダンサーの芸術写真を撮ることにあり、一人の人間の「芸術性」を写真で表現することにあった。ミヤタケと親しかったダンサーの一人、バーバラ・ペリーは、「写真のドガ」（宮武 124）とミヤタケを評している。

ところがマンザナー強制収容所へ入ったのちのミヤタケは、集合写真を多く撮影する。「マンザナー・ハイスクール一九四三年度卒業記念」や、「ハイスクールの合唱団」「歯科医とインターン」「鶏卵係」「三世代の家族写真」「野球チーム」「新年会の大講堂」など。「一見花見風景」というキャプションのついた写真すら、花の宴の乱暴狼藉、混乱状態などはどこにも見られない。酒を飲み夕涼みをしている男たちが、大きな木のもとに集まり、敷かれたシートの上に整然と居並んでいる。芸術写真を撮っていたミヤタケが、このような整然と並んだ人々の集合写真を撮るにいたったのには、どのような心の変化があったのだろうか。ミヤタケはマンザナーを、いかに記録しようと考えていたのか。

ミヤタケやドロシア・ラング、アダムズが写すことができなかったのは、「収容所で日々起きる住環境の不都合や不具合、収容の初期に続いて起きた不穏な出来事、抗議」（Creef 66）であった。それらは視覚化されない。またトイレや溝の悪臭や猛烈な蚊の襲来があった。砂嵐のほかに収容所の住民を悩ませる要素はさまざまにあった。

アダムズの「ミヤタケ一家」の幸せ家族像が人工的・偽善的に映るのは、収容所にいることじたいが家族生活の放棄の強制であることを写真家が意図的に忘却しているからである。ラングの写した「祖父と孫たち」の杖を手に口をへの字に結んでいる祖父像に、多くの人々が一世の威厳を認めたようだが、収容所生活で失われたものはまさに一世の威厳だった。ラングの撮ったこの写真には、「祖父と孫たちが強制退去のバスを待っている。祖父は染物・洗濯業を営んでいた。家族の単位は強制退去から戦時転住センターへ移ってからも維持された」（Conrat 115）という説明文がついているが、じっさいには家族の単位は番号化され、人間性は剝奪された。家族を強調するこの説明文は白々しく響く。

ドロシア・ラングの場合

ドロシア・ラングは、一九四二年三月、公式カメラマンに任命され、強制退去・転住を記録することになる。三月二二日に日系人の招集が始まると同時に撮影を開始している。衝撃的にリアリスティックな写真でよく知られていたラングは、アンセル・アダムズとはまったく異なる写真家だった。アダムズ自身、おそらくラングを意識して、「社会派の写真は、必要以上に人間味や想像性に欠ける」（Adams 121）と批判した。

その批判に答えるようにラングは、「ドキュメンタリーの写真家は社会改革家ではない。社会改革がその目的ではない」（Gordon and Okihiro 12）と反論し、自分の責任は記録することにあると強調する。

ラングは集団の写真であっても、ミヤタケのように整然と並ばせて正面を向かせて記念撮影をすることはない。個人を写してもアダムズのようにレンズを直視させ、にっこり笑うポーズを取らせることはない。スタジオ内で不自然な状況で写真を撮ることはほとんどなかった。外の自然光で、フラッシュをたかず、自然にたむろする人々の群れを撮り、雑然と集まっている様子をそのままに写し、残そうとした。外光を頼りに撮られた写真は、アダムズのように輪郭を明瞭に映し出すことができず、かならずしも「美しい」写真ではない。だがリアリティに接近するその姿勢こそ、「日系人の強制収容」という被写体の場合には重要だったのではないか。美しく写そうとする作為はにせの行為になる。

ラングの伝記を書いたリンダ・ゴードンの分析によれば、ラングの物語性は、「強制収容のプロセスを通して個人を追い続けること」（Gordon and Okihiro 27）だったという。たとえばカリフォルニア州マウンテンヴューのシブヤ一家を代表させ、家族のそれぞれを紹介し、菊栽培で成功した、にこやかなシブヤを畑の中に写し出す。よく手入れの行き届いた畑、瀟洒な自宅と庭など、日系アメリカ人のアメリカ社会における歴史と貢献を写真に語らせている。

ラングの強制収容写真で印象的なのは、日系人がこれまでの歴史を閉じる瞬間を写した写真群である。「退去の日の朝、納屋の扉を釘付けにする」「寺院の玄関に鍵をかける仏僧の手」「退去に備え店舗を板張りにする」「倉庫に積まれた退去者の荷物」「貸店舗の張り紙のあるレストラン」など、正面を向く人間がいないばかりか、「仏僧」の写真では腕の数珠《じゅず》がクローズアップされているばかりである。貸店舗という小さな張り紙の下で、「菊水」という金文字が輝くレストランの扉の写真に、人間は写っていなくとも日系人所有者が営々と築きあげてき

図3　マンザナー強制収容所(ドロシア・ラング　1942年)

た歴史が感じ取られる。それがすべて凍結され、終焉してしまった情景をラングはみごとに写し出している。「洗濯日、退去の四〇時間前」というキャプションの、軽やかに風に吹かれる着物二枚の写真では、人間の姿が見られない。退去が迫っているにもかかわらず、洗濯日の日常が営まれ、あたかも何も変わらない、平穏に時間が過ぎているようである。だが風にはためく洗濯物が、あまりにも日常的であるために、かえって人生のはかなさ、それを着る人間の空虚な心が伝わってくる。

とりわけ印象的なのは、集合所へやって来た日系人家族が名前を剝奪され、荷札のように番号札を胸につけている写真である。ユダヤ人が「ダビデの星」を胸につけることを強要されたように、かれらのアイデンティティはこの番号であらわされ、係官は人間の顔を確認するのではなく、番号を確認する。ラングはその瞬間を撮る。一九四二年四月六日の「札をつけられ、リストと照合される」という説明文のある写真は、帽子を被り外套を着た一世を頭上から撮ったもので、老人の姿と係官の大きな手が見えるだけである。個人の顔を確認するのではなく、番号を確かめることがかれらの仕事だった。

ラングの「強制退去のバスを待つ祖父と孫たち」という一世と三世の男の子二人を写した写真は、しばしば複製・引用されている。三人ともに上着の襟に番号札をつけ、長くたらしている。服装の黒々しさを背景に札の白さが異様に強調され、三人の顔は無表情ともいえる。この写真を見た多くの人々が、「祖父の顔に威厳を見出します。けれども私はもっと別の感情を読み取っています。痛みです」(Creef 56)と孫の男の子の一人ジェリー・アソはのちに語っている。

アダムズの自然信仰

一九四四年、アンセル・アダムズはふたたびマンザナーを訪れ、近隣の写真を撮った。じつに美しく切り取られた景色は、空の薄雲の動き、中景のなだらかな山並みの重なり、砂嵐のたなびきが地上に白く細い線を描くさまを写している。白い砂嵐の中に黒く浮かぶのはまばらなポプラの木立である。絵画的なこの写真は、そのすぐそばにマンザナー強制収容所があることを沈黙させる。

写真を撮り、それを公刊することは、一つの社会的主張である。それではアダムズの『自由と平等のもとに生れて』はいかなる社会的主張になっているのか。

序文でアダムズは、「聳え立つ山々に囲まれ、砂漠の荘厳さがマンザナーの人々の精神を強くしたと思う」(Adams 13)と記した。「壮大な光景と太陽・風・空間の厳しい現実は、アメリカの広大さ、アメリカにあるチャンス(好機)を象徴している——強制された脱出ののちに生存を再保証している」(Adams 13)という記述は、アメリカ的楽観主義が濃厚に支配する。この写真集は特定の民族集団とその問題を社会学的に分析したものではない、とアダムズは強調し、日系人を抽象的な集団として取り扱うのではなく、「個人とその環境の現状」を表現するのが目的であり、個人がもっとも重要であると繰り返している。その繰り返される言葉に、かえって疑いの念を抱かせる。いまだ戦争中だった合衆国政府を慮《おもんぱか》り、日系人強制収容所の存在理由を否定するような言辞を避けねばならなかったのか。政府を刺激する表現を使えなかったのは確かである。それでもアダムズの一九四四年のマンザナー近隣の写真表現、「自然の力」への強い信仰、アメリカの信条としての「大自然」の讃美、マンザナーの土地を未来の豊かさを秘めた理想郷として描くことに、今一度、留保を置かねばならない。

アダムズは、日系人強制収容を弁護して次のように述べている。「私たちは国家として、歴史上、極度に不安定な状況に直面していた。驚愕し、傷ついており、戦闘準備はまったく整っていなかった」（Adams 46）。突然に起きた「パール・ハーバー」のために、強制収容はアメリカが国家として取らざるを得ない処置だったという論理である。日系家族の転住が、他のアメリカ人と比べて、それほど悲痛な出来事だっただろうか、とアダムズは自問する。「全米各地に離散してしまった家族や友人のことを考えてみよう。日系アメリカ人を西海岸から立ち退かせたことが、他の何百万のアメリカ人の悲惨さと比べて、よりひどく心を痛め、つらいことだったと断言できるだろうか。通常の戦争貢献に加えて、強制的に押しつけられた集団移住だったことは、他と比べて不幸だったとは言えるだろう」（Adams 59）。それでも戦時下、特に「パール・ハーバー」のあとではいたしかたなかったという含みである。

そこには「偉大なるアメリカ」信仰が見られる。

むすび

「マンザナー」というアメリカの歴史的事実が、史上から消えることはない。実践されたことは後世においても残り続け、執拗に記憶されるだろう。

最後にアンセル・アダムズは、人権の尊重を繰り返す。

「個人の権利は私たちの社会で第一義的に聖なるものであり、感情・報復・憎悪・人種的敵意によって普遍的な正義と慈悲の原理が曇ることがあってはならない」（Adams 118）。

個人の肖像写真の意味は、日系人もアメリカ人である、という強い主張である。「アメリカの生徒」「アメリカの家族」というキャプションや、理想のアメリカ的家庭像を写し、軍隊へ志願するようになった二世の制服姿を写したのは、アジアの顔をした「アメリカ人」を、写真を通してアメリカ社会へ日常化する行為であった。アダムズはかれらを含めた群像こそ未来の「アメリカ人」であると考えていた。

だが今日、アダムズの写真集に違和感を覚えるのはなぜだろうか。満面の笑みをたたえた「期待されるアメリカ人」像に、軍服や看護師の制服姿の肖像写真に、「理想のアメリカの家庭」像に、そのキャプションを含めてアメリカ礼讃の一方的おしつけを感じてしまうのは、なぜだろうか。

イリーナ・タジマ・クリーフは、アダムズの肖像写真を、当時の反日思想の中で描かれる否定的な日系人像を崩し、忠実なアメリカ人像を視覚的に構築しようとした結果であると分析する。「日系アメリカ人が脱オリエンタル化され、紛れもないオール・アメリカンな市民」（Creef 19）に作りあげられている。クリーフは、それを「非他者であり西洋であり――決してアジアではない――すぐにアメリカ人とわかる」（Creef 21）ように、まるで「忠誠心の視覚的証拠」（Creef 21）とでもいうようにアダムズは目論んでいるという。

反日勢力が占めるアメリカ社会に、アダムズはアメリカの理念である民主主義・個人主義、自由・平等の理念を思い出させようと、日系人をアメリカ化するのに骨を折った。マンザナー強制収容所の「日系アメリカ人を白人の視線に対して人間化」（Creef 19）する作業をアダムズは担ったとクリーフは言う。日系人がアメリカ社会に受け入れられるようにという単純な希望からだったのだろうが、アダムズはそれがアメリカ中心主義であることには気づいてはいなかった。

「非他者であり西洋であり――決してアジアではない」肖像写真は、究極のところその人物の否定でしかない。文化人類学者ドリーン・コンドウは、「顔はアイデンティティの身体的場」（Creef 19）と言っているが、「アジアではない」ことを求めることは、その個人の存在を否定することである。

アダムズは、アメリカの大自然に魅了されていた。艱難辛苦の中、一九世紀のアメリカの開拓者たちを鼓舞したのはこの自然の魅力であり魔力だった。それゆえアダムズは、マンザナー強制収容所を記録するとき、周囲の大自然の力を強烈に感じ、それを記録したいと願ったのである。大自然が保証する個人の生命を、すなわちアメリカの信条がうたう個人主義、個人の自由を表現したかったのにちがいない。

けれどもアダムズの写真集は、アダムズのアメリカニズム、その「アメリカ信仰」という思想を強調するあまり、アメリカ讃歌が強く前面に押し出されてしまった。「美しいアメリカ」が恣意的に作り出されてしまったと言っていいだろう。マンザナー日系人強制収容所は、あくまでも歴史的現実であり、その写真集は歴史的記録である。戦時下という異常事態のもとで、アダムズの写真集は、なお肯定的なアメリカニズムを表現しようとしている。それは現実の収容所生活の記録にはならなかった。

引用文献

Adams, Ansel. *Born Free and Equal: The Story of Loyal Japanese Americans: Manzanar Relocation Center, Inyo county, California*. Ed.
Conrat, Maisie & Richard. *Executive Order 9066: The Internment of 110,000Japanese Americans*, Los Angeles: Ritchie & Simon, 1972.
Creef, Elena Tajima. *Imaging Japanese America: The Visual Construction of Citizenship, Nation, and the Body*, New York: NYUP, 2004.
Dower, W. John. *War Without Mercy: Race and Power in the Pacific War* , New York: Pantheon, 1986.
Fugita, Stephen S. and Mariloyn Fernandez. *Altered Lives, Enduring Community: Japanese Americans Remember their World War II Incarceration*, Seattle: U of Washington P, 2004.
Gordon, Linda and Gary Y. Okihiro ed. *Impounded: Dorothea Lange and the Censored Images of Japanese-American Internment*, New York: Norton & Co., 2006.

Kashima, Tetsuden. *Judgment Without Trial: Japanese American Imprisonment during World War II*, Seattle: U of Washington P, 2003.
Robinson, Greg. *By Order of the President: FDR and the Internment of Japanese Americans*, Cambridge, MA: Harvard UP, 2001.
Stowe, Harriet Beecher. *Uncle Tom's Cabin*. Ed. Elizabeth Ammons, New York: Norton & Co., 1994.
多木浩二『写真論集成』岩波書店　二〇〇三年
宮武東洋『宮武東洋の写真——1923–1979』(*Toyo Miyatake Behind The Camera: 1923–1979*) 文芸春秋社　一九八四年

〈付記〉　本章は初出「日系アメリカ人強制収容とアンセル・アダムズの写真記録」(『立命館国際言語文化研究所紀要』第二三巻一号、二〇一一年九月)の本文を一部、書き改めたものである。

4 医療現場のユーモアにみる苦しみと笑い

リサ・ギャバート（中川典子 訳）

要点とアプローチ

アメリカやイギリスでは、医師は奇抜なユーモアのセンスを持つ職業人という固定観念で見られている。たとえば、儀礼研究で有名なサビーナ・マリオッコは以前、自分が担当医と気軽に冗談を交わす間柄であると私に教えてくれた。しかし彼女が特に気が利いて面白かった時、その医師は彼女に「あのね、自分の担当医以上に面白くなってはだめですよ」と言って、冗談交じりに注意したという。[1] これは医師が自分たちを面白い集団だと考えていることを示している。

多くの医師が日々の業務の中でユーモアを使っている。多種多様なユーモアはさまざまな状況や人々を映し出す。たとえば医師はその時々の状況に応じて、患者に対してはあるユーモアを、管理職の人々には違うユーモアを、そして他の医師にはさらにまた別のユーモアを、と使い分けているのかもしれない。本章では、医師が主に大学病院の同僚の医師やスタッフに対して使うユーモアに注目する。この種のユーモアは特に医学的な見解を反映しており、医療に関する話題や問題を直接的に取り上げている点において、医師が使う他のユーモアとは異なる。こうした話題の対象として扱われるのは、ほんの数例を挙げると、医療研修、医療処置、他の医師や患者、多様な医療分野、死、疾病、年齢、肉体などである。

「絞首台ユーモア」——医療現場のユーモアとその特徴

医療現場で発せられるユーモアにはさまざまなものがある。それはジョークや隠語、真偽の疑わしい話、ことわざ風の話であることが多い。研修中の医学生や医師がいたずらをしたり、風刺的な歌を歌ったりすることもある。たとえば、二〇〇〇年代半ばに「アマチュア・トランスプランツ」（素人の移植手術）というイギリスの歌手グループがユーチューブ動画で人気を集めたが、このバンドのメンバーはイギリスの医学部生で、「麻酔医賛歌」や「医薬品の歌」といった曲を作って歌っていた。こうしたユーモアが主に医療に携わる聴衆を対象としていることからも明らかなように、これらの歌のほとんどは医療現場の専門用語や研修を題材としているので、医師として実際に訓練を受けていなければその面白さを理解するのは難しい。

医療現場を扱ったコメディも、テレビ番組や本、映画、その他の大衆文化の中に出てくる人気の高い娯楽である。アメリカのテレビ番組史上最も人気のあった医療現場を扱ったコメディといえば『M☆A☆S☆H』で、一九七二年から八三年にかけて放送され、その後も長年にわたって再放送されてきた。ドラマの主役は朝鮮戦争時の第四〇七七部隊移動外科病院（Mobile Army Surgical Hospital, MASH）の医師たちだった。これは朝鮮戦争を扱った作品だとされているが、実際にはベトナムにおける米軍の関与に対する批評だった。ドラマの中の医師たちはしきりにジョークを飛ばし、手術の時には作り話をし、いたずらや悪ふざけをやり、女性看護師の尻を追うことで有名だった。より最近のテレビドラマ『Ｓｃｒｕｂｓ～恋のお騒がせ病棟』は、大学病院に勤める研修医（研修中の医師）を題材としたもので、今も多くの人気を集めている。①

図1　テレビドラマ『Scrubs』海外版の宣伝画像

インターネットも医療現場を扱ったコメディがよく見られる場であり、多くのブログやウェブサイト、ユーチューブなどが医療現場のユーモアを取り上げている。有名なウェブサイトgomerblog.comは、「地球上で最も素晴らしい医療ニュース」に力を入れている。このサイトは、笑いのためにくだらない時事問題をでっち上げて日々の出来事を揶揄する有名な英語の風刺ニュースサイト『オニオン』の医療版である。

医療現場のユーモアの特徴の一つは、タブーとされている話題について頻繁に言及することである。たとえば医療現場のユーモアは、排泄の過程を扱うことでスカトロジック（糞尿的）にもなりうる。『Ｓｃｒｕｂｓ』での面白いエピソードに、ビーカーに入った尿のサンプルと、同じ種類のビーカーに入った（尿とよく似た）りんごジュースを飲むスタッフの間に巻き起こる騒動を描いたものがある。このエピソードは、アメリカでは日常会話に上《のぼ》ることのない尿について取り上げているだけではなく、尿を飲んでしまう可能性を人々に想像させており、そうやって排泄と飲食の過程を交差させることで、タブーとされている領域に踏み込んでいるのである。

スカトロ系の言葉は医療現場で隠語が用いられる際にも見られる。たとえば、堅苦しい専門医のことを「括約筋の極度の緊張」と呼んで侮辱することがあるが、これは言葉遊びである。括約筋は「ケツの穴」の意味で、英語で誰かを「ケツの穴」と呼ぶことは、相手を汚い言葉や野蛮な言葉で「ろくでなし」と呼ぶことである。あるいは、仕事面で運のない医師は「スツールマグネット」（大便磁石）と呼ばれるかもしれない[2]。運がないというのは、たくさんの患者を担当しなければならないか、症状が思わしくない患者を診なければならない医師のことである。スツールマグネットという語句は、医師が大便、つまりは悪い患者を引き寄せることを意味している。それゆえ、誰かをスツールマグネットと呼ぶことは、スカトロジックな言葉を喚起する軽蔑的なやり方で患者について語ることにもなるのである。

これらの例から、医療現場におけるユーモアがわいせつで、あからさまで、攻撃的となりうることが分かる。それは「絞首台ユーモア」(gallows humor) として特徴づけられることもある。絞首台ユーモアとは、絶望的な状況で発せられる残酷なユーモアを指す言い回しである。たとえば、一九七八年に初版が出版されたサミュエル・シェムの有名な『神の家』(*The House of God*) は、アメリカの研修医を題材とした風刺小説である。この小説は医療研修や医師を揶揄しつつ、当時の医療がどのように行われていたかを皮肉たっぷりに描いている。「ふとっちょ」という名の登場人物が研修医たちの従う「教訓」を考案していくのだが、これらの教訓が下品で通常の医療行為に反するものであるため面白いのである。しかしながら、小説の中ではこれらの教訓は実に真実をついていて、それがまたその面白さに拍車をかけている。それらは絞首台ユーモアの好例である。というのも、「ふとっちょ」は日々の医療業務で出くわす絶望的な状況に面白おかしく応えるために、こうした教訓を考え出したからである。

たとえば、教訓その一は、「ゴーマーは死なない」というものである。[3]「ゴーマー」(gomer) とは、認知症を含むさまざまな病気を抱えている高齢の患者を表す隠語である。ゴーマーはいつ死んでもおかしくない状態にあるか、またはとにかく高齢であるため医療ケアを必要としない場合が多い。ところが、当時(一九七〇年代)の西洋医学の主たる目的はどんなことがあっても生命を守ることだった(そして、それは今でもかなりその通りである)ので、こうした医療体制下ではゴーマーが死ぬことは断じて許されなかった。このいびつな体制のせいで、ゴーマーは多くのケアを必要とし、医師の重荷となっていくのである。この文脈を踏まえると、教訓その一は、医師がゴーマーに何をしようとも患者が死ぬことはない、という意味になる。

教訓その三は、「患者が心拍停止したら、まず初めに自分の脈をとること」である。[4] この教訓が面白いのは、誰かが心臓麻痺を起こした場合、医師はすぐにその患者に付き添うべきとされているのに、逆にここでは医師が患者の脈を測る代わりに自分の脈を測るようにと指示しているからである。この教訓が素晴らしいのは、緊急事態で医師自身がパニックを起こさないように注意を呼びかけている点である。

教訓その一三（これは別の登場人物によって考えられたものである）は、「医療ケアの提供とは、できるだけ何もしないこと」というものである。(5) この教えは医療介入や外科的処置、投薬といった現代西洋医学の医療行為に真っ向から異論を唱えているので、そこが面白い。小説の中で研修医たちは、患者に何もしなければそれだけ患者は快方に向かうことを発見する。この教訓は西洋医学の医療行為がほとんど何の役にも立たないことをほのめかしているのである。

医療現場のユーモアと苦しみ

さまざまな分野の研究者が、医療現場でのユーモアがなぜ時に辛辣できわどいものになりうるのかを色々と説明してきた。一つの共通した結論は、医師が仕事のストレスを発散させるために、あるいは患者に対する防衛機能として、ユーモアを使用するというものである。(6) また、医師は医療機関に抵抗する方法としてユーモアを用いる、という指摘もある。(7) さらに、重篤な患者がユーモアの対象になることや、(8) 医学生の社交の場でユーモアが役割を果たしていることも明らかにされている。(9)

これらの説明は確かにどれも正しい。しかしここで私が指摘したいのは、苦しみこそがこれまで議論されてこなかった医療現場のユーモアの重要な文脈だということである。苦しみはあらゆる医療行為に浸透していて、この苦しみを取り巻く環境が、辛辣とも思える医療現場でのある種のユーモアの諸条件を生み出しているのだが、実際のところユーモアは一見絶望的な状況を打破するために使われているのだと、私は信じている。

しかし残念なことに、医療業務における苦しみに対する理解は依然として進んでいない。苦しみを医療行為全体に浸透する要素だと認識している人は、医師を含めてもほとんどいない。当然のことではあるが、ほとんどの医師は患者の視点から苦しみについて考えている。医師は患者の苦しみを軽減することに専心し、苦しみを医学的に治療するためのより良い方法を探している。たとえば、エリック・キャッセルは有名な物理学者かつ哲学者であり、医師の苦しみに対する理解を広げることに貢献した人物だが、彼は、苦しみには医師がこれまで認識していた単なる痛み以上のものが含まれていると主張した。キャッセルの説明によれば、苦しみには絶望や孤立、差し迫った運命という感覚、不快な経験がいつ終わるのか分からない感覚なども含まれている。こうしたさらなる要素を認識することで、医師は苦しみの治療に対する理解をより深めることができたのだが、現代の医師は、苦しみは主に患者の中に存在するものだと考え続けている。医師は多くの場合、苦しみとは患者個人の内部に存在するものであり、それは医学的に治療されるべき現象だと信じているのである。(10)

しかしながら、それがすべてではない。医療現場の苦しみは患者の領域を超え、医療業務全体に関わるものである。たとえば、医師や看護師のような医療業務に従事する者もまた、その厳しい労働条件によって自らが苦しむ可能性があり、また実際にしばしば苦しんでいる。病院で働く医師や看護師は極度の緊張の中で長時間労働に従事しており、間違った決断やほんの小さなミスが患者の生死を左右する。中には担当する患者の苦しみを内面化するあまり、治療すべき患者と一緒に自分も苦しんでしまう医療従事者もいる。(11) さらには、患者の苦しみを和らげることが医療の目的であるというその事実こそが、苦しみを労働環境全体の基本要素たらしめているのである。

こうした環境によって、多くの医療従事者が命を落としている。たとえば、医師の自殺率はその他の職業に就いている人々の何百倍も高く、医師の間に蔓延する苦しみの大きさを物語っている。(12) 過酷な労働条件によってもたらされる最たるものは「燃えつき症候群」なのだが、これはストレスや過労による肉体的あるいは精神的衰弱のことで、苦しみの一形態としても捉えられる[13]。それは医療従事者にはよく起こる問題である。医療現場における苦しみとは、治療の対象となる患者の苦しみよりも広範で根本的なものであり、医療関係の職業に文化的に浸透しているものなのである。

医療現場のユーモアの一例

次に引用するジョークを私が初めて聞いたのは夫からで、当時彼は一九九〇年代の後半から二〇〇〇年代の初めまで、アメリカのインディアナ州ブルーミントンにあるインディアナ大学の医学部に通っていた。私がこのジョークの持つ意味を真に理解するのに何年もかかった。


一人の男が病気の母親を緊急治療室へと連れてきた。いら立ちながら、これから一体どうなってしまうのか見当もつかないまま何時間も待った後に、やっと医師が出てきてこう聞いてきた。「ええと、良い知らせを先に聞きたいですか？　それとも、悪い知らせを聞きたいですか？」男は険しい顔つきで、「悪い知らせからお願いします」と答えた。

「それでは」と医師は話し始めた。「悪い知らせというのは、お母さまは非常に重い発作を起こして、それによって完全に再起不能になってしまったということです。彼女は植物状態になりました。もう自分でご飯を食べることも、歩くことも、話すこともできません」

「そんな……」男は言った。「それは最悪だ」

「はい。ただ不幸なことに、さらに続きがあります」と医師は言った。「自分でご飯を食べられなくなったのと、歩くことも話すこともできなくなったのに加えて、自分の体を洗うことも、その他の生理的な要求を世話することもできません。こうしたことをあなたがすべて、昼も夜も彼女のためにやってあげなければなりません。しかも、彼女はあなたのことを認識することさえできません」

「なんということだ」と男は言った。「本当に最悪だ」

「そうなのです」と医師は言った。「彼女のすべての要求にあなたが応えなければいけません。最悪の知らせは、それによってあなた自身が食べたり寝たりする時間がなくなり、肉体的にも精神的にも完全に疲弊してしまうだろうということです。そしてまた、金銭的な負担からあなたはおそらく破産してしまうでしょう。つまり、ストレスによって、あなたはきっと彼女よりも先に亡くなってしまうでしょう」

「そんなことって……」と男は言った。「それでは、良い知らせというのは一体何なのですか?」

「ははは!」と医師は言った。「冗談ですよ。彼女はもう亡くなりましたよ」


多くの場合、医師はこのジョークを面白いと思うのだが、医療関係者ではない人々にこの話をすると、たいてい皆、驚きのあまり言葉を失い、それから気まずく笑うのである。このジョークを初めて聞いた時の私自身の反応も似たようなものだった。なぜなら、この話は多くのタブーを破っているからである。

この医師が犯している一番のタブーは、「良い知らせ」は母親が死んだことだと告げることである。アメリカ人は死を敬遠し、それについてあまり話したがらない(14)。それに加えて、すでに述べた通り、西洋医学においては何があっても人命を守ることを重視しているため、患者の死は通常「敗北」または悪い結果と考えられる。何としても人命を守るという医療現場の要求と相まって、アメリカ人が死について話すことを嫌うのは、医師が死を本当に「良い知らせ」だと言うことが、このような根強い文化的志向に反しているためである。

これに対して、多くの医師や看護師やその他の医療従事者は、何としてでも生命を守ろうとすることが問題となりうるのを十分に理解している。たとえば、それは患者に対して最悪の治療をもたらしかねない。このジョークで描かれたように、最悪の場合、絶対に人命を守ることが苦しみの増幅につながったり、「まずは害をおよぼさないこと」(*primum non nocere*) という生命倫理の基本原則を脅かすことに直結したりするかもしれない。医師のジョークのシナリオによれば、母親は苦しみから逃れられず、植物人間として生きることを余儀なくされており、息子もまたそれによって苦しみ、死ぬ運命にある。息子は付きっきりの介護によるストレスが原因で、母親よりも先に死ぬと言われている。さらに、母親は回復の見込みもなく息子を認識することもできないため、息子の介護は無益なものとなる。〈母親が生きる〉という一見「成功した」医療ケアの結果は絶望的である。それは終わりのない痛み、苦悩、犠牲、無意味さであり、つまるところ苦しみなのである。

医師の最後のセリフ、「ははは! 冗談ですよ。彼女はもう亡くなりましたよ」が意味するところは複雑で、最も衝撃的である。まず、このセリフによって嘘が明らかになり、想定されていた状況が再構成される[15]。医師が息子に告げていたのは、母親は生きてはいるが「植物状態」であるという、一見すると辛辣なジョークであった。現実の世界では、医師は患者にジョークを飛ばしたり、誰かの母親の容態について冗談を言ったりすることは決してない。それは誰にとっても不適切な行為であり、ましてやそれが患者の生死を左右する医師であればなおさらである。

さらに、このセリフは意図的に辛辣である。アメリカ人は死を悲しむものだとされている。死は悲劇的で、それに対する適切な対応は哀悼や慰めの言葉をかけることである。ところが反対に、このセリフは医師の感情の欠如や未熟さを明らかにしている。医師はあからさまに死を喜んでおり、死は実際に「良い知らせ」なのである。そして皮肉なことに、この「良い知らせ」が差し出すのは、予想された苦しみからの解放である。この考えは、何が何でも人命は守られなければならないというアメリカ人の一般的な見解に真っ向から反対するものだが、同時になぜこのジョークが医療関係者ではない人々にとって衝撃的なのかの理由でもある。たいていのアメリカ人は日々の仕事の中で病気や苦しみや死という状況に直面していないため、この見解には馴染《なじ》みがないのである。

ユーモアの機能——死に関する隠語の例

ユーモアに関する一つの重要な理論的考察は、笑いやユーモアや冗談めかした行動は一時的にその場の状況の持つ意味を変える、というものである[16]。ユーモアの研究者であるクリスティ・デイヴィスはジョークについて、「ジョークとは、我々の話し方を縛る日々の抑制や制約からの、つかの間の解放である。現実、理屈、不条理さ、不適切な行為、極めて衝撃的なことなどからはっきりと決別して、我々が曖昧な状態でいることを許してくれるのがジョークである」と記している[17]。別の言い方をすれば、ジョーク（あるいは他のユーモアあふれる形）であれば、人は一時的に社会的制約から解放されて考えたり話したりすることができる。普通なら社会的に口に出すのがはばかられるようなことも、ジョークであれば声高に言うことができる。だからこそ、ジョークはタブーを破り、衝撃的になりうるのである。ユーモアもまた状況を再構成し、通常は表面化しないような別の解釈を生み出す。たとえば先述のジョークの場合、別の解釈とは、死が本当に「良い知らせ」であるというものであり、これは死が悲しく悲劇的で悲惨なものだという一般のアメリカ人の見解とは全くもって対照的である。

ユーモアがその場の状況の持つ意味を一時的に変える方法の一つは、既存のカテゴリーや序列を壊すことによってである。たとえば医療現場のユーモアには、死にまつわる実に多種多様の面白い言回しや隠語がある。この話題が持つタブーとされる性質を考えれば、これはそれほど驚くことではない。死に関する隠語は、死の深刻で悲劇的な性質を面白く平凡なものに再構成することで、既存のカテゴリーを反転させているのである。

「死」にまつわる隠語の例に、「冷え切った」や「タグ付けされた」というものがある。これらの言葉は死体安置所を想起させるものである。「冷え切った」という語は、死体安置所の気温が低めに設定されている事実を指しており、「タグ付けされた」とは、死体安置所で遺体につけられた本人確認の印（タグ）を指す。死を表す他の用語、たとえば「箱に入れる」「土の中で昼寝」「（土に）植えられる」などは、埋葬の隠語である。「箱」という語は埋葬される前に遺体を入れる納棺のことを言ったもので、「土の中で昼寝」と「植えられる」は、地中に埋葬されることを示している。さらに、「くたばった」「バケツ［訳注：首吊り用の踏み台］を蹴った」「（人生を）清算した」「墜落した」「一本食らった」「腹を上にして浮いた」などの隠語もある。(18)

これらの言回しには明らかに医学分野に特有のものもある。たとえば、「ハーバード流で死ぬ」という言い方は、患者の検査値は正常だった（つまり、ハーバード大学並みに完璧だった）のに、とにかく患者は死んでしまったという意味である。(19) また、よくある言回しに、「排水溝の周りをぐるぐる回る」（circling the drain）、もしくはそれを縮めてＣＴＤというものがあり、明らかに死に向かっているがまだ死んではいない患者に対して使われる。死を目前にした者は、死を避けることができずに徐々に死に近づきながらその周りを回っており、それはあたかも水が排水溝の周りをぐるぐる回って、最終的には排水溝の穴に吸い込まれてしまうのに似ている。これらすべての例において、普通ならタブーとされ、深刻で、悲劇的で、悲しいと考えられる死という題材が、ユーモアを使うことによって、ごくありふれた、こっけいな、陽気なこととして表現されている。このように、医療現場のユーモアは、一時的にせよ普段の社会的現実をひっくり返し、一変させるのである。

医師が医療現場でユーモアを使って既存の序列を一時的に反転させるもう一つの方法は、臨終または亡くなった患者を面白おかしく無礼な言い方で呼ぶことによってである。医師は患者に対して最高の敬意を払って接するよう教えられる。死を目前に控えた、あるいはすでに亡くなった患者のことを面白おかしく話すことは、死を軽んじるという社会的タブーを犯しているだけではなく、普通なら偉大な評価と尊敬の念を持って扱われる個人（患者）を標的とするものである。たとえば、イギリスでは高齢の患者は「TMBの徴候がある」と診断されるかもしれないのだが、これは「誕生日を迎え過ぎた」（too many birthdays）ことを意味している。この場合、患者の唯一の問題は高齢だということである。高齢者は通常は多大な敬意を払われる存在なのだが、ここでは高齢であることが笑いの対象となっており、それによって既存の序列がすっかり変わっている。

もう一つ、やや手厳しいイギリスの言回しに「T・F・BUNDY」という表現があり、これは「もう完全に最悪だが、不幸なことにまだ死んではいない」（Totally Fucked But Unfortunately Not Dead Yet）という意味である。この表現は、まだ亡くなってはいないが医学的に見て絶望的な患者のことを指す。ここでもまた、既存の序列が覆されている。この表現は、患者にとって死んだ方が良いと提唱しているだけではなく、下品な言葉を使ってそう言っているのである。イギリス発祥の最後の例は「GFPO」で、これは「部分的には良好」（Good for Parts Only）であることを表す[20]。この言回しは、生きる望みのない瀕死の患者あるいは死去した患者を指しており、その言わんとするところは、彼らの体の一部は臓器提供などで他の人々に利用できるかもしれない、ということである。

死者や瀕死の患者を表す隠語にはまた、お決まりの序列を反転させる方法とは違ったやり方で、病院の煩雑な手続きや治療の実施要綱を揶揄するものもある。たとえば、死亡した患者に関する隠語の多くは、搬送を題材にしている[21]。病院では、患者は定期的に病院内の違う科や別の診療施設へと移動させられるのだが、死亡患者にまつわる隠語では、患者の移送場所がでっち上げられ、病院のこうした日常的な手続きが茶化される。

たとえば、（死亡患者や瀕死の患者の）搬送に言及したものに「中国へ行った」という例があるが、これは患者がとても遠くへと移送されたことを示している。「病理科に転院した」という表現もあり、これは患者（の遺体）

が病院内の病理標本を扱う科に移されたことを意味する。「終身治療室への転院」とは、病院内で永遠に治療が続けられる科へと移動させられることである。また、「一一階に移された」は、病院が一〇階建ての時に使われる。その他の例としては、「永遠なるものへと送り出された」「神々しい解放」「天国へ送られた」などがあり、これらはすべて死後の世界に関する概念との言葉遊びである。最後の例は、「天国総合病院へと移された」(transferred to sky general) という表現である。患者の転院という深刻な任務が隠語では不謹慎でばかばかしいものになっており、これらの言回しは通常の序列を転覆させているのである。

医療従事者の苦しみ

死や亡くなった患者に関するこれらの隠語は、先述した(医師と患者のやりとりの)ジョークほどには苦しみという主題について直接的な言及をしていないが、患者と医師の双方に対するより多くの苦しみの状況を示している。エリック・キャッセルによれば、苦しみを構成する一つの重要な要素は絶望感と無力感である。[22] これらの感情は、病気や瀕死の患者が経験するものかもしれないが、彼らの治療に当たっている医師も経験するかもしれない。すでに述べたように、多くの医師がどんな犠牲を払ってでも死を回避することが自分の責務であると感じており、そうした信念は病気や死を悲観的に捉えるより広範な文化によって形作られている。この見解によれば、医師は誰かを何とかして救うために、たとえ費用がいくらかかろうとも、命を救う可能性がどれほど低くとも、患者のその後の人生がどうなろうとも、あらゆる手立てを尽くさなければならない。テクノロジーの進歩と利用可能なテクノロジーを使いたいという欲求がまた、この希望を助長している。

しかし、病気や死を回避することが無益な課題であるというのは明白な現実である。医師はしばしば、薬では治療できないような社会的、経済的、精神的な問題を抱えた患者を助けることができないでいる。また、たとえ一人の患者が良くなったとしても、さらに多くの回復する見込みのない患者が常に存在するので、彼らは医師という仕事が終わりのない、無益なものであるかのように感じてしまう。このような職業レベルでの絶望感と無力感が、医療現場における苦しみのより大きな文脈の一因となっているのである。

医師の苦しみという問題が私の頭に浮かんだのは、二〇一二年にアメリカ中西部のある医学部で三年生と四年生を対象にインタビューをした時である。インタビューの目的は、感受性に関する何らかの訓練を受けた学生が、担当する患者の苦しみに以前よりも共感するかどうかを調べることだった。そこで明らかになったのは、患者の状態が悪ければ悪いほど、学生たちは多くの影響を受けたということだ。医学部の学生たちは、患者の苦しみがいかに彼らの日々の生活に直接的な影響を与えたかという痛ましい話をしてくれ、病気と関わる際に感じたさまざまな挫折、心の病、恥辱、無力感を語ってくれた。

医師と患者の関係は、たとえ客観的に見えたとしても、かなり親密なものである。学生の公的な役割は「介護者」や「学生医師」である。これらの役割は、助ける能力と治す能力の両方、あるいはどちらか一方を必要とする。しかしながら、現実はかなり違っていた。学生たちはすぐさま厳しい限界を感じたのである。

多くの患者は、重病だったり、医学の力では解決できないような複雑な社会的・精神的問題を抱えたりしていた。たとえば、ある四年生の医学生は、エイズで瀕死だった患者について話してくれた。その男性患者は恋人と過ごすために最近引っ越したのだが、彼女に振られてしまった。彼は貧しく、近くに家族もいなかった。この学生は男性患者の境遇に打ちのめされたあまり、死ぬ間際に彼が友人や家族に会えるようにと、あやうく自腹で航空券を購入しかけたのである。彼女は彼の事情を思って病床のそばで泣いたという。

また別の例では、ある学生が小人症を含む数多くの病気を抱えた子どもについて話してくれた。子どもの母親は彼を育てられなかったか育てたくなかったために、その子は祖母が引き取ることに同意するまでの数週間を病院で余分に過ごさなければならなかった。この学生が輪番で再び持ち場に戻ってみると、その子どもは養護施設で暮らした後、かなり深刻な肺血性ショックになり、集中治療室に戻っていた。腸の大部分を摘出しなければならず、その子は死んでしまったという。こういった悲劇的な経験や話が、医学生の日々の生活を構成しているのである。

苦しむ患者を担当した後には、学生たちは心配で眠れないことが多々あったという。ある程度の成功に慣れた、知的で理想に燃えた若者だった医学生たちは人生で初めて、極めて現実的な諸々の限界に直面していたのである。そして彼らは、ただ単にこうした不幸な状況に表面的に遭遇したのではない。医師というのは当然のことながら自分の患者に責任がある。学生もまた、可能であれば自分の患者の命を助けたり快方に向かわせたりする責任があることを自認していた。彼らは医療行為の厳しい現実を知ったことで、心の病や恥辱感・無力感を感じただけではなく、理想を大きく見失い、科学への信頼も失い、自分の能力に対する自信も失ったと感じたのである。学生の中には、自分の仕事の経験を誰も理解してくれないので、友人や家族、配偶者に話すことができなかったと言う者もいた。このことが孤立感や孤独感につながっていたのである。介護士として病気や苦しみに直面するという経験は、恥辱や絶望、将来への不安、孤立感を明らかにともないながら、時には学生を苦しみに追いやることもあったのである。

それでは、苦しみとユーモアの関係とは一体何なのだろうか。苦しみについてキャッセルが指摘する重要な点は、痛みと苦しみの経験は個人の解釈に委ねられているということである。[23] つまり、人々が経験する痛みと苦しみの感じ方は、彼らの多様な経験や考え、価値観に結びついている。苦しみには絶望感や無意味さが付き物であるから、もし人々が痛みや病気に意味を見出せたとしたら苦しみは和《やわ》らぐだろう、とキャッセルは指摘する。意味を見出すことが、医療現場の現実を変えるのである。

医療現場で発せられるユーモアは、一時的ではあるにせよ、ともすれば絶望的な状況に意味を与えてくれる一つの方法なのだと、私は信じている。ピーター・バーガーは、喜劇的なものが認識の変化をもたらし日常の現実から脱却させてくれるさまざまな方法について、次のように強く主張している。彼は、喜劇的なものは日々の生活に一時的に入り込み、そして重要なことに、「痛みのない世界を見せてくれる……それは結局、人間の経験の悲劇的な側面を抽象化したものなのである」と説明する。[24] これまで見てきた例では、患者の病気、死、医師の無力感といった悲劇が、冗談交じりの行動や隠語によって、一時的に何か別のものへと変化している。死に関する隠語は何か不適切なものに変わり、患者を表す隠語では患者が笑いの対象となる。また普段の医療行為を揶揄することで、病院の治療手続きは不適切な笑いの題材へと変えられていく。ジョークや隠語、その他の医療現場のユーモアは、医療従事者ではない人々にとっては辛辣で痛烈で無礼に思われるかもしれないが、それらは一見絶望的とも思える状況を一時的に別の意味を持つもの、笑いや安心をもたらしてくれるものへと変える機能を果たしているのである。医療行為における苦しみの詳しい性質はいまだに認知されていないため、こうした医療現場のユーモアの機能も時に誤解されてきたのである。

　苦しみと死の状況を和らげ変化させる手段としてのユーモアの利用は、医療現場に限ったものではない。他国の文化ではもっとあからさまに行われており、死とユーモアとジョークに関する近年の研究は、こうしたさまざまな状況での死と笑いを結びつけて考察している。[25] たとえばイラナ・ハーロウは、アイルランドの葬儀におけるジョークの伝統をより大きな宗教的信仰体系の中に置いて、公の場での死の深刻さに関するジョークとエリート的な宗教観念との対比に注目している。[26] ドナルド・コセンティーノは、「その悪ふざけで墓地をハイチの不条理劇に変える」ゲーデたち[②]の例に見られるような、死と笑いをめぐるハイチの思想における論理を概説している。[27] さらに、オクタビオ・パスがメキシコ文化についてうまく述べたように、メキシコでは死を笑い飛ばすことが国民性の一部となっている。[28] アメリカ人は一般的に、死を笑いの機会としてではなく悲劇的で悲しいものと見なすのだが、どうやら医療現場は、他国の文化において十分に確立されている伝統にならっているようである。

むすび――ある患者の例

苦しみに立ち向かうためにユーモアを用いるのは医師だけではない。患者もまた絶望的な状況を変えようとして、時に型破りなユーモアを用いる。苦しみという状況下でユーモアと笑いを利用することのすぐれた例に、ダヴ・シポリンという結腸がん患者の話がある。彼は（ユタ州の）ソルトレークシティで執刀医に悪ふざけをしたことで有名になった。結腸がんの放射線治療は、通常は露わにされない臀《でん》部（尻）に対して行われるのだが、がんと診断された後、ダヴは自分の尻を使って担当の医師をからかい始めた。検査着に着替えて放射線治療を待つ間、彼は一度、「上体を後ろにねじって自分の尻に大きなスマイルマークを描いた」のである。「おしりの左右に両眼を、それから大きな笑った口をね」と彼は説明した。医師と看護師が彼の検査着を脱がせると、「彼らは思わずふきだしてしまったのさ」。

結局ダヴは自分の妻も巻き込んで、「この放射線治療で僕の尻は大きくなってしまうのかい？」といったメッセージを何度か妻に書いてもらった。[29] ダヴの妻もまた、「ゴミを出すのを忘れないでとダヴに伝えて」といった自分の色々な伝言を夫の尻に書いた。聖パトリック祭の日[③]には、ダヴは妻に「ここをつねって！」と書くよう頼んだが、代わりに妻は、「もしダヴがここをつねってと言ってきたら、どうぞ彼をひっぱたいてください」と書いた。

ダヴは二〇〇八年、三三歳でステージ4の結腸がんと診断された。彼は若く、彼の子どもたちもまだ小さかった。度重なる外科手術と放射線治療を受け、化学療法に何千時間も費やし、かなり長い間にわたって辛い痛みに耐えた。ハンツマンがん研究所で撮影されたビデオシリーズの中で説明したように、ダヴはこの種のがんとその治療法を恥ずかしく思っていた。彼は死ななければならないのだという絶望感や迫りくる死の運命と向き合わなければならなかった。しかしダヴは笑いとユーモアを用いて、永遠にではないにせよ、その後も一連の新しい活動を続ける中で、自分の病気の持つ意味を変えたのである。こうして彼は犠牲者から勝利者になった。一時的ではあるが、彼の悪ふざけによって、苦痛や絶望感や恥辱感、そして「これから何が起こるのか」分からないという自身の状況が、家事や体重の増加に対する不安などのありふれた状況に置き変えられたのである。

こうしたことをやっているうちに、さらに永続的な変化が次々と起こった。彼は笑いと希望を呼び込んだのである。数えられないほど多くの友達とフォロワー（一、三八六人のフェイスブック友達、まだ増加中）[4]ができ、ランニングチームを作り、起業家にもなった――彼は「ガンなんてくそくらえ」と書かれたTシャツを販売したのである。さらにロサンゼルスでは舞台に立ち、漫談までやった。そして多くの新聞記事で取り上げられた。「怒りや憤りは自分を守ってくれなかったけれど、喜びとユーモアは私を待っていてくれた」と彼は語った[30]。彼の妻はインタビューの中で、「がんになってしまったという事実を前にして、私たちにできることは何もありませんでした。でも、それに向き合う方法を変えることはできたのです」と述べている[31]。

（1） Eメールによる個人的な音信、二〇一五年二月一〇日付。
（2） Lisa Gabbert and Anton Salud, "On Slanderous Words and Bodies Out-of-Control: Hospital Humor and the Medical Carnivalesque," in Elizabeth Klaver, ed., *The Body in Medical Culture* (New York: SUNY Press, 2009), 209–227.
（3） Samuel Shem, *The House of God* (1978. New York: Delta Trade Paperbacks, 2003), 34.
（4） Shem, *The House of God*, 40.

（5） Shem, *The House of God*, 384.

（6） たとえば以下を参照のこと。 Robert H. Coombs, et al., "Medical Slang and Its Functions," *Social Science and Medicine* 36:8 (1993): 987–998; G. N. Parsons, et al., "Between Two Worlds: Medical Student Perceptions of Humor and Slang in the Hospital Setting," *Journal of General Internal Medicine* 16:8 (2001): 544–549; David Paul Gordon, "Hospital Slang for Patients: Crocks, Gomers, Gorks, and Others," *Language in Society* 12:2 (1983): 173–185.

（7） Anne Burson-Tolpin, "Fracturing the Language of Biomedicine: The Speech Play of U.S. Physicians," *Medical Anthropology Quarterly* 3:3 (1989): 283–293; Gabbert and Salud, "On Slanderous Words and Bodies Out-of-Control."

（8） Victoria George and Alan Dundes, "The Gomer: A Figure of American Hospital Folk Speech," *Journal of American Folklore* 91:359 (1978): 568–581; Howard S. Becker, "How I Learned What a Crock Was," *Journal of Contemporary Ethnography* 22 (1993): 28–35; Stephen D. Winick, "'You Can't Kill Shit': Occupational Proverb and Metaphorical System among Young Medical Professionals," in Kimberly J. Lau, Peter Tokofsky and Stephen D. Winick, eds., *What Goes around Comes around* (Logan: Utah State University Press, 2004), 86–106.

（9） Frederic W. Hafferty, "Cadaver Stories and the Emotional Socialization of Medical Students," *Journal of Health and Social Behavior* 29:4 (1988): 344–356; Becker, "How I Learned What a Crock Was," 28–35.

（10） Eric J. Cassell, *The Nature of Suffering and the Goals of Medicine* (1991. New York: Oxford University Press, 2004).

（11） David L. Kahn and Richard H. Steeves. "Witnesses to Suffering: Nursing Knowledge, Voice, and Vision," *Nursing Outlook* 42:6 (1994): 260–264.

（12） Doug Brunk, "Physician Suicide: Common and Closeted," *Chest Physician* 10:2 (February 2015): 20, 22.

（13） Thomas R. Cole and Nathan Carlin, "The Suffering of Physicians," *The Lancet* 374:9699 (2009): 1414–1415.

（14） Lawrence R. Samuel, *Death, American Style: A Cultural History of Dying in America* (Lanham, MD: Rowman and Littlefield Publishers, 2013).

（15） Richard Bauman, *Story, Performance, and Event: Contextual Studies of Oral Narrative* (Cambridge: Cambridge University Press, 1986), 33–53; Moira Marsh, *Practically Joking* (Logan: Utah State University Press, 2015).

(16) Elliott Oring, "Parsing the Joke: The General Theory of Verbal Humor and Appropriate Incongruity" *Humor: International Journal of Humor Research* 24:2 (2011): 203–222.

(17) Christie Davis, *Jokes and Targets* (Bloomington: Indiana University Press, 2011), 3.

(18) Coombs, et al., *Medical Slang and Its Functions*, 994.

(19) Burson–Tolpin, *Fracturing the Language of Biomedicine*, 287.

(20) Adam T. Fox, et al, "Medical Slang in British Hosptials," *Ethics and Behavior* 13:2 (2003): 183–189.

(21) Coombs, et al., *Medical Slang and Its Functions*, 994.

(22) Cassell, *The Nature of Suffering and the Goals of Medicine*, 33–35, 42, 56–57.

(23) Cassell, *The Nature of Suffering and the Goals of Medicine*, 268.

(24) Peter L. Berger, *Redeeming Laughter: The Comic Dimension of the Human Experience* (New York: Walter de Gruyter, 1997), 194.

(25) たとえば以下を参照。Peter Narváez, ed., *Of Corpse: Death and Humor in Folklore and Popular Culture* (Logan: Utah State University Press, 2003); Montana Miller, *Playing Dead: Mock Trauma and Folk Drama in Staged High School Drunk–Driving Tragedies* (Logan: Utah State University Press, 2012); Trevor J. Blank, *The Last Laugh: Folk Humor, Celebrity Culture, and Mass-Mediated Disasters in the Digital Age* (Madison: University of Wisconsin Press, 2013).

(26) Ilana Harlow, "Creating Situations: Practical Jokes and the Revival of the Dead in Irish Tradition," in Narváez, ed., *Of Corpse*, 83–112.

(27) Donald Cosentino, "Exit Laughing: Death and Laughter in Los Angeles and Port–au–Prince," in Narváez, ed., *Of Corpse*, 243.

(28) Octavio Paz, *The Labyrinth of Solitude* (1950. New York: Grove Press, 1994).

(29) Jennifer Stagg, "Healing with Humor: Cancer Patient Has Unique Way of Spreading Happiness," *KSL.com*, 22 November 2012.

(30) 右に同じ。

(31) Wendy Leonard, "Cancer Expo, Survivor Conference Gives Patients Tools, Hope," *Deseret News*, 29 September 2012.

訳注

① 同ドラマは二〇〇一年から二〇一〇年まで放送されたが、シーズン9の途中で打ち切りとなった。日本では二〇一一年にシーズン3までが放送された。

② ゲーデとは、ハイチのヴードゥー教において死と性をつかさどる精霊の一家。死者の魂を霊界へと導く者や墓守などがいる。葬送参列者を下品なジョークや行動でからかうなどする。

③ 五世紀にアイルランドにキリスト教を広めた司教聖パトリックの命日（三月一七日）で、アイルランドの祝日。アメリカでは公式の祝日ではないが、緑色のものを身につけてアイルランド文化やカトリックの伝統を祝う日として定着しており、特にアイルランド系アメリカ人が多いニューヨークやボストンでは、毎年盛大なパレードが行われる。

④ ダヴのフェイスブックは、彼の訃報を知らせる二〇一五年三月二六日の書き込みを最後に更新されていないが、現在（二〇一七年一二月確認）も友人たちが多くのメッセージを残している。ページは公開されており、誰でも閲覧することができる。https://www.facebook.com/dov.siporin.

5　アメリカ黒人民話にみる〈語り〉の深層——ハーストンの『騾馬と人間』考

ウェルズ恵子

黒人は痛い思いをしてでも笑いたい。……黒人の世界は笑いに溶ける。
（ゾラ・ニール・ハーストン「フォークロアと音楽」）

The Negro is determined to laugh even if he has to laugh at his own expense. ... His world is dissolved in laughter.
(Zora Neale Hurston, "Folklore and Music")

要点とアプローチ

口頭の言語表現を含む大きな意味での文学においては、苦境を説明できない立場の者が何かを表現することによって、聴衆や読者の感動を呼ぶことがままある。あるいは、何らかの禁忌抑制のため説明できない種類の事柄が直截な表現を迂回して言語化されたために、むしろ表現が豊かに感じられることがある。そうした〈語り〉はしばしば伝統的な様式を仮面として、仮面の下に論理の飛躍やズレを隠している。また、集団で共有される神話

図1　ゾラ・ニール・ハーストン

や民話、歌謡や詩は、個人的経験の〈語り〉とは異なる枠組みを持ち、やはり同様に現実世界からの飛躍やズレを語りの核とすることが多い。

論理的に説明するという意味での〈語り〉は、人間と言葉の関わりにおいてはごく小さな一部分であって、むしろ他者への働きかけ全体を本来的な〈語り〉と捉えるべきなのではないかと私は考える。後者の意味における〈語り〉では、沈黙の笑いも、当てこすりも目配せも、言葉と同様に語りの重要な構成要素であり、〈語り〉の流れから逸脱した付加要素なのではない。ところで、アメリカ合衆国の小説家で文化人類学者でもあったゾラ・ニール・ハーストン（Zora Neale Hurston, 1891–1960）〔図1〕は、アフリカ系アメリカ人を「痛い思いをしてでも笑いたい人々」なのだと書いている（"Folklore and Music" 892）。ハーストンが収集したアフリカ系アメリカ人の民話をまとめた『騾馬と人間』（*Mules and Men*, 1935）には、民話が誘う笑いを作中の聴衆と読者とが共有できるように演劇的な設定が施されている。語られた民話の意味は語り手と聴衆とに共通する話題があってはじめて成り立つと教えてくれる作品である。

アフリカ系アメリカ人の口頭文学は、ローレンス・ウィリアム・レヴィーンやヘンリー・ルイス・ゲイツを筆頭にアフリカ系アメリカ人研究の研究者たちが注目してきている、黒人文化の要である。それでも黒人口頭文学に関する研究は、一次資料収集の困難さも手伝って、多様に発展してきたとは言い難い。とくに、歌や民話に言及した近年の批評で、作品そのものを分析の対象にしていることは稀である。むしろ、アメリカ合衆国における社会問題を指摘する根拠として歌や民話を引用するか、アフリカ的伝統との比較などを通して作品のアイデンディティを定めようとするものが中心で、社会学的な見方に重点を置いている。[1]

他方、ジョエル・チャンドラー・ハリス（Joel Chandler Harris, 1845–1908）の『アンクル・リーマス物語』（*Uncle*

Remus: His Songs and Sayings, 1880）を皮切りとして、主として一九二〇年代から続いている黒人民話の再話やアンソロジー編纂は、黒人が会話する英語（ヴァナキュラー言語）をどの程度保存するかに多大な関心が払われてきた。また学術的なアンソロジーの場合は、語りの場のコンテクストを無視して物語だけを抜き出す方式を主流としている。そうした中でハーストンは、笑いが生む活力に語り手たちのアイデンティティを見出し、〈語りの場〉を含めた生活劇場的な娯楽として彼らの民話を記録しようとしたのである。差別者側との対立構造で抽出される単純な黒人性ではなく、笑いを愛するという人間本来の特質からアメリカ黒人の生のあり方を把握し、作品中に記録、再現しようと試みた。これは黒人口頭文学のアプローチ全体から見て独自な姿勢であり、かつアフリカ系アメリカ人文学の魅力そのものを主張するという点でも、優れて時代に先駆けた視点に支えられていたと考えられる。

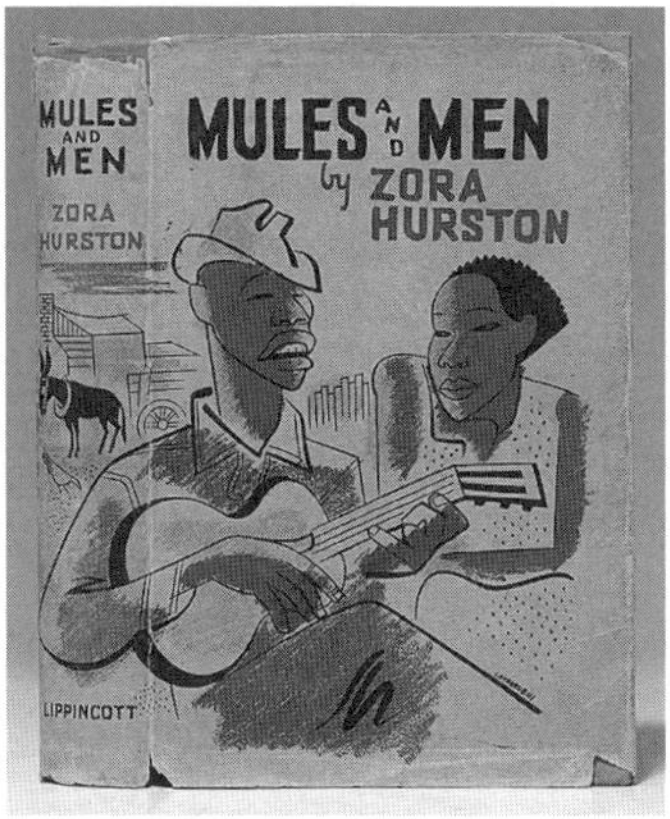

図2 『騾馬と人間』

ハーストン自身が聞き取り収集した黒人民話のユニークなコレクション『騾馬と人間』は、民謡収集者のゾラ（ハーストン）が故郷のフロリダ州イートンビルを訪れ、友人たちの協力を得ながら人々と関わり、高等教育を受けた者への嫉妬や盛り場でありがちな男女の絡みを経験しつつ、物語を記録していく設定になっている。民話は、会話の中で人々が自発的に語り始めるというシナリオ的な構成で提示され、ハーストンは『騾馬と人間』を民話のアンソロジーではなく、創作として仕上げている。したがって、収録された民話を口承物語の正確な筆記記録とするには無理があるが、文化人類学研究者としてのハーストンの立場や引用された民話の内容から判断して、挿入された民話が採話されたものから大幅に作り変えられたとは考えにくい。

ハーストンは、一九二五年から二七年にかけて、バーナードカレッジで文化人類学者フランツ・ボアズの指導を受け、一九二七年から三一年までシャーロット・メイソンという白人パトロンから経済的援助を得つつ、フロリダとニューオーリンズで民話の採話をしている。『騾馬と人間』は、このときの経験や資料をもとに執筆された。作品では、面白い話をしようと申し出た人が語るとき、聞いているコミュニティの人たちが語り手の周囲でざわめき、話が終われば大声で笑ったりやじを飛ばしたりする。そのように、座敷寄席的なざわざわした騒音が作品を覆っている。記録された話はどれも笑いを誘い、日本で育った私が読んでも思わず吹き出す箇所がたくさんある。ハーストンが採話を行った一九二〇年代後半は、南部の黒人にとって差別と貧困が厳しい時代であったはずだが、『騾馬と人間』を読む限りでは、彼らが生き生きと笑い、生き生きと喧嘩をし、混乱した現実に活力を見出しながら生活しているように映る。そこで本章では、ハーストンの黒人理解を紐解きながら、アメリカ黒人民話における〈語り〉の特質と、その深層に読み取れる語り手と聞き手の価値観について考えてみたい。

民話の登場人物たち

アメリカ黒人の民話では、日常の秩序を混乱させるトリックスターが同時にヒーローである。トリックスター以外のヒーローを見つけるのは難しく、ヨーロッパの叙事詩にあるような一面的価値観で成り立つ成功神話がない。言いかえると、黒人のヒーローはみな二つの対立的な世界に属している。彼は強者の価値観と利益に迎合するよう行動するかに見えて、実は別の行動基準で振るまう。嬉々として相手をだまし、盗みや暴力も躊躇せずに行うので、通常の社会規範からすると悪者でさえある。しかし社会的弱者の聴衆にとっては、強者への暴力は正義の暴力と映るのであるから、彼はヒーローなのだ。物語の中で彼らは、強者の世界と自分（弱者）の世界を自在に行き来し、強者のエゴに取り入ってはこれを罠にかけ、最も侮辱的な方法で痛めつけるのである。

アフリカの伝統を背景にした動物民話の中で、トリックスターの代表格はウサギ（ブラー・ラビット Brer Rabbit = Brother Rabbit）である。熊や象といった大きく破壊力のある動物を狡智によって窮地に陥《おとしい》れ、おごる強者に復讐したい自らの欲望を全うするキャラクターだ。ジョン（John）またはジャック（Jack）と呼ばれる男性主人公は人間のトリックスターで、知恵と奸計を用いて彼の主人（Old Massa = Old Master）を翻弄しては、行動を支配されていることの緊張を緩和しながら自由への欲望を解放する。黒人民話の悪魔（Devil）は脇役的なトリックスターで、ジョンの欲望を成就へ導く役割を果たす。奴隷のジョンは当然ながら自由を切望しており、その望みは既成社会の秩序に真っ向から対立するので、彼を助けるには善と悪とを逆転させなければならない。悪魔は、この価値観の転覆にきっかけを作るのである。その時に、悪魔の対立項には神様（God）がいる。悪魔が生き生きしている分だけ神様は存在感が薄く、頼りにならない。

こうした登場人物たちが、別々の話の中で基本的には共通する性格や感性を発揮させながら、活躍するのである。これらの話に時間的な前後関係はないが、プロットを動かす登場人物たちは、各自の性質によって別々のエピソードを一群の話として結びつけながら、過去のものとも現在のものとも決めかねる黒人民話特有の宇宙を構成している。そこで以下に、ウサギ、ジョン（ジャック）、主人、神、悪魔らがどのような笑いを聴衆にもたらし、エネルギーに満ちた民話の宇宙を創っているかを述べたい。

自由への憧れ――「ウサギの物語」

ウサギ（Brer Rabbit）は、ジョエル・チャンドラー・ハリスによる『アンクル・リーマス物語』の出版以来、一般的に最もよく知られた黒人民話のキャラクターである。『騾馬と人間』第七章第一話「犬が理性を失ったいきさつ」（"How Brer Dog Lost His Beautiful Voice" 117–18）は、ウサギが面目躍如たるトリックスターぶりを示していて痛快だ。テーマは、なぜ犬は怒り狂ってウサギを追い回すのか、である。

昔、犬とウサギは同じ娘に恋をしていた。ミス・サフローニはウサギには目もくれず犬ばかりちやほやする。犬に嫉妬したウサギは、お世辞を言って次のように持ちかける。


「おいドッグ、いい声してんね、お前。歌が上手いよ。俺もそんなふうに歌えたら、ミス・フローも少しは俺を振り向いてくれんのにさ」

「いやあ、ラビット、たいしたことないって。俺もちょっとは唸れるけどさ、彼女に満足してもらえるくらい、うまく歌えたらいいんだけど」

「それだよ、俺が言おうとしてんのは。俺、声をよくする方法を知ってんだぜ」

「えっ？　ラビット、えっ?!　どうやって？」

「知ってんだってば」

「ちぇっ、早く教えろよ。待たせんなよ、早くってば」

「まずノドの奥を見ないとね。見せてもらってから、もっとよく歌えるにはどうしたらいいか教えてやるよ」


そこで犬は大きな口をあんぐり開け、目を閉じて、ウサギにノドの奥を見せる。ウサギはやにわに剃刀を取り出し、犬の舌をざっくりと切ってしまうのである。このあと、がなり声しか出なくなった犬は、世代を超えて怒り狂いウサギを追いかけ続けることになるのだ。

この話のおかしさは、気のある娘にチヤホヤされて舞い上がっている犬が、下心を抱いたウサギにまんまと乗せられるところである。物語フレームとしては、犬がウサギを追う理由を説明した起源神話だが、聴衆は、カミソリで舌を切るという目の覚めるようなウサギの暴力行為に衝撃を受け、清々として笑う。ウサギが犬に与えた身体的ダメージは回復の見込みがなく、さっぱり女性にモテないウサギの劣等の度合いと釣り合うから、ウサギは犬に追いかけられ続けても、「ざまあみろ」と腹の底で笑っていることができるのだ。ウサギは暴力によって犬との力関係を曖昧にした。抑圧された立場のウサギに同族的な親近感を持つ聴衆は、力関係の縛りが解けた瞬間、解放されて笑うのであろう。

さて、この話には後日談がある（"What the Rabbit learned" 118–19）。犬族に追われて逃げ回るのがほとほと嫌になったウサギ族は、犬に和解を申し入れた。これを受けて犬族は会議を開き、投票を行った結果、ウサギを追うのはやめようということになった。和解のしるしに、犬はウサギを自宅での夕食に招いた。ウサギは犬についていくが、他の犬の吠え声が耳につき怖くて仕方がない。「会議で決めたんだから大丈夫だ」と、犬はウサギを安心させようとするが、ウサギは信用せず「犬の全員が会議にいたわけじゃない」と、全速力で逃げ帰ってしまう。その時、ウサギは次のように言い残す。

俺たちは大して学校にも行ってなくて、知ってる文字は三つだけだけど、ヘマは踏まねえ。藪が揺れたら走って逃げるのさ。

会議で事を決めるのは権力者の常套手段である。彼らは自らに都合の良いルールにしたがって判断を下し、それを正当化して弱者に押しつけてくる。日常の力関係では犬に到底かなわないウサギが、犬のルールを信用しないのは当然であろう。もともと、自宅に招かれて夕食を共にするなどという偽善的な和解の儀式を、ウサギは求めていなかった。ただ「放っておいて」（leave off）もらいたかっただけである。価値観やルールが異なる犬とは同じ土俵に立たない（会議やその結果に従わない）というのが、弱者たるウサギの知恵である。ウサギは、話の前段で犬の舌を切り、犬に追われる身となるが、後段ではギリギリまで犬の世界に近づき、危険の一歩手前で自分の場所に駆け戻っていく。危うい橋を渡りかけながら回復不可能なヘマは踏まないウサギの自由さこそ、聴衆にとっての笑いと解放感の源泉なのである。

緊張と解放――「ジョンの物語」

ハーストンが最も重要視しているトリックスターは、奴隷又は使用人のジョンまたはジャックである。ハーストンによれば彼は「もっとも偉大なる南部の文化的ヒーロー」で、「悪魔だって打ち負かし、神様より頭がいい」（"Characteristics of Negro Expression" 836）。彼の主人は「たまには頭がいいが、だいたいは馬鹿」であり、ジョンはそれを見越して行動する。一連のジョン（ジャック）物語は、主人、神様、悪魔という三種類の権威者に対し、ジョンが自分の価値観でどう対応し利益をせしめるかを描いている。ジョンが権威者と対峙するときに物語はクライマックスを迎え、権威側の秩序を逸脱したジョンの言動によって人物間の力関係が転覆し、緊張が解放されると、聴衆は滑稽さを感じて笑い、物語ではジョンの利益が生じる仕組みになっている。ジョンが場面の転換をはかるときの武器は、嘘、ペテン、暴力、祝祭的混乱などである。そして笑われるのは、常識的な行動規範を学習していない「子供のよう」に振るまいつつ実は変幻無碍なジョンとは対照的に、融通が利かず不器用な権威者の方である。

権威者で最も頻繁に笑い者になるのは、当然のことながら、ジョンの主人である。ジョンは主人のお気に入りで、格別の信頼を得ている。奴隷や使用人が主人を慕っているわけはないから、主人の信頼を得ているということ自体、ジョンがいかにごまかしに長けているかを暗に物語っているのだが、主人はとんとそれに思い至らない。

物語の中で、多くの場合、主人はまんまとジョンにだまされ、気の毒とも思える扱いを受けることもある。例えば次の話では、主人は財産と名誉を失った挙句に殺されてしまう（“Ah'll Beatcher Makin' Money” 45-49）。

主人公ジョンは、主人に気に入られて馬を譲ってもらった。するとジョンは自分のものになった馬は鞭打たず、主人のいないところで主人の馬だけを鞭打ったので、これを目にした主人の知人が主人に告げ口をした。それで主人は「私の馬をまた鞭打ったら、お前の馬を取り上げて殺してしまうぞ」とジョンを脅かした。するとジョンは「ご主人様、俺の馬を殺したら俺は金持ちになります」と言う。それからジョンは再び主人の馬を鞭打ち、罰に自分の馬を殺されてしまう。だが、彼は殺された馬の皮を剝ぎ、棒にひっかけ肩に担《かつ》いで街へ出て行った。


ジョンは占い師だったが、だれも知らなかったのさ。ある男に会って、こう聞かれた。

「ジョン、肩に担いでいるのはなんだね」

「こいつは占いができるんです、旦那」

「ほう、じゃあやらせてみろ。巾着一杯の金と鞍をつけた馬一頭、それから牛を五頭おまえにやろうじゃないか」

ジョンは馬の皮を地面に下ろして棒を抜き、それで皮をたたいてから耳を近づけて聞くふりをした。

「旦那さんの寝室のベッドの後ろで、奥さんに話しかけている男がいます」


妻が浮気していると言われた男は飛んで帰り、現場をおさえることができた。ジョンを信用したこの白人はさらに褒美を積んで占いを頼み、これもまた満足な結果で、約束通り払ったのでジョンはますます金持ちになった。ジョンの成功を知った主人は自分も儲けたくなり、自分の馬を殺し皮を剝いで「馬の皮を買わんかね！　馬の皮を買わんかね！」と街を行商するが、五〇〇〇ドルというとんでもない高値を聞いた通行人たちの笑い物になっただけだった。馬の皮を売り歩いたのではなく皮を使って占いをしたのだ、という肝心なところをジョンから聞かされていなかったのである。

金持ちになったジョンはもう働く必要もなかったが、主人の馬車を扱うのが面白かったので、相変らず彼に仕えていた。そして、主人の目を盗んでは馬車に自分の祖母を乗せてやった。それを聞いた主人は、再びそんなことをしたらおばあさんを殺すと言い、この脅しをジョンは無視したので、おばあさんは喉を切られて殺されてしまう。するとジョンは、おばあさんをこっそり埋葬してから、先に使った馬の皮をかついで街へ行く。「占いはいらんかね！　占いはいらんかね！」と言いながら歩いているとまた客がついて、前と同様にうまくいって、ジョンはさらに金持ちになった。これを知った主人は、なんと、自ら自分の祖母を殺し「おばあちゃんはいらんかね！　おばあちゃんはいらんかね！」と街で死体を売ろうとして、気が狂ったと思われるのである。

自分をだましたジョンにすっかり腹を立てた主人は、彼を川に沈めようと袋に詰めるが、重りを忘れて家に取りに帰る。その隙にジョンは蛙を一ドルで買収して助けてもらい、自分の代わりに亀と煉瓦を袋に詰めておく。そしてその場を離れると街へ行き、再び馬の皮の占いをして白人の家に入った泥棒を言い当ててやり、手に入れた新しい馬で主人の家に帰った。「私を川に投げたら金持ちになるって言ったでしょうが」とジョンが言うので、主人は自分を川に投げ込んでくれとジョンに頼むのである。ジョンはもちろん重りを忘れず持っていき、主人を袋に詰めて川に沈めてしまったという話である。

さて、ジョンあるいはジャックを主人公とするこうした一連の物語で注目したいのは、主人に対するジョンの徹底的な不信感と主人の価値観からの独立である。引用した物語の最初で、ジョンの働きを愛でて主人が馬をくれても、それを恩に思って主人の利益を図るようなことをジョンは一切しない。反対に、陰に隠れて主人の馬をいたぶり、主人をだまし、財産や評判を傷つけた挙句の果てに殺してしまう。ここには、どのように足し引きしても主人の行為は死に相当するのだというメッセージと、ジョンの憎悪が見抜けない主人に対する軽蔑が表現されている。主人は、ジョンの馬、祖母、未遂ではあったが彼の命、というかけがえのない三つのものを、いとも簡単に抹殺したのである。その報復にジョンが同じことをしたっていいじゃないかと話し手は思っている。お互いを平等に捉えた見方に思い至りもしない主人の単純さが笑い物にされているのである。またジョンは、物語の最初に自分の馬を殺されたとき深く主人を恨んだに違いないが、その場で仕返しに主人を傷つけて自滅するような軽はずみなことはしなかった。自分の財産を獲得し、主人は狂ったと世間に思わせ、自由への確実な道を用意してから、主人の命令に従って主人を殺すのだ。この過程でも、ジョンは主人に逆らったり怒ったりせず完全に自分をコントロールしている。どこに取り入り、何を隠せば主人を翻弄できるかを熟知しているのだ。ジョンの一見行き当たりばったりな占いが当たったのも、裏の世界の出来事に彼が精通しているためである。

搾取され極限に追い込まれた人が、いかに強者に取り込み自己の生存をはかろうとするかについては、石原吉郎（一九一五～七七）の著作やヴィクトール・E・フランクル（Viktor Emil Frankl, 1905–1997）の『夜と霧』に言及するまでもなく、いくつもの記録がある。そうした作者たちは、憎悪する強者に媚びへつらって生き延びようとする人間の本性にさらされた経験を悪夢として書いている。ところがジョンの話では、ジョンの裏表ある行動も嘘もペテンも暴力も、みな笑いの素材なのである。なぜならジョン物語の聴衆にとって、自分たちを人間とするなら主人は人間ではなく何か別の、虫けらのようなものなのだ。普段主人は、自分たちに対し虫けらを扱うように接するのだから、ジョンが主人を虫けら同様とみなすのはネガとポジが反転しただけのことである。一点の曇りもないこの価値観の転覆がジョン物語の笑いの源泉であり、聴衆に元気を回復させるトリックである。

ジョンが黒人民話のヒーローになりうるのは、彼が巧みに仮面を使い分けるからである。ジョンは主人に対するときは仮面をかぶり、特別に気に入られて油断させ、隙を見て盗みをしたり怠けたりできる、小さな自由を手にしている。これは、より大きな自由へ解放されるための切符である。引用した話の前段でのおかしさは、仮面の世界（主人側の秩序の世界）と、仮面の下の世界（ジョンの秩序の世界）の両方が聴衆に見えるからこそ生じている。先も述べたように、ジョンは社会の裏側の動きをよく知っている。それで、妻の浮気や盗みの予知が可能なのだ。主人は自らの価値観やシステムのほころびには無反省で、状況が意外な展開を見せ自分に不利に動き出しても、行動様式を変えることがない。ジョンはその隙をついて、仮面の世界と仮面の下の世界とを往来しつつ、主人を翻弄するのである。主人がおばあさんの死体を売り歩く姿や、欲に目がくらんで川へ沈められるというグロテスクな場面がもつアクの強い滑稽さは、かわいがっていた馬を殺されてもその皮をはいで復讐の武器とし、大事にしていた祖母を殺されても何もなかったかのように復讐を続けるジョンの怜悧さと、見事な対照をなしている。

黒人が運命的に二つの世界に関わっているということを、W.E.B.デュボイス（William Edward Burghardt Du Bois, 1868–1963）は「二重意識」（double-consciousness）と書いた。

> このアメリカ世界は、黒人に真の自己意識を持たせず、黒人はもう一つの世界が見出したことを通してのみ自分を見るようになっている。いつも、他人の目で自分を見つめている感覚。軽蔑と憐憫を楽しみながら眺める他人の世界の物差しで、自分の魂を測るということ。こうした二重の自己意識は、比類なく衝撃的感覚である。
>
> （Du Bois, "The Forethought of Our Spiritual Striving," 10–11）

デュボイスは、白人の価値観によって自己を省みざるをえない黒人が、白人の世界と自分のいる世界との亀裂にはまってしまう異様な感覚を述べている。二重意識の苦悩は、二〇世紀を通してアフリカ系アメリカ人文学のもっとも重要なテーマとなってきた。しかし民話の世界では、ためらいもなく二つの世界を出入りして自己の生存を勝ち取るジョンのような人物はヒーローである。異質な世界の境界を行き来する彼の柔軟性や、予想される筋書きをまんまと書き変えてしまう自由さは、二重のアイデンティティという弱者のジレンマをむしろ優位な特質へと転換してしまう。聴衆は、最初は主人に圧迫されてじたばたするジョンを笑うが、話の最後では弱者になり下がった主人を心から嘲笑し、主人とその権力の消滅を見てエネルギーを回復するのである。もちろんここで、自己の二重性を重荷としないヒーローが、同時にトリックスターという滑稽な役回りを演じている点に、アメリカ黒人の根源的な苦悩を読むことはできる。しかし民話の世界に遊び、語りの時間を共有している人々は、苦悩よりも笑いを選び、現実のシステム変革よりも想像の中で見事に力の転覆が起こる物語から、明日を生き抜く気力を得ようとしているのである。

なお、この話はヨーロッパ民話にルーツがあり、グリム童話では「水のみ百姓」(KHM 61) が類話に当たる。ジョンのヒーロー性は、アフリカ系アメリカ人に特有のものではない。

曖昧な権威者──「神の物語」

黒人民話において、キリスト教の神様はとても頼りない。神 (God) と主 (Lord) が使い分けられており、「神」は一登場人物であり笑われることもあるが、「主」は人格をもたない祈りの対象、あるいは祈りの言葉としてのみある。いまここで問題にする黒人民話の神 (ゴッド) は、イスラエルの神のように怒ることもなければ、イエスのように奇跡を起こすこともない。ジョンの主人ほど間抜けでもないが完璧とは言い難く、善良なだけで危機に際してはほとんど救いの策を施してはくれない。黒人の魂を積極的に天国へ招き入れることもない。それでも黒人の想像世界に神がいるのはなぜなのか。

まず、地上の生活を舞台にした話では、神は黒人の求めに応えず薄い煙のように存在感がない。たとえば、次の話はどうだろう。奴隷時代のこと、ある男が柿の木の下で「白人をみんな殺してください」といつも神様に祈っていた（"Kill the White Folks" 96）。これを耳にした白人の主人は柿の木の上で待ち伏せし、男の祈りが始まると、上から大きな石を頭に投げつけた。男は気を失って倒れたが、目を覚ました時「神様、白人と黒人の区別もできないんですか！」と叫ぶ。この話では、神は不在で、木の上で白人の主人が神の代わりを演じている。男は、主人にやられたと気づいていただろうけれども、無知を装い、神に文句を言ってすませているのである。全知全能であるはずの神が黒人と白人の区別もつかないという指摘もおかしいし、白人を皆殺しにしてくれという極端な願いの感情的リアリティと、現実は甘くないという実際的リアリティの間にあるズレも笑いを誘う。この話には救う神はいないのだが、少なくとも白人への憎しみや不合理への抗議を口にする相手としては、神は機能している。その意味で、神は、語り手と主人とのどちらの利害にも加担しない仲介者である。語り手と主人の間で満足のいくコミュニケーションは成り立ちえないのだから、仲介は常に失敗するのであり、仲介者としての神の存在感が希薄なのは当然である。

世界の起源を語る創造民話には、なぜ黒人は黒いのかを説明しようとする話が複数ある。ハーストンが収録した「なぜ黒人は黒くなったか」という話では、黒人が神の秩序に応じた動きをしないので、それに苛立った神がついヘマをしたのだとされている（"Why Negroes Are Black" 32–33）。神は世界を創った後のある日、人々に身体の細部を一つずつ与えた。まずは目、次は歯というように。皮膚の色を与えるべく作業を進めているとき、三時間半待っても現れない人間たちがいた。なぜ三時間半なのかはわからないが、几帳面に半端な時間を指摘しているところがユーモラスで、秩序の主人たる神の性格と、秩序を重んじる人にありがちな堅苦しさが表れている。規則にうるさい人が我慢できる限界は、三時間半くらいだと語り手は踏んでいたのだろう。

それはともかく、ぎりぎりまで待って早く仕事を終わりにしたかった神は、天使のラファエルに命じてまだ来ていない人々を迎えに行かせた。ようやく到着した者たちは押し合いへし合いして大混乱になったので、神は思わず「さがれ、ゲット・バック、ゲット・バック」と叫んだという。ゲット・バックはゲット・ブラック（黒くなれ）に発音が似ていて、それで遅刻者たちが黒人になった、という説明である。ここでも、表面的には、時間にルーズで言いつけ通りに整列できない黒人のいい加減さが笑われているのだが、同時に、几帳面すぎて自分のペースで人を動かそうとし、思い通りにいかないとイライラして失敗してしまう、妙に人間的な神様が笑いの対象になっている。加えて、いつも人に指図されている立場の黒人たちは、命令者の言いつけに時間厳守で従うことには価値を見出さない。だから、この話には、遅刻程度のことで永遠に続くと思われる重い差別を負わされた恨みも表現されているのである。

黒人民話の神は善良だが融通がきかず、自分のすることの影響をよく考えないで力を行使するために、しばしば迷惑な結果を生じさせてしまう。神が男女を創ったときの話はそれを具体的に示している（"Why Women Always Take Advantage of Men" 33–38）。はじめ、女と男は同じくらい強かった。だから両者の争いには終わりがなく（女と男は争うものという前提がまず笑えるのだが）、うんざりした男は天国に行って神様に頼み、自分の方を強くしてもらった。その結果、男は威張り散らして女を殴った。女はどうしても勝てないので神様に抗議しに行くと、一度与えたものは撤回できない、女を強くしても男はもっと強くなると断られる。女は腹を立てて、こんどは悪魔に相談に行った。すると悪魔は、神様のところから鍵束をあずかって来いという。女が言われたとおりにすると、悪魔は鍵束から三本の鍵を女に与えた。それらは寝室と台所と子ども部屋の鍵で、男は女と折り合いをつけてそれらの部屋へ入れてもらわなければ、休息できないし食事もとれず、子孫について主導権を持つこともできなくなってしまった。そういうわけで、男は力仕事に苦しみ女が男をコントロールするようになったという。神様が起こした混乱の後始末をしているのは、悪魔なのである。

こうして見てみると神の権威はとても曖昧で、判断力も完璧ではない。というのも、黒人にとって神は不合理な運命を自分たちに与えた張本人であり、しかし一方では自分たちを救ってくれるはずの存在でもあるからだ。全知全能の神や永遠の楽園としての天国は黒人民話には現れない。黒人民話に現れる神は、話の要点が見抜けない少し気が抜けた老人であり、また天国は、つい自分の安全を第一に気遣ってしまう小心な天使たちが神の小間使いをしている場所である。白人と価値観を一致させもする神を黒人が自分たちの世界において否定しなかったわけは、否定すれば自分たちの苦悩のわけも説明がつかなくなるからだろう。また、先に指摘したように、白人世界との仲介者としても神は必要であった。それで、創造主としての権威はゆるく認めながら、黒人の要求には無責任に応じる境界的な神を保つことになったのではないだろうか。加えて、神がいないとすれば、最後の話で女を助けてくれた悪魔もいなくなってしまう。しかし、悪魔は手放せないキャラクターであった。不合理世界にバランスをつけたのは悪魔なのだから。

不合理な被害を共有する者——「悪魔の物語」

黒人の口頭文学で、現代にもおよんでもっとも興味深い登場人物は悪魔である。悪魔は、民話だけでなくブルーズやラップの歌詞にも出てくるし、黒人のヒーロー像は強さと悪さにおいて悪魔に勝てる男を基本にしている。黒人ヒーローの「悪さ」とはすなわち、主流社会の秩序に反抗することである。黒人たちの悪魔への親近感は、天国を追われて永遠に不本意な生活を送らなければならないという点で、悪魔に同類意識を抱いているところに発している。それだから、黒人民話のヒーローは悪魔に助けられうるし、悪魔と価値観を共有でき、悪魔とよくコミュニケーションがとれる。黒人民話の悪魔はまるで怖くない。

悪魔の性格をよく表している面白い話がある。あるときジャックは悪魔と力比べをすることになった（"Strength Test Between Jack and the Devil" 164–65）。悪魔がどんなに大きなものを投げてもジャックは負けない。そこで日を改めて勝負することになり、悪魔は「白人の教会より大きな」金槌をもってきた。彼はそれを遠くへ投げ飛ばし、「今日は火曜なんで、俺はいったん家に帰って木曜の午前九時に戻ってくるから。それまで金槌は地面に落ちないから」と言う。確かに金槌は木曜日まで飛び続けた。これに対抗するジャックは、ようやく地に落ちた金槌を大きな穴から拾い上げ、いまや投げようというとき空を見上げて、天使やイエスに向かって危ないからどいていろと声をかける。これを聞いて、悪魔はあわてて勝負を下りる。

「天使のラファエル、気をつけてくださいよ！　ガブリエル、どいてください！　イエス様、離れていた方がいいですぜ、これから投げるぞ」

ジャックは、天国に声をかけていたのだ。すると、悪魔はジャックに駆け寄って、

「ちょ、ちょっと待ってくれ。俺の金槌をあっちに投げてくれちゃ困る！　追い出されたとき、道具をたくさんあそこに置いたままにしてきた。まだ取り返してないんだよ。だから、頼むからその金槌はあっちに投げないでくれ」

神に天国から追放されて地獄に堕ちた悪魔は、天国に残してきた荷物を取りに行けないで不自由しているのである。この金槌まで天国に投げ入れられてしまったら困るというのだ。両者の勝負はジャックの勝ち。恵みの領域から締め出された悪魔に対する語り手の共感が伝わる話である。

悪魔に対する共感や同類意識は、理想の女性を悪魔の娘に設定しているところに最もよくあらわれている。デルタ地方のブルーズマンを思わせる危うい男ジャックを主人公にした次の話には、まるで天使のようにやさしく魔法も使える悪魔の娘、ベアトリスが出てくる（"How Jack Beat the Devil" 51-8）。

ジャックは、父親から五〇〇ドルの財産を分けてもらい独立することになった。それを元手に博打でうまいこと儲けているときに、手ごわい相手が現れ、あれよあれよという間にすべてを失ってしまう。とうとう命を賭けて最後の勝負に出るが、これも負けると相手はジャックにこう名乗り出る。

「俺の名は悪魔。俺は、深くて青い海の向こうに住んでいる」

彼はなかなかロマンチックかつ二枚目風の悪魔で、ジャックをすぐには殺さず「お日さんが沈み、また昇る前に俺のうちへ来れば命は助けてやる」と、一度だけのチャンスを与えてくれる。そう言って悪魔が消えてしまうと、ジャックはただ泣くばかりだ。そこへ老人が現れ、白頭鷲（ボールドイーグル）に乗って海を渡れると教えてくれる。ただ、白頭鷲が叫ぶたびに仔牛の肉をやらないとジャック自身が食べられてしまうという。そこでジャックは仔牛を連れ白頭鷲につかまって海を渡りはじめるが、最初の叫び声を聞いたとたん怖れおののき、鷲に少しずつ与えるはずだった仔牛を一度に丸ごとやってしまった。残りの旅程で困ったジャックは、次に鷲が叫んだときには自分の腕を、その次は脚を食べさせて急場をしのぎ、なんとか海の向こうにたどり着くことができた。

人に道を尋ねながら悪魔の家を探すと、彼は白い家（ホワイトハウス）に住んでいた。

ジャックは悪魔の家に行き、ドアをたたいた。

「どなた?」

「あの、悪魔さんの友人なんですけど。腕と脚がない友人で」

悪魔はかみさんに、

「ドアを開けて、そいつに腕一本と脚一本くれてやってくれ」

と言ったので、おかみさんは腕と脚をジャックに渡して、彼はそれを身につけた。


ジャックは約束通り悪魔の家に来たことが認められ、とりあえず命拾いをするものの、朝食の前に百エーカー(約四〇万四七〇〇平方メートル)の広大な土地を開墾するように言いつけられる。そこへ悪魔の子どもたちがジャックを見物にぞろぞろ出てきて、その中にとてもかわいい娘がいるが、ジャックはそれどころではない。木を一本切り倒しただけでへとへとで、悪魔に命じられた仕事はとても成し遂げられないとわかり、めそめそ泣き始めた。すると先ほどのかわいい娘が朝食を運んできて、ジャックに声をかけた。


「ジャック、どうしたの?」

「君のパパがオレにはできっこない仕事を言いつけて、できなきゃ殺すって言ってるんだ。オレは死にたくないよう」

「朝ごはんを食べてね、ジャック。それからあたしの膝枕でおやすみなさい」

悪魔の娘ベアトリス——本名、ベアトリス・デヴィル——は、ジャックが寝ている間に全部仕事を終わらせてくれた。同じようにしてあと二回の試練も解決してくれ、何も知らない父親の悪魔は「お前はなかなか賢い。俺様と同じくらい頭がいい」とジャックを褒めてくれたものだから、ベアトリスとジャックはめでたく結婚できることになった。

ところが新居を構えた後で、悪魔が再びジャックを狙って追いかけてくる。このあとのドタバタ劇も実に愉快で人をくった話なのだが割愛し、ベアトリスの知恵と勇気で切り抜けたとだけ要約しておくことにする。それでも最後、ジャックはとうとう悪魔に追い詰められてしまう。間一髪というときに空洞になった丸太があったので、ベアトリスに言われてジャックはそこに逃げ込むのだが……。悪魔はあたりを見回し、ふと丸太に目がいった。なんかあれがくさいぞ、のぞいてみるかと思って、丸太を拾い上げた。

「ハ、ハ、みぃーつけた!」

丸太の中のジャックは怖れおののいて、思わず主に助けを求めた。

「おお、主よ、憐れみを」

悪魔は、主の御名（ロード）を耳にするのはとんでもなく嫌いだ。だから、とっさに丸太を投げ出して、

「ちっくしょう、神様（ゴッド）が丸太の中にいるって知ってたら拾ったりしなかったんだ」［と言った。］

この悪魔はたしかに、博打に全財産をなくし命まで賭ける愚かなジャックの隙を狙う厄鬼ではあるが、一方では子だくさんで温和な家庭をもち、「夜明けまでに来い」とジャックに命じ彼の怠惰な精神を立て直す試練にかけるなど、理想の父親にふさわしい堅実な側面もある二重人格だ。ベアトリスはジャックに一目惚れし、彼の試練を全部取り除いてやり命がけの逃避行を共にする（要約では割愛した部分）。この展開には、ヨーロッパ民話の

重要な原型の一つであるエロスとプシュケの神話が、男女を逆にして使われている。その美しさゆえに神の領域に招かれエロスに恋をしたプシュケは、エロスの母であるヴィーナスの怒りに触れて三度の試練を経験しなければならなかった。彼女を助けたのは、しかし、エロスではなくて自然界の生き物たちであったが、ついに彼女はエロスと結ばれることができた。プシュケは自分の精神力で成功を導いている。

一方、ジャックの話では、男のジャックが三度の試練を受けるが、もとはといえば自堕落が原因である。しかも困難に遭うたび、彼はめそめそ泣くばかりだ。聴衆は、ジャックのダメ男ぶりをまず笑う。次は、ベアトリスに甘やかされて生きのびているジャックに対する羨望が、聴き手を普段の抑圧感から解放する。生産的なことは何もできず努力もしないのに、場当たり的に行動しているだけで幸運が巡ってくるのだから、羨ましいことこの上ない。ジャックは、食事をもらってベアトリスの膝枕で寝るだけである。何もできない男に惚れる悪魔の娘ベアトリスは、まさに黒人男性のヒロインなのである（悪魔の歌を憑かれたように歌ったブルーズシンガー、ロバート・ジョンソンには、「俺のベアトリス」と彼が呼ぶ女性に、今にも捨てられそうな、不甲斐ない男の嘆きの歌がある）。

現実と関わり合って人生を建設していくことなど思いもよらないジャックは、自らの手足を失っても、とりあえず恐怖を避け、命をつなぐ。彼の夢は、努力せずとも人生が良い方へ自動的に展開していくことである。悪魔はこの夢をかなえるきっかけを彼に与えるトリックスターで、悪魔の娘は夢を実現してくれる彼の分身である。そして、再び注目したいのは、ジャック自身は成功につながるような生産的な行動を何ひとつしないということだ。彼の絶望的かつ滑稽な無力さとベアトリスの超能力とのギャップが笑いを誘い、聴衆の夢に希望を与えるのである。

さて、黒人民話のヒーローにビッグ・シックスティーンという怪力の大男がいる。靴のサイズが一六だからシックスティーンと呼ばれるらしく、それだと三四センチくらいのを履いていたことになる。彼は、主人の求めに応じて悪魔をやっつけた（"How Jack O'Lanterns Came to Be" 172–73）。悪魔の家の扉をノックして、「ちょっとお話がしたいんで」と呼び出し、悪魔が頭を出したところをハンマーでたたいて殺したのだ。月日が過ぎビッグ・シックスティーンが死んだとき、彼は天国で「パワフルすぎる」ために門前払いをくらい、地獄へ行かなければならなくなった。ところが地獄の入口に立つと、死んだ悪魔の子が「ママ、ママ、パパを殺した奴が来てる！」と騒いだものだから、悪魔の未亡人は恐れをなしてビッグ・シックスティーンを地獄へ入れようとしない。その代わりに地獄の炎を少しばかり彼に渡し、次のように言った。

「ここへ入っておくれでないよ。この熱い炭を持っていって、勝手に自分の地獄を始めておくれ」

この話では、悪魔の死がビッグ・シックスティーンに「別の地獄」、すなわち彼の新たな住処を建設させるきっかけとなっている。悪魔は、地獄と語り手との仲介者である。神が「天国」という白人の現実（そのように、黒人が了解している場所）と黒人との仲介者でありながらその仲介能力が役立たずであったのに引きかえ、地獄と黒人をつなぐ悪魔の仲介能力は具体性もあり効果的だ。ビッグ・シックスティーンは怪力ゆえにヒーローなのだが、怪力を理由に天国へ入れてもらえない。そのうえ地獄にも断られれば、いよいよ行き場のない彼に、地獄の火を分けてやって新たな地獄を開くことを勧めてくれるのは、悪魔の未亡人である。悪魔の娘ベアトリスがジャックに家庭を与えたように、ビッグ・シックスティーンも地獄の女に居場所を与えられているのである。どちらの場合も、主人公の男が落ち着くとき悪魔は死んでいる。そう考えると、悪魔はきっかけを作って黒人の男に新しい世界を開くトリックスター、地獄の女は彼を新しい世界へ導き入れる救い主、ということができる。

むすび――変幻型の価値観を読む

黒人の民話は、絶望的な状況の中で人生の生産性を回復し希望を繋いで生き続ける工夫を示している。その工夫とは、語りの中で価値観を転覆させて笑うことと、ポジとネガが入れ替わった後の世界の肯定である。自分たちの生は地獄だと語ることは、現実の地獄を永続的に生きている人々にはできない。言い換えれば、自分の生は地獄だと語ることは、主人の側の生は天国だという、絶望的な図式を固定することになる。そこで、彼らはそのようには語らずに、地獄の価値を転覆させ地獄の側から地獄を語るのである。つまり、「いい地獄」という矛盾した場所を語るのだ。だから彼らの物語は、地獄は最悪だという通常の価値観と、大丈夫な地獄があるという彼らの信念との二重性を、必然的に負うことになる。黒人の民話でトリックスターがヒーローである理由は、トリックスターが異なる価値の世界を行き来するからであり、黒人民話の享受者らは価値観の転覆をして世界の見方を変えてのみ、希望が持てるからなのである。そして何よりも、既成秩序の転覆は笑いを誘い、彼らが日々耐えている緊張から彼らを一時的に解放し、自信を回復させる。「黒人は痛い思いをしてでも笑いたい」「黒人の世界は笑いに溶ける」とハーストンが言ったのは、鋭く真実を突いた指摘だった。

さて現代を振り返って考えると、利害が対立する価値観を、両者間の鋭い亀裂にもかかわらず柔軟に往復し、笑いによって緊張を緩和するトリックスター的〈語り〉は、異文化間の摩擦が深刻化している二一世紀の世界にあって、もっとも必要とされている知的技術なのではないだろうか。私たちは、価値観の変換方法として黒人民話が提示した嘘や暴力をそのまま受け入れるわけにはいかないが、あるストーリーの中に力関係もモラルも固定しない変幻型の価値観が存在しうることを学べるし、笑いによってもたらされるエネルギーの回復と対立者への許しの気持ちを意識することができる。

これまでの歴史の中で積極的に語ることを許されなかった人々の〈語り〉に、耳を傾けるのは容易なことではない。なぜなら、聴く者は既成の秩序をいったん反故《ほご》にし周到に隠されてきた別の秩序を〈語り〉に探り当てなければならないから。それでも、アフリカ系アメリカ人が奴隷制の時代から民話を語り伝え、それが形を変えてハーストンの時代に楽しまれ、現代でもインパクトを保っているように、語りえないものを抱えた人々の語りかけは、差異にはばまれつつも人間の営みの中で同時代的に何度も生き返る力をもっているのである。

最後に、紙面の関係で本章では十分に展開できなかった点を記しておきたい。

まず、ハーストンが『騾馬と人間』に工夫した劇場的な民話の提示方法については分析を控えた。民話の記録に独自の工夫を試みたハーストンの思想は、代表作『彼らの目は神を見ていた』（*Their Eyes Were Watching God*, 1937）にも反映している。『騾馬と人間』での作品構成の成否もさることながら、ざわざわとした人々の話し声や笑い声が全体に漂うような作品に仕上げたハーストンの手法は、文字より先に声を言葉の基本とする彼女の文学観を具体化しており、詳しい検討に値する。また、アメリカ黒人民話における女性ヒーローの不在とその解釈についても、本章では述べなかった。ヨーロッパ民話にみられるような女性（少女を含む）の主体的な活躍がないことは、アメリカ黒人民話全般にわたって観察されることである。それが、口承された民話の実際の傾向だったのか、採話者の取捨選択によって記録されずにきたのかは明らかではない。こうした点を追求していけば、黒人文化とジェンダーについてや、記録された民話の性質と記録者の問題などについて、重要な指摘ができるだろう。さらに、本章で紹介した諸登場人物に関しても、別の側面を加えてさらに議論を深められる

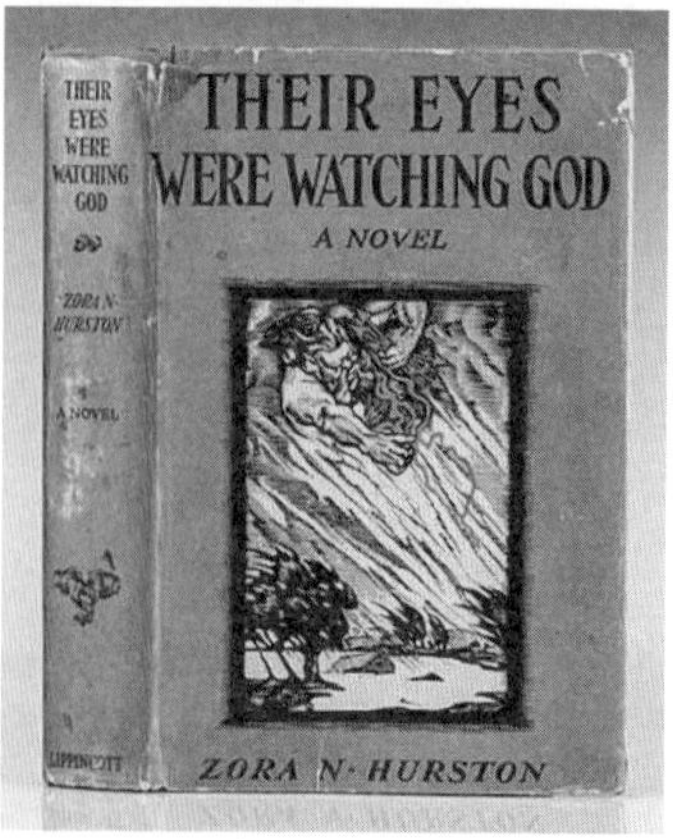

図3　『彼らの目は神を見ていた』

可能性がある。たとえば、ジョン物語にはジョンが祝祭を取り仕切る部族王としてふるまう話があり、アフリカの伝統を示唆して興味深いし、『騾馬と人間』に記録されたものではないが悪魔に関連する起源説話で、黒人が悪魔の手で創造されたとする話もある。その場合の悪魔とは、どのような創造主なのか。以上のような点については、いずれ稿を改めてぜひ論じてみたい。

（1） ハリスの生年は一八四八年とされてきたが、近年の研究によれば一八四五年だと考えられている（*New Georgia Encyclopedia Online*, University of Georgia Press; http://www.georgiaencyclopedia.org/）。

研究資料について

アフリカ系アメリカ人の伝統民話集には再話の出版物が多い。学術研究に資する基本的なアンソロジーを以下に示す。これらは、意図的な再話を排しているか、アメリカ黒人民話への関心の高まりに貢献した文学史的資料である。

Abrahams, Rober D. *African American Folktales: Stories from Black Traditions in the New World.* New York: Pantheon Books, 1985.

———. *Deep Down in The Jungle: Negro Narrative Folklore from the Streets of Philadelphia.* New York: Aldine de Gruyter, 1963.

Coulander, Harold. *A Treasury of Afro-American Folklore.* New York: Crown, 1976.

Goss, Linda and Narian E. Barnes. *Talk that Talk: An Anthology of African-American Storytelling.* New York: Touchstone Book, Simon & Schuster, 1989.

Harris, Joel Chandler. *Uncle Remus and Brer Rabbit.* 1906. Published in many different versions as well as in EBook.

Hughes, Langston. *The Book of Negro Folklore.* New York: Dodd, Mead, 1958.

Hurston, Zora Neale. *Every Tongue Got to Confess: Negro Folk-tales from the Gulf States.* Ed. Carla Kaplan. New York: Perennial, Harper-Collins, 2001.

———. *Mules and Men.* 1935. Bloomington: Indiana UP, 1978.

引用文献

Du Bois, W. E. B. *The Souls of Black Folk*. 1903. Norton Critical Edition, 1999.

Hurston, Zora Neale. "Characteristics of Negro Expression," first appeared in *Negro: An Anthology* (1934), cited in *Hurston: Folklore, Memoirs & Other Writings*, 830–46. New York: Library of America, 1995.

———. "Folklore and Music," from a typescript in the Florida Historical Society Papers in the University of South Florida Library, Tampa, Florida; written during the period Hurston worked for the Federal Writers' Project in Florida in 1938. *Hurston: Folklore, Memoirs & Other Writings*, 875–94. New York: Library of America, 1995.

———. *Mules and Men*. 1935. Bloomington: Indiana UP, 1978.

〈付記〉　本章は初出「笑いと回復のための語り――ゾラ・ニール・ハーストンの『騾馬と人間』を読む」（『立命館国際言語文化研究所紀要』第二三巻一号、二〇一一年九月）の本文を一部、書き改めたものである。

Ⅱ

伝承・変容

6　ヴァナキュラー文化として「赤ずきん」を読む

ウェルズ恵子

要点とアプローチ

森を抜けておばあさんの家へと使いに出された少女が、母の言いつけを忘れて見知らぬ狼と言葉を交わし、野花を摘んで道草をくい、その結果、おばあさんと自分が狼に食べられてしまうという「赤ずきん」物語。広く親しまれている「赤ずきん」の物語は、もとは、文字を使わない民衆が語り伝えた民話である。それが、一七世紀以降に文字文学として作り直され、私たちが一般的に知っている赤ずきんの話は、この口頭伝承と文芸が相互に影響しあいながらできている。それらのことは、ジャック・ザイプス(1)とアラン・ダンデス(2)の研究にわかりやすく紹介されているし、日本にも岡光一浩『大人が読む「赤ずきん」』(3)のような詳しい入門書があり、「赤ずきん」は、民話の中では「シンデレラ」以上にその研究成果が一般の読者に親しまれているといえよう。そうした背景には、「赤ずきん」が示唆するセクシュアリティや女性の自立のテーマなどが現代人の関心を引いたということもある一方、諸分野の研究者による（時には奇抜な）解釈の面白さで「赤ずきん」は知名度を上げてきたことが指摘できる。二〇世紀前半にエーリッヒ・フロム(4)やピエール・サンティーヴ(5)をはじめとする心理学者がこの民話を分析対象とし、エルンスト・ジーケ(6)のような文化人類学者が「赤ずきんが狼に食べられるのは満月から新月への変化を説明するものだ」とするなど、研究は民俗学や文学のみならず、多分野にわたっている。そこで本章では、複雑化しすぎたきらいもある「赤ずきん」にまつわる研究や想像を一度単純化し、日常的（ヴァナキュラー）文化としてその変遷を見直し、現代社会、とくに日本でどう受容されているのかを見てみたい。

先にも述べたように、「赤ずきん」には原型となる民話のバリエーションがあり、もっとも影響力があったのは、一七世紀末にフランスのシャルル・ペロー（Charles Perrault, 1628–1703）が宮廷サロンの女性たちを読者として物語に書き起こしたものである。ペローはこの物語を書くとき、赤い頭巾を主人公の少女に着せた。つまり、元となった口頭伝承は、赤い頭巾なしの話だった（ちなみに、シンデレラのガラスの靴もペローの創作である）。そして一九世紀初頭にグリム兄弟が、ドイツでよく知られていた「七匹の子ヤギ」の話とペローの「赤ずきん」の話が合体して伝承されてきたらしい物語を出版したのである。私が子供のときに読んだのは、狼のお腹から赤ずきんちゃんが出てくるグリムのバージョンである。こうした背景を追いつつ、本章では次の順番で「赤ずきん」を説明してみたい。

①まず、現代に流布しているペローのバージョンとグリムのバージョンを確認する。②そして、ペローのバージョンの元になっていると考えられている口承民話をひとつ紹介したい。民話はバリエーションがとても多く、極端に言えば、語り手が話すたびに新しいバージョンになるため元の話はもちろんひとつではないのだが、ここでは、これまでの研究によって赤ずきんの原型として知られている「おばあさんの話」を検討したい。③そのあとで、現在「赤ずきん」がどう作り直され、新たに変身、再生し続けているかということを、アメリカと日本の事例から述べ、④最後に「赤ずきん」の研究史を再度ごく簡単に概観し、なぜこの物語に限って実に多くの研究がなされてきたのかという疑問に対する私の考えを、ヴァナキュラー文化の観点からまとめて、結論にしたい。

活字で流布した物語

現在、私たちがよく知っている「赤ずきん」には前述したように二種類あって、どちらも活字で流布したものである。一七世紀末にフランス語で書かれて有名になったシャルル・ペローによる物語と、一九世紀はじめにドイツ語で書かれたグリム童話で、ペローもグリムも口承の物語を語り手から聞き取り、執筆の目的に合わせて自分なりの書き換えをして出版している。ところがこれらの話はとても面白かったので、人々が口伝えするようになり、さらに類話が生まれた。ペローは、主人公の少女に赤い頭巾をかぶせるという文学的工夫をして、先にも述べたように赤い頭巾のモチーフが、以後この話を特徴づけることとなる。さらに、ペローの「赤ずきん」物語を覚えたフランス人のプロテスタント（新教徒《ユグノー》）が、一七世紀末にルイ一四世の迫害にあってドイツへ亡命し、そこで話を伝えたという[7]。そうしてドイツ人に伝わったペロー版「赤ずきん」は、ドイツの民話である「七匹の子ヤギ」と合流し、グリムが記したような話になったのである。

図1　ペロー『物語集』の挿絵

さらにまた、オランダの民話研究者テオ・メダー（Theo Meder, 1960–）によれば、オランダの口承民話にはグリム童話の強い影響が見られるという。人々は、それをグリム童話としてでなくオランダの話として語り伝えている[8]。こうした民話の変遷は、一度は活字で流布した話が口承され人々のものとして広まる、つまりヴァナキュラー化していく様子がよくわかるエピソードである。

シャルル・ペローの「赤ずきん」物語

それではまず、シャルル・ペローの「かわいい赤ずきんちゃん」(9)（"Petit Chaperon rouge," 1697）(10)を、多少の解説を入れながら紹介しよう。

昔、とてもかわいい女の子がいて、おばあさんが小さな赤いベルベットの帽子を作ってくれた。（こちらの帽子は、ちょこんと頭にのる小さな女の子用の帽子を指す。英語では"cap"と訳されることが多い。この赤帽子は、「女の子」を示す記号とも読める。ベルベット製なので、やはりこの子もよい家庭の子だとわかる。）その帽子は少女にとてもよく似合い、いつもかぶっていたので少女は「赤帽子ちゃん」と呼ばれるようになった。

ある日、母親が少女にケーキとワインを持たせ、祖母の見舞いに行かせることにする。母親は赤帽子ちゃんに、道草をくわずにまっすぐ行くよう言い聞かせて家から出す。道中の森で赤帽子ちゃんは狼に出会い、怖がりもせず会話する。お使いの理由と行き先を狼に教えると、狼は、「森に咲く花がきれいだよ」とか「小鳥の声がするよ」などと言って、彼女が森で寄り道するように仕向けたのだった。

狼の言葉通り赤帽子ちゃんが森で楽しんでいるすきに、狼はおばあさんの家へ先回りして行き、おばあさんを飲み込んでしまう。それからおばあさんの服を着て、ナイトキャップをかぶり、ベッドに横になって赤帽子ちゃんの到着を待つ。この辺はグリム版のユーモラスな場面である。そこへ少女が来て、ベッドのおばあさんのところへ行く。グリム童話では、少女はおばあさんのベッドには入らず、ただ、おばあさんの様子がいつもと違うので、耳や目や手が大きいと言う。「お口が大きいのね」と言ったとたん、狼は「お前をよく食べられるようにさ」と答えて彼女を飲み込んでしまった。この場面は話を聞いている人がドキドキするところで、それはペローのバージョンとも変わりない。引用しておこう。

「あら、おばあさんの耳、こんなに大きい」
「お前の声が、よく聞こえるようにさ」
「あら、おばあさんの目、こんなに大きい」
「お前が、よく見えるようにさ」
「あら、おばあさんの手、こんなに大きい」
「お前を、しっかり抱きしめるためにさ」
「あら、おばあさんの口、こんなに大きい」
「お前を、パクっと食べるためにさ」(11)

ペローの話はここで終わるが、グリム童話にはまだ続きがある。満腹になった狼はベッドに戻って、いびきをかいて眠ってしまう。そこへ木こりが通りかかり、大きないびきを不審に思って家に入り、狼を見つける。狼の腹を切り裂くと、赤帽子ちゃんとおばあさんが腹から出てくる。三人は赤帽子ちゃんが持ってきた石を狼の腹に詰める。狼は目を覚まして逃げようとしたが、石が重すぎて倒れて死んでしまう。もちろん、三人は大喜びする。赤帽子ちゃんは、これからはお母さんの言いつけを絶対に守ろうと思った、というところで話は終わる。

一八五七年版のグリム童話では、この話に、さらに後日談がついている。別の日に、赤帽子ちゃんがおばあさんのところへお使いに行くことになって、また狼に話しかけられたけれども、今度は用心してまっすぐおばあさんの家へ行き、後からつけて来た狼をその前日にソーセージを茹でて美味しそうな匂いのする水へ誘い込んで石の水槽で溺れ死なせた、というものである。これは、少女が間違いなく良い子になったと示すための追加の話で、「三匹の子豚」に通じる別の類話との合体だと思われる。

ペロー版とグリム版の比較

ペローとグリムの二つの話に共通するところをまとめると、次のように五つある。

・少女はともに赤い被り物を身につけている
・少女を森に送り出すのは母親である
・森に住んでいるのは少女の祖母である
・森（危険な場所）で狼に話しかけられ会話をする
・狼に食べられてしまう

異なっているところは、四つある。

・おばあさんへのお土産が、ペロー版では食事用のビスケットとバター、グリム版ではケーキとワイン
・ペロー版では狼に誘われて少女はベッドに入るが、グリム版では入らない
・ペロー版では少女は食べられて終わりだが、グリム版では木こりが少女とおばあさんを助ける
・ペロー版では少女が母の言いつけを聞かなかった罰を受けるが、グリム版では狼が悪さをした罰を受けて死ぬ

では次節で、この比較を念頭に口承民話を分析してみよう。

口承民話

口承で知られていた話はどんな内容だったのか。ペロー版ともグリム版ともずいぶん違うので、読者は驚くのではなかろうか。はじめに、相違点を簡単にまとめたい。

・少女は赤い被り物を身につけていない

・狼は動物ではなく、人狼（オオカミ人間）として聞き手に共通の了解があった。ということは、相当の現実味をもって話が伝承されていた

・少女は、狼に促されてまず食事をする

・少女は自力で逃げる。狼には食べられない

民話版の物語は、フランス語で「おばあさんの話」（"Conte de la mère-grand"）[12]というタイトルがついている。これは、おばあさんがしてくれた話ということで、タイトルというほどでもない。ポール・ドゥラリュ（Paul Delarue, 1889–1956）が一九五一年に報告した物語概要を、説明を加えながら以下に引用する。文中の「ブズー」というのは、人狼のことを指している。

あるとき少女の母が、パンと牛乳を持たせて娘を祖母の家へと使いに出す。途上、少女はブズーに出会う。どこへ行くのかとたずねられ、さらに「縫い針の道」を通るのか「留め針の道」を通るのかと聞かれる。少女が「縫い針の道」を行くと答えると、ブズーは、では自分は「留め針の道」から行こうと言う。（留め針は安全ピンみたいなもので、ただ刺して布をつけておくだけなので使うのは簡単だが、縫い針を扱うには裁縫の技術が必要であるから、縫い針の道を少女が選んだのは裁縫ができる方へ行くわけで、子どもから大人の女になる途上だという意味に解釈できる。）少女は「縫い針の道」で縫い針を拾って楽しみながら歩いて行く。

一方、ブズーは先におばあさんの家に着き、おばあさんを殺す。そして、――急に話がグロテスクになるのだが――おばあさんの肉を食品室にしまい、血をビンに入れて棚に置く。少女が家に着くと、ブズーはおばあさんを装って少女を家に招き入れ、食品室の肉とビンの「ワイン」（おばあさんの血）を飲むように少女に勧める。彼女が食べていると猫がやってきて独り言をつぶやく。「こいつ、あばずれだな。自分のおばあ

ちゃんの肉を食べ血を飲むなんて!」

この場面、魔女の使いを思わせる猫のひと言で少女は自分のしたことを知るかと思えば、そうではなく、話はそのまま平然と続くのである。そういうところが民話は実に面白くて、語り手たちの間では、人肉を食べるとか血を飲むとかいうことが、異常なことではあっても全くの非現実やグロテスクファンタジーではなかったとわかるのだ。こうしたことは、いくらかは現実味を帯びた事件だったのだと思われる。次のくだりも、暗くてエロチックな緊張感をもったエピソードである。

ブズーは少女に、服を脱いで自分の隣で休むように促す。少女は「エプロンはどこに置けばいいの」と聞き、ブズーは「火にくべてしまいな。もういらないんだから」と返事する。それから少女は、「ペチコートはどうするの」と聞いて、また「火にくべてしまいな。もういらないんだから」と返される。次々と他の衣類をどうしたらいいか少女は繰り返したずね、ブズーはいちいち燃やしてしまうようにと答える。

この場面は、大人にはまるでストリップショーのお話版で面白かっただろうし、子どもは「全部脱いだら食べられちゃう」と思ってハラハラしたに違いない。伝承では、人狼は人間の衣類をかぶせられると狼としての凶暴な力を失うとされる。女の子がブズーの言いなりになって衣類を燃やしてしまうのは、人狼を退治する武器である衣類を全部捨ててしまうわけなので、彼女の未熟さや愚かさが露見している行為なのだ。

さて、少女はとうとうブズーの寝床に入り、ここでブズーの正体が明かされる例の会話となる。ところがここが、口承民話版では実にユーモラスである。毛深いだの、爪が長いだの、少女の質問は無邪気で遠慮がなく、人狼の答えもいかにも狼らしかったり、おばあさんには到底ふさわしくないこじつけだったりするのがおかしい。

「おばあちゃん、毛深いね」
「この方が暖かいんだよ」
「おばあちゃん、爪がずいぶん長いね」
「身体がよく掻けるからね」
「おばあちゃん、肩がすごく強そうだね」
「それで森から薪をしっかり運べるのさ」
「おばあちゃん、耳が大きすぎるよ」
「お前の声がよく聞こえるじゃないか」
「おばあちゃん、ものすごくお口が大きいね」
「お前を食べやすいようにさ」

ペロー版やグリム版だと、物語の面白いところはこの会話で終わってしまうのだが、民話版はここからが冒険譚で、別の話が足された可能性もある。おばあさんの血や肉を供するほど気味悪いブズーが、このあとすっかり間抜けになるのだ。

先の会話で危険を察知した少女は、すぐに「おばあちゃん、外へ出ておしっこがしたい」と言う。昔の農家では屋内には便所がなく、外にある便所へ行くか尿瓶を使って用を足した。ブズーは彼女に「ベッドの中でしなさいよ」と勧めるが少女は外へ出たがったので、ブズーは自分と彼女を毛糸でつないで外へ出す。毛糸でなくておばあさんの小腸でつないで外へ行かせたというバージョンもあり、やはりこの話は、気持ちの悪いスリルを楽しむ物語の系列に入るのだろう。

いずれにしろ彼女はブズーと紐でつながったまま外へ出て、用を足すと見せかけつつ自分の身体からその紐をほどいてスモモの木に縛りつけ、逃げてしまう。ブズーは、紐を引いてみると手応えがあるのに少女がなかなか戻ってこないので、「おまえ、大の方してんのかい」と声をかける。すると返事がない。あわてて外に出てみると、少女は逃げてもういない。ブズーはあわてて追いかけるが、あわやというところで少女は自分の家に入って無事だった、と話が終わるのである。

活字版との比較

口承民話のバージョンには、いくつか、聞き手にとって明快な楽しみどころが仕掛けてある。

・少女の動きが活発で、少女と人狼のかけひきが両者の力関係を表しつつ変化すること——話の細部にはリアリティがあるし、主人公の少女は生き生きとして、物語の中で幼児性から脱皮する。最初は言われるままに行動し疑うことを知らなかった少女が、ぐんぐんと洞察力を増して、最後は自力で身を守り逃げ切る

・人狼伝承や人食や猫と魔女に関する迷信が、物語に生きていること

・子どもたちへの教訓が確かに含まれていること——危険な場所（森）では知らない人の口車に乗りやすいことや、いざという時は知恵を使って、相手をだましてでも逃げるべきだと教えている

・大人の聞き手にも楽しめる場面があること——少女が服を脱ぐくだりや、ブズーがもうちょっとで少女をものにできるとワクワクしているときに獲物を取り逃がしてしまう滑稽さあたりは、子どもにはわからない大人なりの楽しみ方があっただろう

これに対してペローやグリムが活字で記録した話では、右に述べたような、口承民話に大事な要素が無化されている。すなわち、人間を食べるという生々しい暴力の現実や、男性が彼なりの手順を踏んで少女を誘惑するというような、文化的な枠組みで実現されるセクシュアリティを劇化した場面が、物語の重要な要素として意識されていないうえに、不道徳なものとしてむしろ退けられているのである。

一八～一九世紀に隆興したブルジョワジー文化においては、物理的な暴力や性に関する情報は意識的に隠す方向がとられた。ここへ子ども観の変化も加わり、下層階級が口承で楽しんでいた民話は、知識人によってより「洗練された」文学として子どもの教育に供されるようになる。グリム兄弟が彼らの民話集を「子どもと家庭のためのお話」という題にしたのが、こうした流れの象徴的な出来事といえる。グリムは版を重ねるに従って当時の子ども観や教育観に合うよう物語の修正をしている。この流れは、民話のヴァナキュラー性を抜き取る動きであった。

ヴァナキュラー性の復活

ところが二〇世紀になってジャーナリズムが発展すると、暴力的な現実を隠そうとすることの偽善性が指摘されるようになる。二度の世界大戦を経験した人々は、いかなる人も暴力と無縁には生きられないのだと思い知った。暴力と人間の性的活動とが密接に関わりあっている現実からも、目を背け続けるわけにはいかなくなっていた。さらに科学技術の進歩に伴い、画像や映像を含む情報の流通は、一九世紀までとは桁違いに速度を増し刺激を強めた。一方で、情報から子供を保護するという考えから子供には性や暴力に関する情報を隠したので、少なくとも知識人の間では、民話は「子ども用の文学」という見方が定着する。二〇世紀の後半には、イギリスの作家アンジェラ・カーターのように、口承民話の優位性を認め、その考えを積極的に発信する作家が現れ始める。

口承民話は、人間性の暗い本質や現実の様相などに関する普遍的なテーマを描き、人間の生き方に指針を示していると見抜いたのである。そうしてカーターは、民話をもとに創作した優れた作品と民話のアンソロジーを残している。[13] 二〇世紀における口承民話に関する価値観の変化は、民話のヴァナキュラー性の評価に他ならない。

さてそれでは、「赤ずきん」の話は現代文化にどういう展開を見せているのだろうか。アメリカと日本で様子を比べてみたい。[14] いずれもヨーロッパの民話を「輸入」した文化圏であるが、ヨーロッパ文化を母体にできているアメリカとそうでない日本とでは、異なる展開があった。

映画『フリーウェイ』

赤ずきんのモチーフで話題になったアメリカ映画が二作ある。ひとつはマシュー・ブライト監督、リース・ウィザースプーン、キーファー・サザーランド主演の『フリーウェイ（*Freeway*）』[15]（一九九六年）である。これは、グリム版「赤ずきん」のパロディで、暴力的な社会にあって愛情と性的欲望が一致する無垢な処女性とは何かを問いかけつつ、主人公の少女が圧倒的な暴力に対峙し、弱者ながら知恵を使い、自らも暴力で抵抗しつつ自力で現状を脱出しようとするストーリーだ。日本で公開されたときの邦題は、『連鎖犯罪――逃げられない女』となっているが、作品の主眼は邦題とは逆で、壮絶な経過をたどって逃げ切る少女を描いている。

図2　『フリーウェイ』

主人公のヴァネッサ・ルッツはロサンゼルスの白人スラムに住む一五歳の少女。母親は売春婦だし、継父は無職で麻薬中毒者な上にヴァネッサに性的行為を強要している。彼女はこの混沌とした環境の中でひとりの青年を愛しているのだが、両親がともに警察に逮捕されてしまったので、公的施設に連れて行かれそうになり力ずくで脱出する。めざす先は祖母の家である。ボーイフレンドとの別れ際に護身用の短銃をもらって、それが彼女の唯一の武器になる。途上、フリーウェイ（高速道路）で車が故障し困っていると、ボブ・ウォルバートンという男性が助けに現れる。ウォルバートン（Wolverton）というのは、聞く人にはすぐに狼（wolf）を意味しているとわかる名で、彼は実は連続殺人強姦犯だ。

このあとは、人狼の現代版ともいえるウォルバートンからの脱出サスペンスになるのだが、はじめのうちヴァネッサには全く味方がいない。グリムの物語ならば木こりの役目にあたり保護してくれるはずの警察も、彼女を不良少女として疑う。欺瞞と暴力と性の搾取が渦巻いた敵だらけの社会で、彼女はひたすらおばあさんの家をめざそうとする。

この映画が現代のおとぎ話になりうるのは、壮絶ながらハッピーエンド的なその結末ゆえである。ひとりだけ、彼女の言葉を記憶にとどめて注意を払う警察官が現れる。そのあたりからストーリーは「赤ずきん」のパロディへと急展開する。最後のシーンでは、ヴァネッサは赤いミニスカートをはいて、おばあさんの家へ向かう。「おはいり」という声に誘われて足を踏み入れると、ベッドの中には、おばあさんのナイトキャップをつけたボブ・ウォルバートンがいる。ほんとうのおばあさんは、首に縄をかけられ殺されている。銃はボブの手にあり、ヴァネッサの運命はほとんど絶望的に見えるが、そこへ何も知らない隣人の男が入ってくる。その男をボブが撃つわずかな隙に、ヴァネッサは銃をボブの手から叩き落し、素手の取っ組み合いになり、ヴァネッサは自分の力でボブを片づける。警官が家に突入したときはすべてが終わっており、ヴァネッサは玄関先でベンチに腰掛け、流れたマスカラで汚れた顔に勝利の微笑を浮かべる。

映画『フリーウェイ』はグリム童話を下敷きにしながら、童話が示した価値観を拒否している。拒否したのは、「女の子は無垢である」「女の子は木こり（男性社会の警察力）によって救い出される」の二つだ。その一方で、口承民話「おばあさんの話」の価値観を採用している。すなわち、「女の子は命がけで敵から身を守ることができる」ということである。

しかし、よく映画を見ると「女の子は無垢である」という価値観は、根本的には否定はされてはいない。ただ、グリム童話と『フリーウェイ』とでは「無垢」の基準が異なっている。ヴァネッサは嘘もつくし盗みもするし、人殺しさえする。その一方で、自分のボーイフレンドを心から慕い、一途に祖母の家をめざす。そういう意味で彼女は、無邪気というか、人間の衝動に対して無垢な一面を持っていて、根源的な悪でもないし、人間として不良でもないのである。つまるところ、グリム童話の「赤ずきん」もこの映画も、現実とわたりあって生きていくとはどういうことかを示している。両作品とも、主人公の生を脅かすものを悪として、その悪から自分の生命を守るという点では主人公は無垢の側にある。その上で、グリム童話の主人公は、男性社会の原理に従って守られることが良策だと読者に教え、『フリーウェイ』の主人公は、社会は保護してくれないから自分で身を守れと主張するのである。

映画『赤ずきん』

キャサリン・ハードウィック監督、アマンダ・サイフリッド、ゲイリー・オールドマン主演の『赤ずきん（*Red Riding Hood*）』（二〇一一年）は、監督が女性だからか、タイトルに“Little”(16)（かわいい、小さい、とるに足らない）という形容詞が入っていない。これは大事なことだろう。この映画は、人狼伝説とグリムの赤ずきん物語を組み合わせたダークミステリーで、魔女狩りの恐怖などもモチーフに加えながら、小さなコミュニティの中でお互いが信じられなくなることの恐怖を描き出している。

主人公のヴァレリーという少女は、幼なじみのピーターと愛し合っているのだが、母親が決めた裕福な青年であるヘンリーと婚約させられる。他方、狼が村を襲い、ヴァレリーの姉が食い殺されてしまう。そこへソロモン神父と呼ばれる人狼追跡者が彼の軍隊を率いて、まるで王が村に進軍してくるかのように乗り込んでくる。そのソロモン神父は、村を襲ったのは動物の狼ではなくて人狼であり、昼間は人間の顔をしてこの村に住んでいると言う。人々はお互いを疑い始め、恐怖が村を覆う。

そうした中でヴァレリーは魔女の疑いをかけられ、捕らえられてしまう。彼女はピーターとヘンリーの協力で救い出されるのだが、真実が見抜けなくてピーターを疑い、傷つけてしまう。ついに人狼が誰だったのかが明らかになり、その人狼と戦ってヴァレリーを最後に守ったのはピーターであった。しかし彼は闘いのとき人狼に咬まれたために、人狼になる運命を背負う。このときヴァレリーは自分の気持ちをはっきりと認識し、人狼になってしまったピーターを愛し続けるのである。

この映画において、人狼とは、共同体の安全を脅かす恐怖の根源である。人狼のように人間と動物の中間にいる境界性の怪物を主人公が愛すという映画の結末は、先に紹介したアンジェラ・カーターの短編小説(17)に基づいている。カーターの小説はとてもやさしい終わり方をしていて、少女が狼の毛むくじゃらの足に優しく包まれて眠る情景で閉じている。

カーターの作品も映画の『赤ずきん』も、同様のメッセージを表現していると言えるだろう。つまり、人間中心の規範からはずれたものを恐れてしまう人間の心理的特質、恐怖によって自らも他人も不幸にしてしまうその罠から自由になるには、動物と人間、弱い者と強い者、貧しい者と富める者というような境界線を愛の力で越える必要がある、という主張である。これは、振り返ってみれば「鶴女房」「蛙の王子様」などの異類婚姻譚が古くから伝えてきたことに他ならない。近代文明が迷信として排除してしまった伝説や民話のエッセンスを、現代人は取り戻しつつあるのだろう。

マイケル・ジャクソンの「スリラー」

アメリカの赤ずきんバリエーションとしてもう一つつけ加えるとしたら、マイケル・ジャクソンの有名なビデオクリップ「スリラー」がある。(18)マイケルが人狼に扮して恋人を襲い、大ヒット曲「スリラー」の音楽に合わせ、ゾンビがうようよする街に彼女を引き込んでしまうという流れである。このビデオクリップでマイケルが扮した人狼の怪物は、動物と人間のどちらでもある。主人公はこのように人獣の超越的境界性を持つ他に、黒人が白人主流のミュージックマーケットに押し入るという、白人マーケット側の潜在的恐怖を意識した境界性をも背負っている。

このように、アメリカでの赤ずきんは往々にして、アイデンティティが定まらない者の苦悩や悲しみと、そのような者を擁する共同体の不安や恐怖に還元されて解釈、再創造されているように思われる。

日本のコミックス

日本で赤ずきん物語が注目すべき変容を見せているのが、コミックスの分野である。(19)日本のコミックスにおける赤ずきん像は、おおまかに分けて二種類ある。暴力的でグロテスクなポルノグラフィと、かわいらしい少女漫画だ。

図3　『東京赤ずきん』

性的な描写が過激な部類では、玉置勉強『東京赤ずきん』(20)がある。二〇〇三年に雑誌に掲載され、二〇〇四年に単行本の第一刷が発行されてから、増刷増刊を続けている。調査の過程で、これが増刷を続けて多数の読者がいるということに私自身は恐怖さえ覚えて、日本の社会に対する自分の無知に面食らった。

図4 『赤ずきんチャチャ』

『東京赤ずきん』は、お下げ髪に赤い頭巾をかぶりまだ胸のふくらみもない少女が、自らむごたらしいセックスや血みどろの暴力被害を求めて、都会の闇の部分で立ち回るストーリーである。彼女はどんなに傷つけられても——内臓をえぐり出されても——、狼に食べられるまでは死ねない怪物という設定で、「私の夢はただ一つ……狼さんに食べられることですわ」と言う。『東京赤ずきん』は、「赤ずきん」に隠されたセクシャリティの暴力性を過剰に醜く描いている。

かわいい系のコミックには、彩花みんの『赤ずきんチャチャ』(21)がある。『東京赤ずきん』とは正反対に、『赤ずきんチャチャ』は主人公の性的リアリティをすっかり消毒し去っている。一九九二年に少女マンガ雑誌に掲載されはじめたのち、テレビアニメとしても人気を集め、二〇〇六年からは文庫本でも出版されている。主人公は赤い頭巾をかぶった「チャチャ」という名の魔女見習いである。ボーイフレンドの「リーヤ」は狼男で、状況に応じて変身でき、彼女を守ることを使命と自認している。三角関係もある学園少女マンガで、成人も含んだ一部の読者に絶大な人気があるらしい。

ペローやグリムは、赤ずきんを無力な少女の登場人物にし、狼はむしろ残忍な登場人物として描いて獣性を強調し、悪の側においた。ところが漫画『赤ずきんチャチャ』では、赤ずきんも無力な少女なら狼は赤ずきんの不完全な保護者で伴侶なのである。この人物設定からは、悪や圧倒的な暴力が社会の内部や自然の中に存在するという主張は読みとれない。

『東京赤ずきん』と『赤ずきんチャチャ』の二つから、日本の赤ずきんの特徴を指摘するなら、日本では赤ずきん物語に「暴力とセクシュアリティ」か「女の子と彼女に気のある男性のエピソード」のどちらか一方だけが読みとられているといえる。したがって、ヨーロッパ文化圏で伝承され現代でも変わらないいくつかのモチーフが日本の「赤ずきん」には欠落している。含まれないのは、次の四つである。

・狼や人狼に対する現実的な恐怖、狼を恐怖の象徴として読むこと
・母親が娘を送り出し、祖母が食べられていなくなるという世代交代のテーマ
・危険をどう脱するか、どうしたら危険を避けられるかという教訓
・人間と自然の関係についての考え方

他方、日本の赤ずきんに共通して保存されたモチーフは、左のように二つだけある。

・主人公は少女である
・少女が赤い頭巾をかぶっている

生き残る文化モチーフとは

日本にまでたどり着いて最後に残っている赤ずきん物語のモチーフ二つを分析すると、文化の変容の中で生き残るモチーフがもつ要素が指摘できるかもしれない。

まず、「主人公は少女である」からは、物語が〈社会の中での人間〉に関心を持つものであることがわかる。言い換えると、物語の話者や聞き手は、社会で特定の状況を背負わされている人間に関心があるのだ。赤ずきん物語の少女は、女性としての社会的生物的役割を果たす大人になる途上の人間である、と規定できる。未来の彼女たちから、次の世代の人間は生まれてくる。しかし彼女たちの立場は、まだ確定していない。子どもでもなく母でもない。無性でもなく完全な女性としての意識があるわけでもない。それで、「思春期の少女」というモチーフは、時代が移っても変わることなく人々の関心を引く。

「少女が赤い頭巾をかぶっている」方は、文化の表層を映す装飾的なモチーフである。赤い被り物のモチーフは、口頭伝承には必須ではなかったのに、一七世紀の終わりにペローが再話して以降は欠かせないものになった。それはなぜかというと、現代文化が一八～一九世紀のブルジョワ文化に重要な基礎の一部をおいているからだ。現代社会でも、赤い被り物が少女の記号としてゆるぎなく生き続けている限り、物語からこのモチーフが消えることはないのである。また、冒頭に述べた文化人類学者や心理学者は、〈赤〉に初潮の色を指摘しているが、ペローがそれを意識したわけではなく、研究者の側が色と少女の身体的変化とを象徴的に結びつけて解釈しただけであろう。「赤い頭巾」というモチーフには、そうした解釈を可能にする余裕があって、ことに創作の分野では人々の自由な解釈のもとに「赤ずきん」のモチーフが保たれたままで物語はさまざまに変容していくのである。

むすび――「赤ずきん」研究史とヴァナキュラー文化研究からの視点

ヴァナキュラーな文化は、本章で見たようにめまぐるしく生成や再生をくりかえしつつ、社会における人間の問題や普遍性を敏感に表現する。それを研究するということは、文化のルーツや変化や意味を読みとることであり、文化として切り取ったなんらかの事象を説明し解釈することでもあり、さらに、今を生きている私たちの社会や立場を説明することでもある。一方、多数の研究者によるこれまでの「赤ずきん」研究の業績を辿ると、この物語がいかに知識人の関心や思考を写し出す鏡であったかということがわかる。

冒頭で紹介したように、「赤ずきん」は、文化人類学者や心理学者をはじめとして多くの学問研究分野の第一人者を魅了してきた。太陽を表す赤ずきんが夜を表す狼に飲み込まれると神話的に解釈したエドワード・B・タイラー（Edward B. Tylor, 1832–1917）[22]、赤ずきんは五月祭の女王だとするピエール・サンティーヴ（Pierre Saintyves, 1870–1935）[23]、赤ずきんが狼に食べられるのは満月から新月への変化を説明するとしたエルンスト・ジーケ（Ernst

Sieke, 1846–1935)[24]などである。エーリッヒ・フロム（Erich Fromm, 1900–1980）は、少女の赤い帽子は月経の象徴で、狼という「無慈悲で狡猾な」男性の欲望に脅かされた主人公は、結末で、狼（男性）の腹に不妊の象徴である石を詰め彼を嘲笑したと読んだ。ジークムント・フロイト（Sigmund Freud, 1856–1939）は、「赤ずきん」は、男性と女性の葛藤、両性の敵対的関係における勝負の物語だと説いた[25]。一九二〇年代から六〇年代にかけて盛んだったこのような研究では、口承の異話（「おばあさんの話」など）を検討せず、グリム童話にのみ依拠して物語を解釈していた。しかし七〇年代以降は、「赤ずきん」の口承異話を示したポール・ドゥラリュの研究[26]を基礎に、さまざまな類話に目配りした優れた研究[27]が続いている。近年では、フェミニズムの観点から行われた研究もある[28]。

それにしても、これほどまでの知的情熱が「赤ずきん」に注がれてきたのには、必ずや理由があるにちがいない。六〇年代までの研究の関心は、文字を使いこなさない人々の知識伝達の仕組みや洞察を、民話を通して理解しようという取り組みであった。七〇年代以降になると、「赤ずきん」の類話展開そのものに主な関心が移ってきた。いずれにせよ、こうした研究を後押ししているのは、「赤ずきん」という文化現象がエネルギッシュで、人間に関する何らかの真理をささやいているからだと考えられる。

世紀をわたって生産されている「赤ずきん」の再話や研究業績が、一貫して注目してきたテーマは「少女」と「暴力」である。この短い話には複数レベルの暴力が、少女ないしは女性の特性との絡みで描きこまれている[29]。グリム童話を例にすれば、母が娘を森（危険）へ送り出すという間接的な暴力、狼がおばあさんと娘を食べるという肉体的な暴力、木こりが狼を殺す、娘とおばあさんがそれを助けるという集団的で警察権力的な暴力など。口承版には、人間と動物の境界を少女との交流によって破ろうとする潜在的な欲望や、女性のイニシエーションに伴う困難が、強引な推進力（自然に潜在する暴力、性的ドライブ）として捉えられているのが読み取れる。

研究者たちは、赤ずきん物語が巧妙に提示しているそれら暴力の諸相にこそ、引きつけられてきたのではないだろうか。そして、とくに早期の研究においては、主人公の少女が研究者自身の存在から遠い距離に位置しているので、自由に――コンテクストを顧みず無遠慮に――解釈を加えることができたようにも思われる。物語の享受者が作品テーマの幅の広さと柔軟性に浴し、作品が成立するコンテクストを無視して自分に引きつけて解釈をしているように、私には思われる。

このように受け手主体の解釈や研究の可能性がひらいているのは、繰り返しになるが、「赤ずきん」が優れたヴァナキュラー文学だからである。ヴァナキュラー文化は、誰のものでもないと同様に誰のものでもありえるように応用がきき、同じ関心を共有する多数の人々が、手を加えて改良しよう、あれこれに説明をつけようと思いたくなる素材なのだ。それは、同時代の人間存在を反映する奥の深い文化である。

「赤ずきん」について、口承民話の存在も確かめずにもっともらしい解釈をした研究者たちは、この物語を鏡に使って自分自身の思考を映した。それらは民話研究としては評価できないものの、おのおの独自に興味深い主張であり、説得力もあった。それ以後の研究は、「赤ずきん」のバリエーションの多様さに驚嘆し、解釈の可能性の広さを楽しんでいるようにみえる。このように観察してくると、「赤ずきん」研究はこの物語に反応した知的な人々の思索の集合であり、研究そのものが一群の文化現象でさえある。多くの研究者を語らせつづけている赤ずきん物語は、今後もさらに変容し、研究されていくものと思う。

（1） Jack Zipes, ed., *The Trials and Tribulations of Little Red Riding Hood*, 2nd ed. (New York: Routledge, 1993). ジャック・ザイプス編『増補　赤頭巾ちゃんは森を抜けて――社会文化学からみた再話の変遷』廉岡糸子・横川寿美子・吉田純子訳、阿吽社、一九九七年。

（2） Alan Dundes, ed., *Little Red Riding Hood: A Casebook* (Madison, Wis.: 1989). アラン・ダンダス『「赤ずきん」の秘密――民

俗学的アプローチ』池上嘉彦・山崎和恕・三宮郁子訳、紀伊國屋書店、一九九四年。

（3）岡光一浩『大人が読む「赤ずきん」――「文学を読む」と「本当の「大人」になる」をつなぐために』鳥影社、二〇一二年。

（4）エーリッヒ・フロム『忘れられた言語――夢の精神分析（改定新版）』外林大作訳、東京創元社、一九七一年。

（5）Pierre Saintyves, "Little Red Riding Hood or The Little May Queen" *Les Contes de Perault* (Paris: Emile Nourry, 1923) 211–229. Dundes, 71–88.

（6）Ernst Sieke, *Indogermanische Mythologie* (Leipzig: P. Reclam, 1921). Dundes, 206.

（7）Robert Darnton, *The Great Cat Massacre and Other Episodes in French Cultural History* (New York: Basic Books, 1984). ロバート・ダーントン『猫の大虐殺』海保眞夫・鷲見洋一訳、岩波現代文庫、岩波書店、二〇〇七年、六～七頁。

（8）テオ・メダー（Theo Meder）とのインタビュー（2014/10/14 Meertens Instituut, Amsterdam）参考：Duch Folktale Database, http://www.verhalenbank.nl　2015/12/22

（9）Charles Perrault, *Little Red Riding Hood* (1697). Cited in: Jack Zipes, ed., *The Trials and Tribulations of Little Red Riding Hood*, 2nd ed., 91–93.

（10）Charles Perrault, "Le petit Chaperon rouge," *Histoires ou Contes du temps passé,* https://fr.wikisource.org/wiki/Histoires_ou_Contes_du_temps_passé_(1697)/Petit_Chaperon_rouge　2015/12/31

（11）『グリム童話　上』池内紀訳、ちくま文庫、筑摩書房、二〇一一年、二〇九～二一〇頁。

（12）Paul Delarue, "*Les Contes Merveilleux* de Perrault et la tradition populaire" (*Bulletin folklorique d'Ile-de-France,* 1951) 221. 和訳は筆者による。Paul Delarue, trans. Austin E. Fife, *The Borzoi Book of French Folk Tales* (New York: Alfred A Knopf, 1956) 230–32 を参照した。ザイプスによれば、この話は一八八五年ころ、フランスのNièvreで記録されたという（Zipes 21）。

（13）Angela Carter, ed., *Angela Carter's Book of Fairy Tales* (1990. 1992. London: Virago, 2005).

（14）本章は、二〇〇五～〇七年の調査に基づいており、現代における展開に関して、二〇〇七年以降の情報がアップデートされていない。読者のフィードバックをいただければ幸いである。

（15）*Freeway,* directed by Matthew Bright, Actors: Reece Witherspoon and Kiefer Sutherland (1996).

（16）人狼伝説について、詳しくは次の本の「総説」を参考にしていただきたい。ウェルズ恵子編・解説『狼女物語——美しくも妖しい短編傑作選』大貫昌子訳、工作舎、二〇一一年。

（17）Carter, "The Company of Wolves," *The Bloody Chamber* (1979. Penguin Books, 1993) 110–18.

（18）詳しくは、ウェルズ恵子『魂をゆさぶる歌に出会う——アメリカ黒人文化のルーツへ』岩波ジュニア新書、岩波書店、二〇一四年。

（19）「赤ずきん」コミックスに関するより詳しい分析は、ウェルズ恵子「暴力的文化アイコンとしての「赤ずきん」物語」谷徹・今村仁司・マーティン・ジェイほか著『暴力と人間存在』筑摩書房、二〇〇八年、三〇六〜〇九頁。

（20）玉置勉強『東京赤ずきん』第一巻、幻冬舎、二〇〇四年。

（21）彩花みん『赤ずきんチャチャ』第一巻、集英社、二〇〇六年。

（22）Edward B. Tylor, *Researches into the Early History of Mankind and the Development of Civilization* (Chicago: U of Chicago P, 1964).

（23）P. Saintyves, "Little Red Riding Hood or The Little May Queen" *Les Contes de Perrault* (Paris: Emile Nourry, 1923) 211–229. Dundes, 71–88.

（24）Ernst Siecke, *Indogermanische Mythologie* (Leipzig: P. Reclam) 1921. Cited in Dundes, ed., *Little Red Riding Hood: A Casebook* 206.

（25）ジークムント・フロイト「症例『狼男』」『フロイト全集14』岩波書店、二〇一〇年。

（26）Delarue, "*Les Contes Merveilleux* de Perrault et la tradition populaire."（前掲注12）

（27）Zipes, ed., *The Trials and Tribulations of Little Red Riding Hood*（前掲注1）、Dundes, ed., *Little Red Riding Hood: A Casebook*（前掲注2）、Darnton, *The Great Cat Massacre and Other Episodes in French Cultural History*.（前掲注7）など。

（28）Catherine Orenstein, *Little Red Riding Hood Uncloaked: Sex, Morality, and the Evolution of a Fairy Tale* (Basic Books, 2002) など。

（29）ここでは英語のバイオレンス、すなわち生命の安全を妨害し物理的な力を乱暴に行使することを第一義的に暴力として考えた。加えて、物理的な力を用いずに生命の安全を妨害する力も暴力として考えた。

〈付記〉　本章は、「暴力的文化アイコンとしての「赤ずきん」物語」（谷徹・今村仁司・マーティン・ジェイほか著『暴力と人間存在』筑摩書房、二〇〇八年所収）を大幅に書き改めた「ヴァナキュラー文化としての「赤ずきん」――少女と暴力の物語」（『立命館国際言語文化研究所紀要』第二八巻一号、二〇一六年九月）の本文を更に一部、書き改めたものである。

7 人種暴力の記憶化と写真——「沈黙の行進」から「黒人の命も大切」運動へ

坂下史子

要点とアプローチ

今からちょうど百年前の一九一七年七月二八日、ニューヨーク市マンハッタンの五番街で「黒人の沈黙の抗議行進」（以下「沈黙の行進」）と呼ばれる抗議デモが行われた。全米黒人地位向上協会（National Association for the Advancement of Colored People, 以下NAACP）が計画したこのデモには、子供から大人まで約一万人の黒人男女が参加したという。参加を呼びかけるチラシには、「ワコー、メンフィス、イースト・セントルイスを繰り返さないように世論を喚起し、我々の兄弟姉妹や無実の子供たちを殺害した者に処罰をもたらしたい」と記されている。(1) テキサス州ワコー市では前年五月に一七歳の黒人少年ジェシー・ワシントンが、テネシー州メンフィス市では同年五月に四〇代後半の黒人男性エル・パーソンズが、衆人環視の中で拷問を受け殺害されるという凄惨なリンチ事件が起こったばかりだった。さらに、デモ計画中の七月初めにはイリノイ州イースト・セントルイス市で、暴徒化した白人が黒人居住区に放火し住民を襲撃する暴動が起こり、三桁に上《のぼ》る死傷者を出した。「沈黙の行進」は、黒人の命に関わる喫緊かつ深刻な問題に突き動かされた黒人たちの、コミュニティを挙げての抗議行動であった。

「沈黙の行進」から一世紀を経た現在も、アメリカの黒人を取り巻く状況は改善していない。以前のような残虐なリンチは影を潜めたものの、二〇一〇年代に入り、アメリカでは服務中の警官が黒人男女、とりわけ若い男性を死に至らしめる事件が多発していることは周知の事実である。警察の残虐行為（police brutality）と呼ばれるこれらの事件が社会問題化する中で生まれたのが、「黒人の命も大切」（Black Lives Matter）だというスローガンである。二〇一二年にフロリダ州で一七歳のトレイヴォン・マーティンを射殺した自警団の男性が翌年不起訴となったことに抗議して、三人の黒人女性活動家がソーシャル・ネットワーキング・サービス（ＳＮＳ）上にシェアしたハッシュタグ #BlackLivesMatter は、二〇一四年にミズーリ州で一八歳のマイケル・ブラウンが白人警官に射殺された際に、全米規模の抗議運動へと発展した。白人優位の社会で黒人の命が軽視され続けてきたことに抗議するこのスローガンは、「沈黙の行進」における切実な訴えを思い起こさせる。

人種暴力に抗議するアメリカ黒人の運動には長い歴史がある。本章の目的は、写真などの視覚資料を主に検討することで、社会正義を求める彼らの運動が伝統的に用いてきた抵抗戦略の系譜をたどることである。ここでは特に、全米規模で注目を集めた主要な事件における抗議の動きを見ていく。具体的には、「沈黙の行進」の契機となった三都市での人種暴力事件から、クロード・ニールのリンチ事件（一九三四年）、エメット・ティル殺害事件（一九五五年）、そしてマーティン事件やブラウン事件など現代の例までを概観し、抵抗の一世紀を紐解いていく。そうすることで、日常的に人種暴力の脅威にさらされていたアメリカ黒人がコミュニティ内で継承してきた抵抗の形を明らかにしてみたい。

人種暴力の可視化――「反リンチ写真」という抵抗戦略

今日私たちは暴力の犠牲となった黒人の写真や動画をＳＮＳ上で目にすることがある。これらの画像や映像は、絶えることのない人種暴力の証拠としてだけではなく、犠牲者を忘れないためにも拡散されている。あえて遺体の写真を提示するという手法は、リンチに対する抗議運動が隆盛した二〇世紀前半に頻繁に用いられた戦略だった。これを始めたのは、南部の黒人男性へのリンチが急増した二〇世紀転換期にリンチ反対運動を行った黒人女性ジャーナリストのアイダ・Ｂ・ウェルズである。ウェルズは一八九五年に出版したリンチ反対を訴える冊子『鮮血の記録』に二枚のリンチ画像（写真とイラスト）を掲載した。写真の方は一八九一年にアラバマ州で殺害された黒人男性を撮影したもので、木に吊るされた遺体の背後には、少年を含む多数の白人男性がカメラ目線で写っている。ウェルズは文字が手書きされた写真の裏面も掲載したが、その内容とウェルズの説明から、この写真が当時リンチに反対していた人権派の著名な白人男性弁護士を脅迫するために送付されたことが分かる。[2]

この例からも明らかなように、そもそもリンチの写真とは白人優位主義の産物であった。西部開拓時代に自警団が無法者を処罰する手段として用いていたリンチは、一九世紀末以降、主に南部の黒人男性を標的とした人種暴力になっていく。アメリカでは一八八〇年代から一九二〇年代の間に記録されているだけで約五千件のリンチが起こっているが、このうち南部の事件が三、六〇〇件以上、黒人の犠牲者は三、五〇〇人以上に上った。黒人男性は実に三、四〇〇人以上と、犠牲者の大部分を占めた。[3]何らかの犯罪の容疑者として逮捕、収監された黒人男性はほとんどの場合、裁判を受ける前に暴徒の手によって留置所から連れ出され、多数の白人住民が見物する中で長時間にわたる拷問を受けた末に殺害されることが多かった。このような状況下で撮影されたリンチ写真は、白人優位主義者の「正義」が完遂したことを証明する「記念写真」として流通していたのだが、ウェルズはそれをリンチの残虐性を示す証拠として転用したのである。アメリカ研究者のレイ・レイフォードはこのような写真を「反リンチ写真」と呼んでいる。[4]

ウェルズの戦略にならい、二〇世紀前半にはＮＡＡＣＰと主要都市の黒人新聞もリンチの写真を掲載しはじめ、リンチ反対の世論を喚起しようとした。とりわけ創設時からリンチの撲滅を最大目標の一つに掲げていたＮＡＡＣＰは、創設年の一九〇九年から二二年までの間に年平均三枚のリンチ写真を転載したという(5)。同協会は、「沈黙の行進」の契機となった三都市での人種暴力事件についても機関誌『クライシス』で特集記事を組んでおり、このうちワコー市のリンチ事件に関する記事「ワコーの恐怖」とイースト・セントルイス暴動の記事「イースト・セントルイスの虐殺」の中で写真を使用した。

「ワコーの恐怖」は全八頁の記事で、同市の背景（人口や人種構成など）、小作人のジェシー・ワシントンがリンチされることになった理由（彼は白人女性の強姦殺害容疑で逮捕された）、リンチの詳細、事件後の人々の反応などを、地元の新聞記事や聞き込み調査に基づいて報告したものである。記事の後半では白人暴徒がワシントンに加えた暴行の様子が生々しく綴られており、地元の商業写真家が撮影した六枚のリンチ写真が添えられている。二枚は進行中のリンチを取り囲むおびただしい数の暴徒と見物人の写真で（ワシントンのリンチには一万人以上が参加したという）、四枚はリンチの犠牲となったワシントンの焼死体の写真である(6)。

掲載された写真の選択やレイアウトを見ると、この特集記事がいかに入念に編集されたものだったのかが分かる。鎖で木につながれたワシントンの黒焦げの遺体写真は、リンチという人種暴力の凄惨さと非人道性を何よりも雄弁に物語る証拠となった。しかしこれらの写真が果たした役割はそれだけではない。四枚の遺体写真が誌面を埋めた最後の三頁には、事件後に現地に派遣されたＮＡＡＣＰの調査員が聴取した地元の反応が紹介されているのだが、それによると、事件については目立った抗議行動もなく、判事たちはコメントを拒否するか、「嘆かわしいことだが忘れるのが一番」だと語り、元市長は「良識あるワコー市民は関わっていない」と述べたという。地元新聞も「口を閉ざすことが得策」だと考え、ほとんどが事件を大きく取り上げることはなかった(7)。ＮＡＡＣ

Pが正視に耐えないワシントンの遺体写真を執拗とも思えるほどに何枚も掲載したのは、この事件が封印されることに対する究極の抵抗手段だったと考えることができる。

「イースト・セントルイスの虐殺」の記事は、全二〇頁のうち九頁に合計一四枚の事後写真を掲載し、目撃者や当事者の声を盛り込むことで人種暴動の被害の甚大さを視覚的に訴えている。この特集号は五万部近く発行され、議員にも分配されたという。事件を報道しようとした新聞記者のカメラの多くがイースト・セントルイス市警や市長によって没収され、撮影されたニュース映像も同市では放映禁止となったというから、このような状況下で撮影された写真を掲載することが、ワコーの記事と同様に、事件を封印しようとした当局への抵抗の形であったことは言うまでもない。(8) しかし注目すべきは、この記事が人種暴力の標的となった生存者の写真を数多く掲載している点であり、「ワコーの恐怖」をはじめとするNAACPのその他の写真記事とは一線を画している。つまり、人種暴力の凄惨さを暴露するのはリンチ犠牲者の声なき遺体ではなく、被害を受けながらも生き延びた黒人住民の姿なのである。

たとえば記事の表紙頁には、暗がりの路上に手をついて座り込む黒人男性の写真が使用されている。膝がのぞくほどズボンが破れていることから、おそらく彼は暴行を受けて倒れていたと推測できる。題名の「虐殺」の文字が男性の眼前の地面に挿入されており、人種暴力を視覚的に糾弾したレイアウトとなっている。また、記事の最後に掲載された二枚の写真も生存者を写したもので、重傷を負った二人の黒人女性の肖像写真が、彼女たちの証言が掲載された頁をはさんで続く。これらの写真はおそらく搬送先の病院で撮影されたもので、一枚には兵士と警官に右腕を撃たれ腕を切断手術した若い女中のミネオーラ・マギーが、もう一枚には自宅に放火され両腕に大やけどを負った七一歳の洗濯婦ナーシス・ガーレイが、いずれも椅子に座って写っている。マギーは左手のみを膝の上に置き（右腕がないため寝間着の右袖はだらりと下がっている）、ガーレイはやけどの傷が見えるように両腕を腹の前で交差している。無言でカメラを見据える二人のまなざしやマギーの右腕の不在は、かえって人種暴力への非難を声高に訴えている。(9)

ＮＡＡＣＰは一九三四年に発行した冊子『クロード・ニールのリンチ』においても、「反リンチ写真」を用いた全米規模の反対運動を展開した。この冊子は同年一〇月に起こったフロリダ州のリンチ事件に関する全八頁の調査報告書で、翌一一月に一万五千部が作成され、当時の大統領と司法長官、上下院議員にも送付された。総頁数をはじめ、その構成は「ワコーの恐怖」の特集記事とよく似ている。ワシントンと同様に白人女性の強姦殺害容疑で逮捕された二三歳の小作人クロード・ニールは、収監先から暴徒に連れ去られ、森の中で半日におよぶ拷問を受け殺害された。暴徒は裁判所前の木にニールの遺体を吊るし、見せしめのためにしばらく放置した。この間に撮影されたと思われる一枚の写真が冊子には掲載されている。「ここに収められた究極のサディズムと異常な残虐性が、思慮分別のあるアメリカ人を行動へと突き動かすことを願っている」と訴える序文からも分かるように、この冊子は写真と文章によってリンチの凄惨さを描写することで、リンチ反対の世論を喚起しようとしたのである。(10)

今日の読者はもとより、当時の読者にとっても、去勢され、手足の指を切り取られ、火あぶりにされた後に木に吊るされたニールの黒焦げの遺体写真は、ワシントンの写真と同様に正視に耐えないものだったに違いない。しかし、この写真の下に添えられた注意書きは、読者に「ニールの胸と太ももの切り傷に注目せよ。土産用に指が手から切り取られた様子にも目を留めよ」と訴えている。ニールに加えられた暴力の詳細をあえて読者に正視させることで、冊子はこのリンチ写真を白人暴徒の残虐性を非難する「反リンチ写真」へと変えている。さらにこの注意書きから、冊子の読者がそれを「反リンチ写真」として受けとめていた光景を想像することができる。(11)

継承される「反リンチ写真」の伝統

これまで見てきた「反リンチ写真」の例と同様に、一九五五年、エメット・ティル少年が殺害された事件を報じた黒人新聞も、犠牲となったティルの遺体写真を掲載することで人種暴力を非難した。しかしながら、黒人新聞に掲載された犠牲者ティルの写真がその他の「反リンチ写真」と決定的に異なるのは、それらの写真の撮影を許可したのが母親のメイミー・ティル・ブラッドレイ、すなわち犠牲者の遺族自身だったという点である。

シカゴに住む一四歳のティルが殺害されたのは、南部ミシシッピ州の小さな町だった。夏休みを利用して親戚を訪ねていたティルは、近くの食品雑貨店に立ち寄った際に店主の妻の白人女性に声をかけ、口笛を吹いたとされる。のちに虚偽だと判明する妻の訴えによって夫らはティルを誘拐し、長時間にわたる暴行の末に彼を殺害した。後日近くの川で発見された遺体は損傷が激しく、着用していた頭文字入りの指輪でかろうじて身元が判明したという。行方不明となっていた息子の遺体が発見されたという報《しら》せを聞いてから、全米に大きな衝撃をもたらした公開葬儀までの数日間、母親のメイミー・ティルは、息子の殺害事件が闇に葬られそうになることに抵抗し続けた。まず彼女は、ミシシッピで埋葬される予定となっていた息子の遺体をシカゴに移送させるよう、シカゴとミシシッピの地元当局に何度も働きかけた。遺体は移送されたものの、シカゴに到着した棺にはすでに杭が打たれ厳封されていた。しかし彼女は遺体を確認することを強く要求し、ついに地元の葬儀社の霊安室で息子の遺体と対面した(12)。

霊安室には黒人週刊誌『ジェット』の記者も同行し、メイミー・ティルが息子の遺体と対面する写真や、棺に安置されたタキシード姿のティルの写真を撮影した。同誌は特集記事を組み、見開き二頁にわたって、判別できないほど潰れて腫れ上がったティルの顔写真を含む三枚の写真を掲載した。特集号は発行した四〇万部がすべて

図1　エメット・ティルの棺と母親(1955年)
Chicago Sun-Times. Reprinted by permission.

売り切れとなった。このあまりにも有名な顔写真は、『ニューヨーク・アムステルダム・ニュース』『シカゴ・ディフェンダー』『ピッツバーグ・クーリエ』などの主要な黒人新聞と、NAACPの『クライシス』にも転載された。さらに、激しく損傷した息子の遺体を確認したメイミー・ティルは、棺の蓋を開けた状態で葬儀を敢行した。四日間の葬儀には数万人の参列者があったとされ、シカゴの黒人市民は行列をなしてティルの遺体と対面した。この葬儀の様子も、黒人新聞の記者たちによって写真に収められた[13]〔図1〕。

　息子の遺体写真を撮影させ、棺を開けた公開葬儀を行った決断について、後年メイミー・ティルは次のように述べている。

あの夜ミシシッピで誰も見ていない間に何が起こったのかを人々が目にし、私たちがしっかりと見ていなかったらまた何か起こったかもしれない、ということに思いをはせることが重要だったのです。これ〔ティル事件〕はあまたのリンチ事件のようにはいきませんでした。遺族が立ち去ることを強いられ、遺体と自分たちの悲しみや屈辱を静かに葬らなければならなかった、何百、何千というリンチ事件とは違いました。私は黙っているつもりはありませんでした。いいえ、そんなことをするつもりはなかったのです。私の可愛い息子の身に起きたことを、残りの人生をかけて語り伝えていくことができるのは分かっていました。詳細にそのことを説明し、私が何を見たのかを描写することもできたでしょう。（中略）〔しかし〕あらゆる手を尽くしたとしても、人々はまだ十分な衝撃を受けることはなかったでしょう。何が起こったのか、その結末を見ることを許されなければ、それを目に浮かべることはできなかったはずです。私が見たものを彼らも見なければなりませんでした。全米中がこれを目撃しなければならなかったのです。(14)

この回想からは、息子の遺体を公衆の面前にさらすことでしか、事件を封印しようとする当局の動きや事件の風化に抵抗することはできないと、メイミー・ティルが強く感じていたことが分かる。彼女の果たした役割について、芸術史家のドーラ・エイプルは、「白人優位主義者が撮影した初期の見世物としてのリンチ写真の中の黒人主体を貶めるという力点を、黒人がコントロールする「見世物としての葬儀」に移し、人種暴力の恐怖と悲しみを非現実的なものとすることを拒んだ」と指摘する。(15) このように、リンチ事件が減少した時代にあっても、同様の人種暴力事件が起こる中で「反リンチ写真」の伝統は継続していった。やがてこの伝統が、現代の人種暴力事件に抗議する手法としてSNS上で拡散していく状況は周知の通りである。

犠牲者を体現する抗議者たち

人種暴力に反対するアメリカ黒人たちは、犠牲者の写真を転載するだけではなく、路上での抗議行動においても様々なやり方で人種暴力とその犠牲者を可視化してきた。たとえば、一九三四年のクロード・ニールのリンチ事件に対してハワード大学の学生が実行した抗議行動はその顕著な例である。首都ワシントンD.C.に位置するこの有名な黒人大学の学生たちは、一二月に地元で開催された全米犯罪会議の会場の前にピケを張ったのである〔図2〕。司法省が後援した同会議は、アメリカ政府の犯罪に関する政策を議論するために四日間の日程で開催され、大統領と連邦捜査局（FBI）局長が基調講演を行った。ニール事件の直後だったにもかかわらず、犯罪対策を議論するはずの会議でリンチは議題にすら含まれなかったため、会議初日にNAACPのD.C.支部がデモ

図2　ハワード大学生のピケ（1934年）
（ニューヨーク近代美術館ウェブサイトより）

を行っていた。(16) 二日目に行われた学生のピケでは、六〇人以上の学生が抗議メッセージの書かれた小さな紙片を胸に貼り、首に絞首縄をぶら下げて会場前に等間隔で並ぶと、午前中の会議を終えて外に出てきた参加者を無言で出迎えた。リンチの最も強力なシンボルである絞首縄を用いて自らをリンチ犠牲者に見立てることで、学生たちは会場前に人種暴力の空間／瞬間を再現したのである。この行動は、リンチという解決すべき喫緊の課題を黙殺する政府に対する強い抗議表明であっただけではなく、見過ごされてきた犠牲者への追悼でもあった。(17)

同様の戦略は、トレイヴォン・マーティン事件の直後に全米に広がった抗議行動でも見られた。黒人をはじめとするデモ参加者の多数が、マーティンが射殺された時に着用していたフード付きのトレーナー姿で行進に加わったのである。マーティンの死から一か月後の三月下旬には、フード姿のデモ参加者たちが、フロリダ州からカリフォルニア州まで主要都市の路上を埋め尽くした。たとえばニューヨーク市のユニオン・スクエアで行われた抗議行動は、「トレイヴォン・マーティンのためのフード姿の百万人大行進」と呼ばれ、国連が定めた「国際人種差別撤廃の日」である三月二一日に開催された〔図3〕。フェイスブックの告知では、デモへの参加だけではなく、マーティンを射殺した自警団員の男性の逮捕を求めるオンライン署名への参加や、フード姿の自撮り写真をSNSに掲載することも呼びかけられた。デモには数千人が参加し、オンライン署名は開始からわずか一か月で二〇〇万人以上の署名を集めた。また、SNSには著名人を含む三〇万人以上の自撮り写真がアップされた。事件のあったフロリダのプロバスケットボール・チーム、マイアミ・ヒートのスター選手であったレブロン・ジェームズは、チームメイトと

図3　ニューヨーク抗議デモのフード姿の参加者（2012年）

ともに練習着のフードをかぶってうつむく集合写真をツイッターに掲載した。写真には「私たちはトレイヴォン・マーティンだ」（#WeAreTrayvonMartin）というハッシュタグがつけられた(18)。

フード姿の自撮り写真を掲載することは、絞首縄を着用したハワード大学生の抗議行動と同様に、犠牲者を可視化する役割を果たした。それは同時に、黒人であるというだけで「犯罪者」と決めつけられてしまうこと（人種プロファイリングと呼ばれる）への抗議でもあった。マーティンの場合は丸腰（手にしていたのは缶ジュースと菓子の袋のみ）だったにもかかわらず、フードをかぶっていたために「不審者」とみなされたのだった。抗議者たちはマーティンと同じ服装をすることで、自分たちも人種暴力の犠牲となりうることを訴え、その不当性を批判したのである。また、ハワード大学の学生と卒業生が作成したキャンペーン動画「私は不審者ですか?」（"Am I Suspicious?"）も、こうした抗議の代表例である。大学のキャンパスで撮影された二分半の動画は、十数人のフード姿の黒人男子学生がジュースや菓子の袋を手にカメラに向かい、「私は不審者に見えますか?」と次々に問いかける様子を映し出している(19)。

「リスペクタビリティの政治」による善良な市民像の提示

これまで見てきたように、人種暴力に抗議する人々は、写真や自らの身体を用いて犠牲者を可視化してきた。ここで注目したいのは、黒人住民に対する「性犯罪者」や「不審者」のイメージが無数の人種暴力事件を正当化してきた歴史の中で、こうしたステレオタイプに異議を唱えるために、抗議者たちが犠牲者ひいては黒人全体を

「善良（リスペクタブル）な市民」として強調してきた点である。とりわけ一九世紀末から二〇世紀半ばにかけて、野蛮で劣等な黒人のイメージがアメリカ社会に浸透し、それを根拠にリンチや人種隔離といった人種差別的な慣習が横行していた時代には、アメリカ黒人指導者たちは自分たちがいかに善良な市民であるかを社会に認めさせることがこれらの人種問題を改善する方策であると考えていた。このような時代背景の中で、二〇世紀初頭の活動家や改革者たちは、歴史家のエヴリン・ブルックス・ヒギンボゥサムが「リスペクタビリティの政治」と名づけた戦略を用いることで、否定的な黒人像に対抗した。ヒギンボゥサムは、中産階級のエリート黒人女性が社会改革運動の中でいかにこの戦略を使用したかを考察しているが、近年の研究では黒人男性も同様のやり方で善良な男性市民像を創り上げようとしたことが明らかになっている。(20)

図4　「沈黙の行進」(1917年)

本章の冒頭で触れた「沈黙の行進」は、こうした善良な黒人市民像を集団でアピールした例である。その様子を報じる『クライシス』の記事に掲載された写真からは、ニューヨークの五番街を整然と行進する黒人たちの様子が見てとれる〔図4〕。デモ行進では小太鼓をたたく数人のダークスーツ姿の黒人男性と横一列に並んだ一〇人ほどの著名な黒人男性指導者たち――世界的な学者で同誌編集長のW・E・B・デュボイスのほか、牧師、実業家、作家など――を先頭に、日曜礼拝用の外出着のような白いワンピースやズボン姿で手をつないだ子供たち、同じく白をまとった黒人女性たち、最後に背広を着用した黒人男性たちが、見わたす限り何列も続き、沿道の群衆も行進を静かに見守った。黒人男列の合間にはプラカードを手にしたボーイスカウトの少年たちも見られる。プラカードは、「なんじ殺すなかれ」といった抗議メッセージだけではなく、「我々には三万人の医者がいる」とか「あなたたちの自由のために二〇万人の黒人が南北戦争で戦った」など、黒人の様々な功績を強調するものも数多く掲げられた。富と繁栄の象徴である五番街をデモ行進の舞台に選んだことや、隊列の編成から参加者の服装、プラカードのメッセージにいたるまで、NAACPは周到な準備の末に黒人コミュニティ全体の威厳を誇示したのである。(21)

また、「イースト・セントルイスの虐殺」の女性被害者ミネオーラ・マギーとナーシス・ガーレイの肖像写真も「リスペクタビリティの政治」の顕著な例である。歴史家のアン・ライスは、腕を失ったマギーの厳粛な表情に注目し、写真が彼女の静かな威厳と強さを際立たせていると指摘する。ガーレイの写真も、彼女の威厳を強調しているという。当時『クライシス』の誌面では、しばしば写真を通じてリスペクタブルな黒人中産階級の理想像が提示されていた。そのような編集方針を考えると、二人の表情や姿勢はおそらく指示を受けたものだと思われる。女中と洗濯婦という労働者階級の女性被害者は、中産階級的な表現形式の肖像写真によって記憶されていたのである。(22)

「強姦殺人犯」としてリンチされたクロード・ニールの事件に対する抗議も、当然のことながらリスペクタブルなものにならざるをえなかった。全米犯罪会議に対するNAACPのデモを主導していたのは、同協会の黒人幹部役員やハワード大学教授、黒人新聞の記者などだった。会場前でピケを張ったハワード大学生もまた、身なりを整え威厳をたたえて公共空間に立ち、中産階級の善良な市民像を提示することで、否定的な黒人像に異議を唱えた。学生たちは絞首縄を首に巻いてリンチ犠牲者を体現し、リンチの光景を再現したわけだが、これによって黒人男子学生は、ニールの例に見られるような去勢され拷問された性犯罪者の黒人男性像を、知的で法を遵守する善良な黒人男性市民像へと差し替えたのである。また、女子学生の存在は、これまで見過ごされてきた黒人女性のリンチ犠牲者を思い起こさせた。

同時代の黒人新聞は、黒人男性を善良な市民として提示することの重要性を理解していた。たとえば、『ニューヨーク・アムステルダム・ニュース』は、『クライシス』編集長に着任したばかりのロイ・ウィルキンスが、キリスト教青年会（ＹＭＣＡ）の黒人会員を対象としたニューヨークの集会で行った演説「クロード・ニールのリンチ」の様子を報じている。同紙はウィルキンスを、「見たところ、彼は自身の出自に誇りを持った黒人であった――背が高く、若く、髭をきちんと剃った美男子で、ビジネススーツに身を包んで落ち着いて見える」と評し、聴衆の黒人男性についても、「実業家や専門職の男性陣」で、「大学の男子学生社交団体に属したことのある者もおり、全員アムステルダム・ニュースの読者で、公衆の活動に意欲的な人々」であると描写した[23]。エリート階級の黒人男性たちがニールのリンチ事件を追悼していたことを報じるこの記事は、講演者ウィルキンスの容姿や聴衆の地位にまで言及することで、善良な市民としての黒人男性像を強調し、犯罪者のステレオタイプに異を唱えたのである。

棺の蓋を開けた状態で息子の葬儀を行ったメイミー・ティルもまた、蓋の内側に生前のティルの写真を数枚貼りつけることで、息子の善良な市民としての一面を強調した（図2を参照）。遺体と対面した参列者は、判別不能なほど腫れ上がった棺の中のエメット・ティルの顔と、前年のクリスマスに撮影された母親と笑顔で写るあどけない少年の写真という、強烈に対照的なティルのイメージを同時に目にすることになった。黒人新聞がティルの遺体写真を掲載する際にも、生前のティルの写真が併せて掲載された。

加えて重要なのは、黒人新聞が掲載した一連のメイミー・ティルの写真が、この事件へのさらなる注目を促し、国民の良心に訴える役割を果たした点である。駅に到着した息子の棺の前で崩れ落ち、同伴の黒人男性牧師たちに支えられる写真、霊安室で遺体に対面する失意の写真、葬儀と墓地で泣き崩れる写真――これらの「愛息を喪った悲しみに暮れる善良な母親」の写真もまた、ティル事件がのちに「公民権運動の契機となった」と言われるほどのインパクトをもたらすことになった要因の一つである。なぜなら、先述した芸術史家のドーラ・エイプルが指摘するように、写真に見られる母親の「若さとファッショナブルなドレス、そして彼女とともに嘆き悲しむ端正な顔立ちの仲間たちは、立派で上品で高潔な中産階級の市民性を暗に示しており、これがアメリカの中産階級にアピールすることとなった」からである。(24)その後、一か月の間に三〇都市で人種差別に反対する講演を行ったメイミー・ティルについて、『ジェット』誌は、彼女が意図せざる形で「国民的ヒロインという役割」を与えられたと述べている。(25)

リンチ反対運動の活動家やティルの母親、黒人新聞が用いた「リスペクタビリティの政治」戦略は、アメリカ黒人が犯罪者とみなされ殺害される事件が頻発する今日の「黒人の命も大切」運動の中でも、抗議手法の一つとして引き継がれている。ティルの母親と同じように、犠牲者の遺族たちは、生前の肖像写真などを用いて故人のリスペクタブルな側面を強調した。特に、トレイヴォン・マーティンやマイケル・ブラウンなど未成年の黒人が犠牲となった際には、母親たちは年相応の子供らしい息子の写真を公表した。警察当局やメディアは大人びた「問題児」のように見える写真を使うことが多かったためである。

また、前述したマーティン事件に対するハワード大学生のキャンペーン動画「私は不審者ですか?」でも、「リスペクタビリティの政治」戦略が用いられている。たとえば、動画に登場するハワード・コンデイは、「私たちの中には弁護士になる者もいれば、医者、歯医者、政治家になる者さえいます。すでに世界を変えている者もいるし、これから変える者もいます。私たちは不審者ではないのです!」と訴え、「私の名前はハワード・コンデイ。法科大学院と経営大学院の誇り高き修了生です」と自己紹介している。動画の最後には、法科大学院の看板の前で撮影された約六〇人のフード姿の男女学生の集合写真が映し出される。この動画には人種暴力や犯罪者像への抗議と同時に、高等教育を受けた、黒人コミュニティの模範たるハワード大学生・卒業生たちのアメリカ黒人としての誇りが読み取れる。一九三四年に彼らの先輩にあたるハワード学生が行った抗議行動と同様に、キャンペーン動画の学生たちの行動においても、まさに「リスペクタビリティの政治」が働いていたのである。

むすび――抵抗戦略のジレンマ

トレイヴォン・マーティン事件の際にフード姿の抗議者たちを特集した記事が、アメリカには「若い黒人男性の無残な死を視覚的かつ集合的に記憶する伝統がある」と述べているように、これまで見てきた人種暴力事件に対する抗議行動の例は、アメリカ黒人が一世紀以上にわたって様々な抵抗戦略を引き継ぎ、人種暴力に対する忘却や無関心に異議を唱え続けてきたこと明らかにしている。[26]「沈黙の行進」から「黒人の命も大切」運動にいたる長い抗議運動の歴史の中で、彼らは新聞紙上や雑誌上で、路上で、さらにはSNS上で、人種暴力とその犠牲者を記憶するための場を作り続けてきた。「反リンチ写真」の例に顕著なように、彼らは「見世物」となっていた人種暴力に対抗するために、犠牲者の体を様々な方法で可視化した。こうして、黒人の身体そのものが、黒人が犠牲者の苦しみを記憶し、大衆にそれを目撃させる抵抗の場となってきたのである。

しかしながら、このような抵抗戦略はいくつかのジレンマをはらんでもいた。犠牲者を可視化するということは覗き見趣味的なまなざしを誘発しかねないため、レイ・レイフォードが指摘するように、アメリカ黒人の間には、「社会運動の戦略の一部として写真を用いることに対するためらい」が絶えず存在したのである。[27] たとえば一九一〇年代、ワコーやイースト・セントルイスの特集記事では凄惨な写真を多数掲載することも躊躇しなかったNAACPだが、一九二〇年代には「反リンチ写真」の使用に関して幹部役員の間でも賛否が分かれ、写真の掲載を自粛したこともあった。一九三〇年代には再び「反リンチ写真」を多用するようになり、『クライシス』の中でその意義を強調している。こうした編集方針の揺れは、彼らが犠牲者の姿を公衆の面前にさらすことの危険性を意識していたことを窺わせる。[28] 他方、エメット・ティルの母親の場合は、人種暴力の結末を実際に見ることが持つ力を信じて疑わなかったが、彼女の英断は、これらの写真の流通をコントロールすることがまだ比較的容易な時代だったからこそ可能だったのかもしれない。SNSが普及する現代では、犠牲者の画像は、遺族や黒人コミュニティが望むと望まざるとにかかわらず拡散し続け、抵抗とは別の文脈で「消費」されてしまう可能性も否定できないのである。

もう一つのジレンマは、「リスペクタビリティの政治」に関するものである。たしかに善良な黒人市民像の提示は、有効な抵抗戦略として長年にわたり広く用いられてきた。その反面、「リスペクタビリティの政治」は、黒人の犯罪者化やそれに基づいた不当逮捕、国家権力公認の人種暴力といった様々な人種問題を、これまで一度たりとも十分に解決することはできなかったのである。このため、「黒人の命も大切」運動の活動家の中には、この戦略に異議を唱える者も多かった。[29] たとえば、指導者を持たずSNSを通じて組織される今時の運動に、「成熟した運動には聖職者や弁護士や議員が必要だ」などと苦言を呈する公民権運動世代の著名な黒人男性指導者たちに対して、マイケル・ブラウン事件の際に中心的なグループの一つだったファーガソン・アクションは、以下のような声明を発表した。「これは、女性、男性、トランスジェンダー、同性愛者など、すべての黒人の命のための運動である。（中略）しかし、我々は見込みのある善良なニグロではないのだ」。[30] 公民権運動時代に用いられていた黒人の呼称（ニグロ）を持ち出して、旧態依然とした前の世代のエリート意識を皮肉るこの声明は、これまで続いてきたアメリカ黒人のリスペクタブルな運動の限界を指摘している。しかしながら、犯罪者のステレオタイプがメディアで再生産され続ける中で、犠牲者遺族は今もなお「リスペクタビリティの政治」に頼らざるをえない現実がある。このような解決しがたいジレンマの狭間で、人種暴力の犠牲者を記憶するアメリカ黒人の闘争は、今後どのような抵抗の形をとるのだろうか。

(1) "Negro Silent Protest Parade," July 24, 1917.

(2) Ida B. Wells, *A Red Record: Tabulated Statistics and Alleged Causes of Lynchings in the United States, 1892–1893–1894*, reprinted in Jacqueline Jones Royster, ed., *Southern Horrors and Other Writings: The Anti-Lynching Campaign of Ida B. Wells, 1892-1900* (Boston: Bedford Books, 1997), 117–119.

(3) 統計は以下を参照した。 Walter White, *Rope and Faggot: A Biography of Judge Lynch* (1929; repr., Notre Dame: University of Notre Dame Press, 2001), 230–234.

(4) Leigh Raiford, "Lynching, Visuality, and the Un/Making of Blackness," *Nka: Journal of Contemporary African Art* 20 (Fall 2006): 24.

(5) Leigh Raiford, *Imprisoned in a Luminous Glare: Photography and the African American Freedom Struggle* (Chapel Hill: University of North Carolina Press, 2011), 33.

(6) "The Waco Horror," Supplement to the *Crisis*, July 1916, 1–8; Anne Rice, "Gender, Race, and Public Space: Photography and Memory in the Massacre of East Saint Louis and *The Crisis Magazine*," in Evelyn M. Simien, ed., *Gender and Lynching: The Politics of Memory* (New York: Palgrave Macmillan, 2011), 141.

(7) "The Waco Horror," 6–8.

(8) Rice, "Gender, Race, and Public Space," 140.

(9) "The Massacre of East St. Louis," *Crisis*, September 1917, 219, 234–236.

(10) *Pittsburgh Courier*, December 1, 1934; *The Lynching of Claude Neal*, 1.

(11) *The Lynching of Claude Neal*, 5.

(12) *Jet*, September 8, 15, 22, 1955.

(13) Devery S. Anderson, *Emmett Till: The Murder That Shocked the World and Propelled the Civil Rights Movement* (Jackson: University Press of Mississippi, 2015), 55–56.

(14) Mamie Till-Mobley and Christopher Benson, *Death of Innocence: The Story of the Hate Crime That Changed America* (New York: One World and Ballantine Books, 2003), 139.

（15） Dora Apel, "Lynching Photographs and the Politics of Public Shaming," in Dora Apel and Shawn Michelle Smith, *Lynching Photographs* (Berkeley: University of California Press, 2007), 63–64.

（16） *Crisis*, January 1935, 26; Claire Bond Potter, *War on Crime: Bandits, G-men, and the Politics of Mass Culture* (New Brunswick, NJ: Rutgers University Press, 1998), 123–124, 171; *Crisis*, October 1935, 5, 310.

（17） *Crisis*, August 1935, 233; October 1935, 310.

（18） "Hoodies Don't Kill Protest After Trayvon Martin Shooting," *Bloomeberg Businessweek*, March 27, 2012. オンライン署名は "Prosecute the Killer of Our Son, 17-Year-Old Trayvon Martin," *Change.org*, http://www.change.org/petitions/prosecute-the-killer-of-our-son-17-year-old-trayvon-martin を、自撮り写真の例は "Million Hoodies I AM Trayvon Martin," http://www.facebook.com/#!/MillionHoodiesIAmTrayvonMartin を参照のこと。最終アクセス日二〇一七年一一月二四日。なお、デモの告知ページ "A Million Hoodies March for Trayvon Martin-NYC," http://www.facebook.com/events/34784265268106 はすでに削除されている。

（19） このキャンペーン動画は以下のウェブページから視聴できるほか、ユーチューブなどの動画投稿サイトでも広くシェアされている（http://afropunk.com/2012/04/am-i-suspicious-howard-university-trayvon-martin-campaign/）。最終アクセス日二〇一七年一一月二四日。

（20） 「リスペクタビリティの政治」については、Evelyn Brooks Higginbotham, *Righteous Discontent: The Women's Movement in the Black Baptist Church, 1880–1920* (Cambridge, MA: Harvard University Press, 1993), chapter 7 を参照のこと。黒人男性の例を考察したものに、たとえば以下の研究がある。Martin Summers, *Manliness and Its Discontents: The Black Middle Class and the Transformation of Masculinity, 1900–1930* (Chapel Hill: University of North Carolina Press, 2004); Ayumu Kaneko, "A Strong Man to Run a Race: W. E. B. Du Bois and the Politics of Black Masculinity at the Turn of the Century," *The Japanese Journal of American Studies* 14 (2003), 105–122.

（21） *Crisis*, September 1917, 241–244; "Negro Silent Protest Parade," July 24, 1917.

（22） Rice, "Gender, Race, and Public Space," 140, 155–156.

（23） *New York Amsterdam News*, December 15, 1934.

（24）　Dora Apel, *Imagery of Lynching: Black Men, White Women, and the Mob* (New Brunswick, NJ: Rutgers University Press, 2004), 182–183.

（25）　*Jet*, November 24, 1955, 11.

（26）　Hatty Lee, "This Is What Trayvon Solidarity Looks Like," *Colorlines*, April 3, 2012, http://colorlines.com/archives/2012/04/trayvon_martin_photos.html. 最終アクセス日二〇一七年一二月二四日。

（27）　Raiford, *Imprisoned in a Luminous Glare*, 33.

（28）　*Crisis*, February 1937, 61.

（29）　「黒人の命も大切」運動と「リスペクタビリティの政治」の断絶を指摘したものとして、たとえば以下の記事を参照のこと。Goldie Taylor, "Respectability Politics Won't Save Your Black Life," *Ebony*, December 8, 2014; David Love, "Jesse Jackson and #BlackLivesMatter: The Rift between Respectability Politics and the New Protest Movement," *Atlanta Black Star*, August 18, 2015.

（30）　Keeanga-Yamahtta Taylor, *From #BlackLivesMatter to Black Liberation* (Chicago: Heymarket Books, 2016), 170–173; Ferguson Action, "About This Movement," December 15, 2014, http://fergusonaction.com/movement. 最終アクセス日二〇一七年一二月二五日。なお、引用した声明に付した傍点は、原文では大文字で表記されている。

〈付記〉　本章は、科学研究費助成金（基盤研究C研究課題番号16K02021）による研究成果の一部である。

8 遊牧民女性の技と記憶
――西北アナトリア、ヤージュ・ベディルの人びととの交流から

江川ひかり

要点とアプローチ

遊牧とは、家畜化された群居性有蹄類《ゆうているい》（ヒツジ、ヤギ、ウシ、ウマ、ラクダなど）とともに移動する生活様式である。遊牧の起源は諸説あるが、移動性を有する野生有蹄類の群れに追随する狩猟民集団のなかで、搾乳と去勢の技術を獲得することによって成立したと人類学者の松原正毅は指摘する(1)。

遊牧という生活様式の主な特徴としては、次の五点を挙げることができる。第一に、固定家屋をもたず、季節の変化に応じて移動生活を営むこと。第二に、移動が基本であるために、過剰な生産・所有をしないこと。したがって貧富の差が拡大しにくい平等的社会構造をもつ。第三に、土地や自然を所有するという観念をもたず、自然・家畜と共生すること。第四に、移動や幕営地の生活においては核家族での行動はなりたたず、複数の世帯から構成された集団による共同作業が基本で、かつ男女が協力・分担して労働すること。第五に、基本的に自らの歴史を文字で残さないことである。

もし遊牧民が文字を用いて歴史を記録した場合、これらの紙・本がたちまち「重荷」になってしまう。移動が

常態であるため、自らの荷物は最低限に抑える必要がある。したがって、彼らは自らの歴史や生活の知恵・技を記憶し、語り伝えることになる。

その結果、これまでの遊牧民に関する歴史の大部分は、他者から見た「歴史」として編まれてきた。遊牧民は、記録を残す側の書き手によって、粗暴、野蛮、略奪者、山賊などと記されてきた。そのため、オスマン時代の「公文書」に依拠した論文には、何らの史料批判もせずに字面のみを鵜呑みにして「遊牧民は山賊になった」と書かれたものもある。(2)なんとも嘆かわしいことである。

遊牧民自らが主体的に遺したものとして、六世紀から八世紀にかけてトルコ系遊牧民突厥(3)によるオルホン碑文を代表とする文字資料の事例は極めて珍しく、キルギス共和国など各地に点在する石人像〔図1〕や遊牧民女性が織る絨毯など文字以外のモノとして、あるいは父祖から子孫へと語り継がれた伝承があげられる。

例えば、オランダの画家ハンス・ホルバイン(子)(一四九七／八～一五四三)の代表作「使節たち」に代表されるルネサンス絵画には、アナトリアの遊牧民によって織られたトルコ絨毯がさかんに描かれた。(4)当時アナトリアで絨毯を織っていた遊牧民女性には、その絨毯が海をわたり珍重され、ヨーロッパ・ルネサンス文化の一翼を担い、さらに絵画に描かれた結果、今日もなお鑑賞されていることなど、あずかり知らぬことであった。

図１　キルギスにある石人像

また、遊牧民を起源とするキルギスの歴史は、『マナス』(5)という長編叙事詩のかたちで語り継がれてきた。キルギスには、現在もなおこの長編叙事詩を吟唱する専門職「マナスチュ」が存在する。もちろん口伝により、伝承されてきた『マナス』にはいくつかのバージョンがあり、それぞれが編まれた時代背景や語り手の立場などが反映されているため、史料批判は不可欠である。とはいえ遊牧民に限らず、文字をもたない人びとにとって、伝承は、文字をもつ人びととの歴史書と同様に重要視されてしかるべきである。文字による記録を遺してこなかった遊牧文化は、権威をもたない文化（ヴァナキュラー文化）の代表格ともいえよう。

本章では、第一に、人類史において、文字による記述資料に対して軽視される伝承の重要性を確認した上で、第二に、トルコにおいて遊牧民を父祖とする村びととの交流から歴史学研究における記述資料と口述資料とをつきあわせることの意義を明らかにし、第三に、絨毯織りを通して、トルコ系遊牧民女性に受け継がれ、絨毯に織り込まれる遊牧民の技と記憶を読み解く。

「語りえない者の語り」に耳をすます――伝承の重要性

文字に書いて残すと、誤解を生ずるので、実地に身体《からだ》で学ぶのが、穴太衆《あのうしゅう》の伝統である。(6)

白洲正子（一九一〇～九八）は、著作『日本のたくみ』（一九八四年）のなかで、石積み職人粟田万喜三《あわたまきぞう》（一九一一～八九）による右のことばを伝えている。かつてあるお寺から四畳敷ほどもある大きな石が山から落ちた時、石を見分ける名人が、石の目を見分けるために何日も黙って石を見ていたという。そのため、白洲が粟田に「何かそういうことを書いた本か、古い文書でもありませんか」と尋ねた時、粟田から得た返答である。ただし、白洲によるかぎり一九七九（昭和五四）年の時点で、穴太衆と呼ばれた石積みの専門職集団のなかで本格的な石積みができる職人は粟田ただ一人が残るのみであった。(7)

人類学者の田中二郎は、アフリカ・ボツワナの狩猟採集民ブッシュマン（サン族）を五〇年以上調査してきた。(8)田中が調査をはじめた一九六六年以降、繰り返し現地調査を重ねるなかで、彼らは獲物の肉や実った植物を仲間で仲良く分け合い、決して取り合いをしない、つまり彼らには個人所有の観念がなく、階級がなく、権力をもつリーダーもいないこと、衝突があっても、その後に対立がやめば、再びいっしょに過ごすこともあり、人のつながりに柔軟性があったと指摘している。しかし、田中が同地を五年ぶりに訪れた一九七九・八〇年、定住化が促進され、その後彼らの社会は国家や市場原理に組み込まれ、伝統的狩猟採集は減り、現金収入への依存が高まったという。狩猟採集社会が七〇〇万年とされる人類史のほとんど大部分であり、それに対して農耕定住社会が本格的に発達したのはここ一万年にすぎないことから、田中は、現代社会を反省する鑑《かがみ》とする意味で、所有も権力もない「人類の原像」としてのサン族社会を伝え続けている。

中央ユーラシアを起源として始まった遊牧社会では、グループのリーダーが存在し始めたが、人のつながりに柔軟性があった。所有も権力もない狩猟採集社会の原理は、変化をともないながら遊牧社会へ継承されたといえよう。遊牧民の技と記憶も、口伝によって親から子へと伝承されてきた。そして同様にまた、これらも消滅の危機に瀕している。一九七九・八〇年とは、松原正毅がトルコ共和国においてトルコ系遊牧民、チョシル・ユルック（Çoşlu Yörük）とともに一年以上、遊牧生活を送っていた時期と重なる。この調査の結果、トルコ系遊牧民に関する世界でもっとも体系的人類学調査記録を日本語で読むことができたことは、我々にとって幸運であった。

日本において歴史学・民俗学における口承の重要性をいちはやく指摘し、戦前から日本を旅し、「無字社会」と「有字社会」との有機的連関を説いたのは宮本常一（一九〇七〜八一）である。(9) その日本の、北茨城で農民歌人、飯塚可男《よしお》（一九一〇〜九三）は、やはり一九八〇年に、

米余る世になりしかどうまき米作らむ誇り今も身に持つ

と詠んだ。[10] 生涯北茨城を出ず、ひたすら稲を作り続けた飯塚の全作品を収集した吉田ちづゑは、飯塚の「稲作りの歌は、昭和戦前期を含む半世紀間の、日本の稲作の栄光と衰亡を見続けた、定点記録となった」と述べている。[11] たとえ「文学性に乏しいと批判された」としても、飯塚は、DDT（農薬）によって蛍が消える瞬間をとらえた。飯塚の短歌を読み続けていくと、日本の農政の紆余曲折と北茨城における農業の「近代化」とが、農民を翻弄していった経緯が理解できる。権威をもたない者の叫びが、短歌というかたちで、歴史資料となったのである。

以上、述べてきたことから、アジアの東と西で、あるいはアフリカで、人類の営みに関する技と記憶とが消えつつあるぎりぎりの瞬間を、それぞれの聞き手が自らの足で歩き、目で見、耳で聞き、土や風の匂いを嗅ぎ、体感し、記録に残した意義は大きい。我々は過去の伝承を記録によって知り・伝えるというパラドクスを抱えているが、誤解が生じることをひきうけてでもなお、伝承の消滅を避けるためには文字・映像に記録する他に術はない。したがって、遊牧民女性の技と記憶を語り継ぐためには、筆者もまた彼女たちと直接、交流しなければならないのである。

アリ・ギョク（Ali Gök）老との出会い――記述資料と口述資料との共鳴

「わしの名は、アリ・ギョク」

「一八四〇年の台帳にギョクアリオウル・アリという人が記録されていますが」

「それは、わしのじいさんじゃ」

まさにこの時、オスマン語（アラビア文字表記のトルコ語）で公文書に「ギョクアリオウル・アリ」と記された一八四〇年の文字から、二〇〇一年八月四日にトルコ共和国バルケスィル県ビガディチ郡ヤージュベディル

（Yağcıbedir）村（村名は・をいれずに「ヤージュベディル」と表記する）を訪問した筆者へ、電撃が駆け抜けた。

この公文書とは、オスマン帝国（一三〇〇頃～一九二二年）が「近代化」改革に着手した一八四〇年、住民の資産・所得税を確定するためになされた世帯ごとの資産・収入調査の詳細が記録された『資産台帳』(12)である。

オスマン帝国時代に公文書で確認される遊牧民グループは、七千から一万あまり存在したといわれている。それらのうちのひとつであるトルコ系ヤージュ・ベディル遊牧民グループ（以下、ヤージュ・ベディルと表記する）は、古くは弓作りに長けていた集団で、税として弓を現物納してきた。しかし、火器の普及に伴い武器としての弓の重要性が低下することによって、ヤージュ・ベディルは次第に弓作りを断念し、一九世紀に急速に定住したと考えられる。

筆者と共同研究者のトルコ人史家イルハン・シャーヒンとは、オスマン帝国におけるヤージュ・ベディルの歴史を長らく追究してきた。我々の研究方法は、オスマン帝国の公文書を解読した後に、現地へ赴き、解読できなかった人名や地名を尋ねたり、記録された人物の末裔と交流し、伝承を聞くことによって、公文書には記されていない歴史的背景を知ることである。一八四〇年に調査され、編まれた『資産台帳』およびその他の公文書を解読して得た情報を携えて、上述のごとく二〇〇一年八月、ヤージュベディル村を訪ね、アリさんと運命的出会いを果たしたのであった。

『資産台帳』およびその他の公文書によれば、一八四〇年代、ヤージュ・ベディルは、バルケスィル郡の南東に隣接するビガディチ郡に三六世帯、その南に隣接するスンドゥルグ郡に二一一世帯が住んでいた。加えてバルケスィル郡の西方のベルガマ地域にも別の一派が住んでいた（左の地図を参照）。

アリさんの父は昔、この村へ、母方のおじのヒツジを放牧しにやってきて、アリさんの母をみそめて、そのまま自分の村であるカヤルデレ村から出て、結婚したという。母がアリさんを身ごもったとき、父はイスタンブル

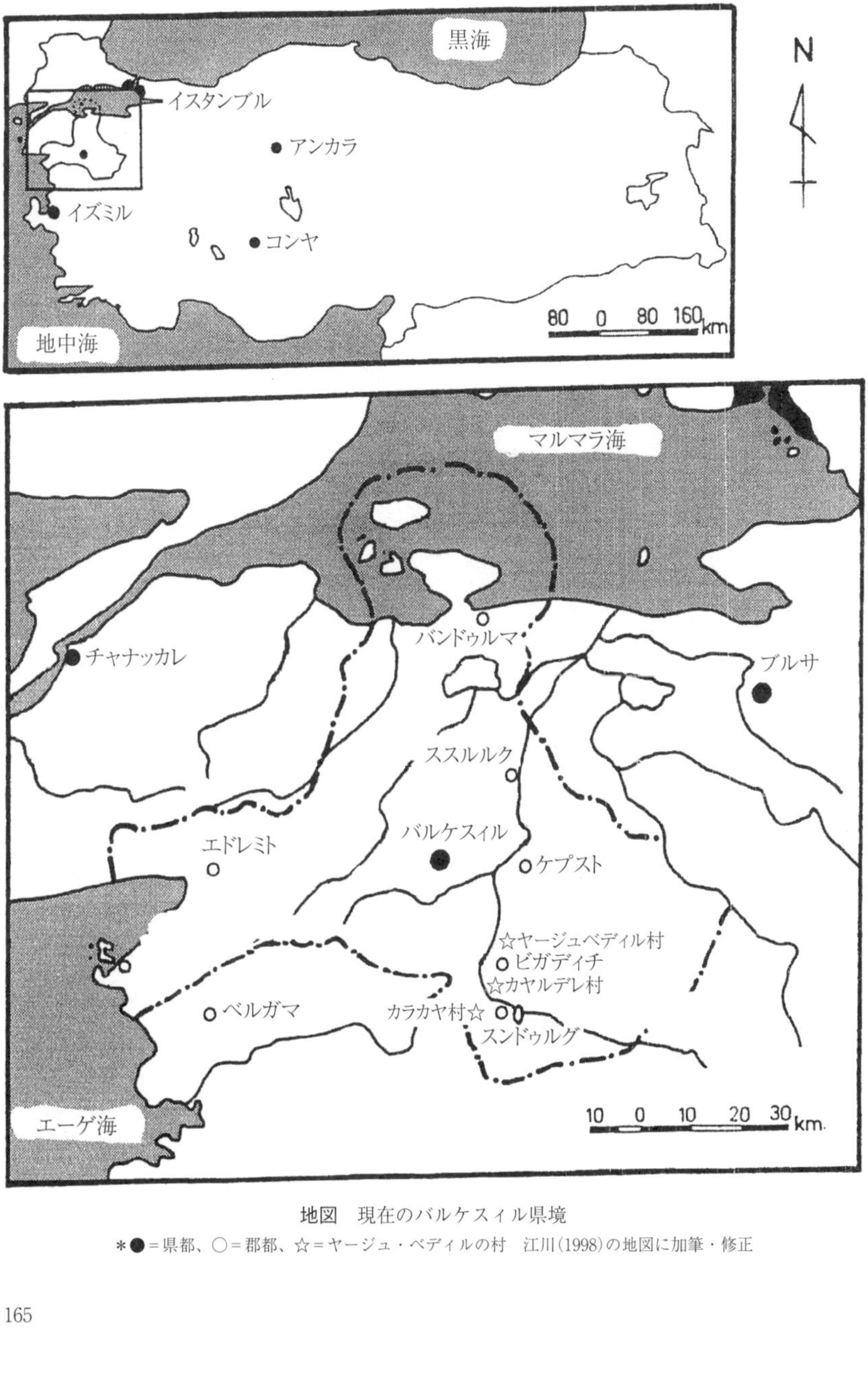

地図　現在のバルケスィル県境

*●＝県都、○＝郡都、☆＝ヤージュ・ベディルの村　江川(1998)の地図に加筆・修正

で兵役中で、アリさんが生まれたとき、すぐに出生登録ができなかった。そのためアリさん自身、はっきりとした自分の誕生日を知らない。アリさんは、自分の年齢を最初に七四、五歳、その後に八五歳だといった。アリさんの父はメフメト、メフメトの父はアリという名だったという。

トルコ共和国成立（一九二三年）以前のオスマン帝国では、一般庶民は姓をもたず、家系名や身体的特徴等が付された名で呼ばれていた。共和国で姓名法が発布され、すべての人が姓をもつようになったのは一九三四年のことである。アリさんにつながる家系は『資産台帳』で二人確認された。一人は「長身の、うす茶のあごひげの、ギョクアリオウル・オスマン」で、もう一人は「長身の、黒いあごひげの、ギョクアリオウル・アリ」である。この場合、「ギョクアリオウル」が家系名で、「アリ」が名である。つまり、ギョクアリオウルと呼ばれている家系には、当時はオスマンとアリという（兄弟、親子あるいは親戚）二人が、別々の世帯として記録されたことになる。これらのうちの後者の「アリ」が、アリさんの祖父かどうかは、一世代を三〇年と考えた場合、少し無理があるかもしれない。アリさんが七五歳と仮定すれば、一九二六年生まれとなるため、一八四〇年に世帯主として記録された「アリ」は、アリさんの祖父の祖父にあたる人物とも考えられる。いずれにしても、アリさんの現在の姓「ギョク」と名「アリ」が、家系名「ギョクアリオウル」に由来することは明白であった。

「ギョク」とは、「空、天国」または「碧、青、蒼」を意味する古いトルコ語で、「ギョク・テュルク」といえば、中央アジアの古代トルコ系民族のことを指している。おそらく、アリさんの先祖の瞳が碧色（青あるいは青緑）だったと推察される。実際、アリさんの瞳はまさに碧色だった。

アリさんの先祖を合め『資産台帳』に記録されたビガディチ郡帰属ヤージュ・ベディルは、三六世帯である。筆者は、三六世帯すべての家系名をアリさんに尋ねた。

「コンヤルオウルという家系を知っていますか?」

「ああ知っとるよ。その父さんはコンヤから来たんだ」

「テキシオウルは?」

「わしの親戚にいるよ」

「タタルオウルは?」

「わしの父方のおじじゃ」


アリさんによれば、ヤージュベディル村は、古くは「ユムルクル・ヤージュベディル」といった。「ユムルクル」とは、こぶし・げんこつ「ユムルク(yumruk)」に、属性を表す「ル(lu)」がついた「こぶしの」という意味である。ただしこの名の由来についてアリさんは「知らんな」と答えた。

一〇〇年か一五〇年前に村長をしていて、三五~四〇年前に亡くなった、アリさんの母方のおじであるムスタファが村の長老たちに聞いた話では、「ユムルクル・ヤージュベディル」村には、最初は七世帯が住んでいた。アリさんが一二、三歳のころには一五世帯になったという。アリさんが七五歳とすれば、一九三八・三九年ごろ、つまりトルコ共和国初期に、この村には一五世帯が住んでいたことになる。

その後「ユムルクル・ヤージュベディル」から改名された今日のヤージュベディル村には職がなかったために六〇世帯がビガディチ郡の中心部へ移住し、残りの六〇世帯が今も残っているという。聞き取りによって、ヤージュ・ベディルは、一八四〇年の『資産台帳』に記録されたように、現在もヤージュベディル村や周辺のカヤルデレ村などのビガディチ郡と、カラカヤ村を中心とした隣接するスンドゥルグ郡とに住んでおり、何よりも彼らは今も「ヤージュ・ベディル遊牧民出身だ」というアイデンティティを保持し続けていることが判明した。

二〇〇五年に筆者がカヤルデレ村を再訪したとき、ヤージュベディィル村のアリさんが「一昨年くらい前に亡くなった」と聞いた。記述資料としての公文書と口述資料としての語り伝えとをつなぐ歴史研究の重要性を教えて下さったアリさんのご冥福を心からお祈りしたい。

絨毯の色と文様で「語る」遊牧民女性

日本人でヤージュ・ベディィル遊牧民と交流を始めたのは、実は筆者が最初ではない。作家の新藤悦子が先駆者である。[13] 新藤は、カッパドキア地方で絨毯織りを習い、一年かけて自分の絨毯を織ったのち、絨毯そのものに興味を抱き、絨毯の産地を訪ねる旅のなかでヤージュ・ベディィルの村むらを訪問している。新藤が、ヤージュ・ベディィルの人びとにとって好印象であったことに、我々は感謝しなければならない。筆者がはじめてカラカヤ村やその他のヤージュ・ベディィルの村に行ったとき「エッコ、エッコ」と声をかけられたことが、何回もあったのだ。

アリさんと別れてから、筆者は、アリさんの父の出身村であるカヤルデレ（Kayalıdere）村を訪れた。このカヤルデレ村、さらにスンドゥルグ郡のカラカヤ（Karakaya）村では、女性たちが今もなお絨毯を織っていた。カヤルデレとは、「岩（kaya）のある（lı）小川（dere）」という意味である。村の中心にあるチャイハネ（喫茶店）に入り、村民たちとひとしきり挨拶を交わすと、前村長ハリルさんが率先して筆者に協力してくれた。その後、ハリルさんをはじめとするカヤルデレ村の人びととも交流を続けている。彼らはみな「自分たちはヤージュ・ベディィル出身だ」と述べた。

二〇〇一年当時、カヤルデレ村には八〇世帯、約三七〇人が住み、村民の百パーセントが夏にタバコ栽培をし、七〇パーセントは牧畜も営み、九・一〇月から三・四月にかけて、女性たちが絨毯織りをするという。カヤルデレ村は、かつてはラクダによる運輸業を営んでいたという。翌日ハリルさんは、わたくしたちをスンドゥルグ郡カラカヤ村へ案内してくれた。カラカヤとは「黒い（kara）岩（kaya）」という意味で、村に入ったすぐの右手に、巨大な黒い岩が横たわっている。カラカヤ村は、小麦やトマトなどの野菜やタバコが栽培され、ウシ・ヒツジ・ヤギの牧畜もおこなわれ、ヨーグルトやチーズ等の乳製品も比較的豊かな村である。実は、カラカヤ村は、日本で新藤悦子に紹介された村で、新藤がその家に滞在していたというゼキさんと会うことができた。ゼキさんは、農耕牧畜を営んでいたが、この村一番の識者のように仲間から一目おかれる存在に見受けられた。ゼキさんの父、イブラヒムさんは八〇～八五歳であったが、元気そうに筆者の質問に答えてくれた。

「一五歳の時まで夏営地にのぼっていたよ。それ以降はのぼらなくなった。夏営地は、八〇キロメートル離れた。スンドゥルグとドゥルスンベイの間にあるアクダー（白山）だった」

イブラヒムさんは、一八六〇年代にヤージュ・ベディルが定住化させられたときのエピソードも語り伝えてきた人物だった。

一八六〇年代の政府による遊牧民定住化政策は、オスマン公文書にも記録された有名な事件であり、ヤージュ・ベディル遊牧民の間にも語り継がれていた。彼らによれば、中央から派遣された視察官に、チャドル（テント）を解体して遊牧生活をやめるように命令され、強制的に定住させられたため、彼らは当時の視察官を「テントを壊したパシャ」と呼んだ。ただし、しかるべき季節がくると、家畜が山の方を見て鳴いたので、多くの遊牧民は再び、夏営地へ上ったという(14)。

その後、イブラヒムさんは、家の中で臥していることが多くなり、この二〇〇一年に会話したのを最後に会うことはかなわなくなった。イブラヒムさんとの出会いも、ひとつの語り伝えを聞く、最後の瞬間だった。

図２　カラカヤ村一番の絨毯を織る母と娘(2001年)

カヤルデレ村でもカラカヤ村でも、村人はほぼ全世帯で絨毯を織っている。現在、トルコで一般に「ヤージュ・ベディル」といえば、「ああ、絨毯で有名ね」ということばが返ってくる。それほどヤージュ・ベディル織りの絨毯は、数ある有名な「伝統的絨毯」の一つである。

もちろん遊牧生活の中でも、小型の織機による織物は行なわれてきた。ただし。図２のように大きな織機を家に設置して「伝統的絨毯」を織り始めるのは、定住後に、もしくは冬営地に少なくとも物置等の固定建物が設置された後といえるだろう。なぜならばこれだけの大きな織機一式をラクダやロバの背に乗せて、移動するのは困難だからだ。ヤージュ・ベディルが急速に定住していくのは一九世紀後半であるため、ヤージュ・ベディルの「伝統的絨毯」といっても、本格的な絨毯織りは一六〇年ほど前から始まったことになる。

一般に絨毯は、女性によって織られてきた。白い経糸に、染色された緯糸をひっかけていくという細かい作業には女性の指が向いているからだという。ヤージュ・ベディル絨毯の典型的なサイズは、約一メートル×一・二メートル（あるいは一・五×二メートル）である。このサイズの絨毯を、女性一人が約一ヶ月で織るという。まさに「少量生産」である。ヤージュ・ベディルの絨毯として伝統的な特徴は、次の二点に整理される。

第一に、使用される伝統的な色は、黒・白・赤・茶色・紺の五色に限定されていることである。そのために、少し絨毯の知識があるトルコ人なら「ああ、これはヤージュ・ベディルね」とわかるのだ。ただしカラカヤ村のゼキさんの姪は、二〇〇八年の訪問時に、次のように語ってくれた。

「絨毯を織る時は、色の名前が普通に使うトルコ語とはちがうのよ。現代トルコ語の赤（kırmız）をサル（sarı）といい、臙脂《えんじ》（koyu kırmız 濃い赤）あるいはコーヒー色（kahve rengi）をナルンチュ（narınç）といい、紺（koyu mavi＝濃い青、lacivert ラージヴェルト）をギョク（gök）と呼んでいるの。朱（portakal）はキョク・ボヤ（kök boya）と呼ぶの。織機の前に座ると古い色名が降りてくるのよ」

現代トルコ語では、サルは黄色、キョク・ボヤは茜や天然染料、ナルンチュはざくろ色、ギョクは上述したアリさんの姓で空や蒼・碧色を表している。これらは、あたかも日本における、萌黄色や若草色のような古名に匹敵する[15]。絨毯織りに使用される色名は、ヤージュ・ベディルの女性たちが代々守り続けてきた染色とも結びついた知恵・技といえる。

ヤージュ・ベディルの絨毯は植物を染料として使用しており、化学染料は用いていないという。以下に天然染料に使用される植物として、オズテュルクが紹介しているものと、筆者が聞き取った植物とを整理した。

	Öztürk（1992）	江川・シャーヒン（2001）
朱	kök boya 茜	kök boya 茜
赤	kavak kabuğu ポプラの果皮	arıkız otu 赤褐色の草
紺	alabada kökü わせすいばの根	alabada kökü, indigo わせすいばの根、藍
茶		ceviz kabugu 胡桃の果皮
黒	boş yaprağı 枯れ葉	ceviz kabugu, kızıl çınar 胡桃の果皮、赤プラタナス
白	無染色の羊毛	無染色の羊毛

黄　　kekik, boş yaprağı (adçayı), soğan kabuğu, kavak
　　タイム、枯れ葉（セージ）、玉ねぎの皮、ポプラの葉

染色するためには、これらの植物と刈り取った羊毛とをともに鍋で、朝から晩まで煮立てるという。その際、触媒剤としては、粉明礬《みょうばん》、ヨーグルト、ぶどう、レモン、玉ねぎの汁、タイムなどが用いられる。

第二に、絨毯に織り込まれる文様の一つひとつに名前がついており、意味があることである。例えば、ヤージュ・ベディルが長けていた弓作りに由来する「弓入れ」、彼らの生活に身近な「松ぼっくり」「ヒツジの目」などである。新藤は、絨毯に織り込むために「新しく考えられた図柄には、それを考えた女の思いが込められている」という老婆のことばを書き留めている[16]。つまり絨毯のどの図柄にも意味があるのだが、それを他人が全て理解すること、読み解くことは不可能といえよう。とはいえ、図柄・文様に織り手のメッセージが込められているのを知ることで、絨毯そのものを歴史資料として認識する必要性が理解できよう。

例えば図3には、外側に赤い枠がありその中に松ぼっくりが、さらに松ぼっくりの赤い枠の内側には細い白い枠があり、その中にハートの形が交互に向きを変えている連続した文様がある。このハートの形が「弓入れ」であるという。弓は、上述したようにヤージュ・ベディルの名の由来であるヤイジュ（弓職人）の痕跡といえる。図4では、右下に赤い濃淡の「雪のかまくら」のような形が並んでいる。これは「ヒツジの目」と呼ばれている。そして外枠の外側と内側とに赤地に紺色の蛇行する文様が「ラクダの首」である。松ぼっくりは、遊牧民が移動する際、あるいは幕営地の周辺の森や林にある、日常生活に身近な植物である。ヒツジはもちろん家畜として家族も同然の存在である。「ヒツジの目」は、東地中海一帯に見られる邪視を避けるために女性や弱者・家畜に目玉のお守りをつける土着信仰に由来するもので、絨毯にも「ヒツジの目」を複数織り込むことで、その絨毯を

図3「松ぼっくり」と「弓入れ」の文様

図4「ヒツジの目」と「ラクダの首」の文様

使用する家族を邪視や災いから守る意味が込められていると考えられる。ラクダもまた、遊牧民の移動に欠かすことができない、今日では乗用車・長距離トラックに相当する家畜である。

さらに興味深いことは、松ぼっくり織り込まれている赤い外枠部分を「赤い河、大きな河（sarı su, koca suyu）」と呼び、弓入れが織られている白い枠部分を「白い河（ak su）」と彼女たちは呼んでいた。

このような名称の起源や影響に関しては、ゾロアスター教における火・光の重要性や生活一般における水や川の重要性も考えられている。さらには、松原による遊牧民の移動生活を観察すると、彼らは家畜とともに長い距離、川沿いを移動しており、とりわけ多くの川を家畜とともに渡ることが如何に大変なことかが理解できる。このような移動における不安、恐れ、苦労、災いへの畏怖とともに明日への希望など、彼女たちの気持ちと祈りとが絨毯に織り込まれたのであろう。

むすび

筆者と共同研究者とが二〇〇一年に、ヤージュ・ベディルを父祖とする人びととの交流を始めてから一七年が経過した。初対面の時は、彼らから非常に警戒されていたが、帰国後に手紙と写真とを送り、その後も足しげく村むらを訪れ、論文や本を差し上げるにつれて、今では旧友のように接して下さることに心から感謝している。カラカヤ村で一番の織り手であるエミネさんは、筆者が訪問すれば、必ず「私の娘！」といって抱擁し、毎回「どうしてこの家に住まないの？」と問いただす。伝承を聞くためには、何よりも信頼関係を築くことが不可欠であった。そして彼女／彼らに語り継がれてきた一八六〇年代の遊牧民定住化政策に関する伝承は、公文書の記述を遊牧民の視点から補完するものであった。

図5　経糸の計測

図6　共同窯で焼かれたパン

カラカヤ村をあとにしようとする時、女性たちが突然、絨毯を織る織機に張る白い経糸を道ばたで計り始めた。女性たちは、まさしく自らがあっちへ、こっちへと走りながら、経糸を同じ長さにして、絨毯織りの準備をし始めた（図5）。

筆者たちが訪問すればいつでも、彼女／彼らは食べ物を供するし、我々の来訪を知らなくても、不意の客にも必ず、村の共同窯で「パンが焼けた（図6）から、持って帰りなさい」と、ごくあたりまえのこととして焼き上がったパンを分け与える。村を出発する際には、ゼキ夫婦が必ずスイカ・メロンやキュウリをお土産に持たせてくれる。自然・家畜と共生し、モノを共有し、共同作業による「少量生産・少量消費」を実現してきた、「人類の原像」にもっとも近い遊牧民の生活文化は、定住し、「農民」となった彼女／彼らの生活の中に連綿と継承されている。

とりわけ、記録することを慣習としなかった遊牧民の、さらに歴史の舞台にごくまれにしか登場しない／記録されない女性たちが、絨毯というモノを通してなんと饒舌に語りかけていることだろう。女性たちの手や五感に継承されてきた、知恵と技とに目を向け、何を語っているのかに目を凝らし、耳をすませ、感じ、読み取ることは我々の仕事である。同時に、それは常に、我々のエゴでしかない側面もある。ただし、そのような問題意識をもっていなければ、これらの絨毯は単なる絨毯のままで終わってしまう。

経糸の計測・毛糸の染色方法や、色の古名を用いて一つひとつ意味がある文様を絨毯に織る、遊牧民女性の技と記憶とは、権威をもたない文化（ヴァナキュラー文化）であり、歴史の重要な語り部なのである。

（1）　松原正毅『遊牧の世界――トルコ系遊牧民ユルックの民族誌から』平凡社ライブラリー（初版は中公新書上下巻、一九八三年）、二〇〇四年、平凡社、四一〇頁。なお、遊牧の起源や遊牧の生活様式に関する基本的事項は、同書および松原正毅『遊牧民の肖像』角川選書、角川書店、一九九〇年。

（2）　この問題に関しては、江川ひかり「一九世紀オスマン帝国における遊牧民と土地――ヤージュ・ベディルの事例を中心に」『西南アジア研究』第六四号、二〇〇六年、三八頁。

（3）　六世紀半ばから八世紀半ばにかけて、モンゴル高原を中心とした地域で勢威をふるったトルコ系遊牧民集団。独自の突厥文字で碑文を遺した。

（4）　永田雄三「暮らしのなかのオスマン帝国」永田雄三・羽田正『成熟のイスラーム社会』〈世界の歴史15〉中央公論社、一九九八年。江川ひかり「西北アナトリア、バルケスィルにおける毛織物《アバ》製造史序説――遊牧民の経済活動に注視して」『駿台史学』第一六〇号、二〇一七年、一五〇頁。Aslanapa Oktay, *One Thousand Years of Turkish Carpets.* Istanbul, 1988.

（5）　若松寛訳『マナス――キルギス英雄叙事詩』少年篇・青年篇・壮年篇、東洋文庫、平凡社、二〇〇一・二〇〇三・二〇〇五年。

（6）白洲正子『日本のたくみ』新潮文庫（第一三刷）、新潮社、二〇〇九年（初版一九八四年）、三五～三六頁。
（7）白洲正子、前掲書、三二頁。
（8）田中二郎「人類の原像　所有も権力もなし――ブッシュマン調査50年　田中二郎・京大名誉教授に聞く」『讀賣新聞』二〇一五年一一月二三日付。田中二郎編著『カラハリ狩猟採集民――過去と現在』京都大学学術出版会、二〇〇一年。
（9）宮本常一『忘れられた日本人』岩波文庫（第五〇刷）、岩波書店、二〇〇五年（初版一九八四年）。
（10）吉田ちづゑ『米 余る世になりしかど――昭和の農民短歌の怒り』桂書房、二〇一〇年、中表紙。
（11）吉田ちづゑ、前掲書、二六四頁。
（12）イスタンブル首相府オスマン古文書局所蔵『資産台帳』(*BOA ML. VRD. TMT 7226*). 同台帳におけるヤージュ・ベディルに関する部分のローマ字転写は、Hikari Egawa & İlhan Şahin, *Bir Yörük Hayat Tarzı Yağcı Bedir Yörükleri*（『ある遊牧民の生活様式――ヤージュ・ベディル遊牧民』）İstanbul, 2007, 169-237、二〇〇一年および二〇〇二年におけるヤージュ・ベディルに関する現地調査の記録は同書二三九～二六四頁。なお、『資産台帳』に関する主要研究は、江川ひかり「一九世紀中葉バルケスィルの都市社会と商工業――アバ産業を中心に」『お茶の水史学』第四二号、一九九八年および「十九世紀中葉オスマン帝国における人口と世帯――西北アナトリア、バルケスィル郡の事例から」比較家族史学会（監修）、落合恵美子・小島宏・八木透（編）『歴史人口学と比較家族史』早稲田大学出版部、二〇〇九年、二〇五～二三四頁を、ヤージュ・ベディルの経済活動・定住化に関しては、江川ひかり、前掲二〇〇六年論文など。
（13）新藤悦子『羊飼いの口笛が聴こえる――遊牧民の世界』朝日新聞社、一九九〇年。
（14）この伝承に関してはAydın Ayhan, *Balıkesir ve Çevresinde İskan Hareketleri*（『バルケスィルおよびその周辺における定住化』）Ankara, 1997, 42-44においても書き留められている。
（15）吉岡幸雄『日本の色を染める』岩波新書、岩波書店、二〇〇二年。ヤージュ・ベディル絨毯の色名に関しては、新藤悦子（前掲書、九八～九九頁）も同様の聞き取りをしている。トルコ絨毯の概要については、エレン、A．ナジ『トルコ手織り絨毯』山田まり子（訳・追録）、Hitit Color、一九九〇年、ヤージュ・ベディル絨毯に関しては、Yeşim Öztürk, *Balıkesir-Sındırgı Yöresi Yağcıbedir Halıları*（『バルケスィル・スンドゥルグ地域のヤージュベディル絨毯』）Ankara,

1992.

(16) 新藤悦子、前掲書、一二二頁。

〈付記〉 本章は、初出「遊牧民女性の技と記憶——西北アナトリア、ヤージュ・ベディルの人びととの交流から」(『立命館言語文化研究』第二三巻一号、二〇一一年九月)の本文に加筆・修正を加えたものである。

9　アバディーンシャーの歌い手たち——スコティッシュ・バラッドの文脈、構造、意味

トーマス・マケイン（山﨑　遼　訳）

要点とアプローチ

北海から冷たい風が吹きつけるスコットランド北東部は「スコットランドの寒々しい肩」と呼ばれることもある地域である。確かに寒くて風の強い土地ではあるが、この地域は豊かなバラッド伝承が息づく世界でも有数の土地なのである。フランシス・ジェイムズ・チャイルドの『チャイルドバラッド集（*The English and Scottish Popular Ballads*）』に掲載されたバラッドのうち、実に三分の二がアバディーンシャーから集められた(1)。

スコットランドの伝統において、バラッドとは「物語を語る歌」のことである。その簡素で引きしまった語りが伝えるのは、歴史や経験や思いもよらない出来事と、それに対する人間の感情である。バラッドには、きわめて純化され、感情を静かに表現する言葉があちこちに見られる。そうした表現により、印象的で、時にぞっとするようなバラッドの物語は包み込まれている。

スコットランドのバラッドの形式と構造について検討する前に、まず「歌い手」に焦点を当ててみたい。これまでバラッドの歌詞、背景となる歴史、メロディーについての研究は広く行われてきたが、「誰が歌っているの

か」、「その人たちはなぜ歌うのか」、「バラッドは歌い手にとってどのような意味を持っているのか」、「彼らの生活の中で歌がどのような役割を担っているのか」ということに関してはあまり注意が払われてこなかった。そこで、ここからはスコットランドに住むトラベラーの家族の中でも最も有名な四つの家族を紹介する。トラベラーにとって、歌はステージに上がって行うパフォーマンスというよりも、生活や日々のコミュニケーションの一部である。本章ではトラベラーの社会を紹介し、彼らの歌唱のスタイルについて考察してみたい。

これから紹介する家族の話に入る前に、スコットランドのトラベラーに関して言い添えておく。トラベラーとは半漂泊生活を送っている人々で、スコットランドの先住民と考えられている。今なおメディアにおいてトラベラーたちは差別され続けており、トラベラーに対する人々の見方は「現代のスコットランドにおいて容認されている最後の人種差別」（Amnesty）だと言われている。移動する人々であったとはいえ、スコットランド郊外の生活においてトラベラーは長らく不可欠な存在であった。トラベラーは農場における季節労働の担い手であり、中古品やリサイクル品を売り歩く商人だったのである。一九五〇年代以降、トラベラーは伝承の物語、歌、風習を大切に保存してきたために注目を浴びてきた（Henderson 1980: 85–87）。

ブレアのスチュアート家

最初に紹介する家族は「ブレアのスチュアート家」である。この家族の歌唱は多くの人々が耳にすることとなった。というのも、民俗学者であるヘイミシュ・ヘンダスン（Hamish Henderson, 1919–2002）がジャーナリストのモーリス・フレミングに一家を紹介され、一九五四年に一家の歌を録音したからである。この録音はエディンバラのスコットランド研究所での研究のために行われたものであった。ヘンダスンはスチュアート一家がベリー摘みをする季節キャンプで彼らの歌を録音し、作業を終える頃には一家の中に生き生きとした歌の伝統があるこ

図1　四世代の家族に囲まれたベル・スチュアート(1991年)〔トーマス・マケイン撮影〕

とを知った。ヘンダスンはこう語っている。ベリー畑で歌を録音するというのは、まるで「ナイアガラの滝の水をブリキの缶で集めようとしているかのようだった」(Henderson 1992: 102)と。

ベル・スチュアート(Bell Stewart, 1906–97)は両親だけではなく兄のドナルドからも歌を習い、フォークソング・サークルの中で華々しい女王となった。ベルを一躍有名にしたのは、彼女のレパートリーの中でも最も有名な「ヒースに囲まれた女王」("The Queen Among the Heather")という歌であった。ベルとアレック夫妻はのちにベリー畑を借りあげて作物を植え、定住して起業家となった。一九六〇年代になるとベルは伝統音楽への貢献を称えられ大英帝国勲章を授与された。トラベラーたちはようやく名声を得て世間に認められたのである。もっとも、村の中にはかつての立場から脱却したベルを軽蔑した人もいたが。

ロバートソン＝ヒギンズ家

次に紹介する家族はアバディーンのロバートソン＝ヒギンズ家で、ブレアゴウリーのスチュアート家とはいとこ同士となる。ロバートソン＝ヒギンズ家には、ジーニー・ロバートソン、リジー・ヒギンズ、ドナルド・ヒギンズ、アルバート・スチュアートがいる。その中でも飛び抜けて有名なのはジーニー・ロバートソン(Jeannie Robertson, 1908–75)である。アメリカのフォークソング収集家アラン・ローマックス(Alan Lomax, 1915–2002)に、フォークソング界の記念碑的存在と言わしめた歌い手である。

図2　ジーニー・ロバートソン
〔Jeannie Robertson: The Great Scots Traditional Ballad Singer, TOPIC Records, TSDL052, 1963〕

ジーニー・ロバートソンは、特に「我が息子デイビッド」（"My Son David," Child No. 13）というバラッドで有名であった。これは殺人と兄弟殺しの歌で、弟が兄の相続財産に嫉妬するという内容である（この歌の実演はRobertson 1952）。相続財産にかかわる対立は歌の中で明示されることはない。トラベラーたちは歌を中断して物語の前後関係を説明することがあり、この兄弟の対立もその中で説明される。

リジー・ヒギンズ（Lizzie Higgins, 1929–93）

ジーニーは記念碑的な存在ではあったが、当然彼女も家族の一員であり、歌い手や伝承者のネットワークの中の一人であった。ジーニーの娘がリジー・ヒギンズである。有名な歌い手であったが、きわめて内気でもあった（初めての録音のとき、フィールドワーカーはマイクを寝室に置いてケーブルだけをホールまで引っ張っていき、完全に別室から録音しなければならなかったのである）。

スタンリー・ロバートソン（Stanley Robertson, 1940–2009）

ジーニーの甥はスタンリー・ロバートソンである。トラベラーの伝統の中でも傑出した語り手・歌い手で、魚をさばくことを生業としていた。スタンリーの歌の多くはきわめて「完全」なものだった。とはいえ、この場合の「完全性」とは研究者たちによる見解である。(2) ロバートソンは社会的、歴史的、文学的、学術的、経験的な周辺情報を散りばめて、歌われている物語の前後関係を言葉で描き出すことに長けていた。自宅や、炉端でのケイ

図３　エリザベス・スチュアートとスタンリー・ロバートソン（1998年）〔イアン・マッケンジー撮影、エディンバラ大学ケルト・スコットランド研究所の許可のもと掲載〕

図４　ジェーン・タリフと母クリスティーナ（1972年頃）〔ジェーン・タリフ・コレクション〕

リー[1]や、大学の講堂で、スタンリーは一つのバラッドの隠された意味を紐解くのに二時間を費やすこともあった。

フェタランガスのスチュアート家

歌い手たちの中で最も特筆に値するのは、おそらくスコットランド北東部ミントローの近くに住むフェタランガスのスチュアート家であろう。この村で最も偉大な歌い手のひとりはジェーン・タリフ（Jane Turriff, 1915–2013）である。彼女はジェーン・スチュアートとして一九一五年にアバディーンで生まれた。ジェーンは素晴らしいバラッド・シンガーでありながら、カントリー・ウェスタンにも熱中していた。ジェーンはジミー・ロジャースの大ファンであり、グレイシー・フィールズのような同世代のポピュラー音楽も熱心に聴いていた。

ここで紹介するのは、ジェーンの歌う「バーバラ・アレン」（"Barbara Allen," Child No. 84）である。この歌は世界的に見て一番有名なスコットランドのバラッドだろう。この歌にはイングランドとスコットランドのバラッド特有の特徴がよく現れている。

1　僕はかわいい乙女に恋をしました　　I fell in love with a nice young girl
　その名はバーバラ・アレン　　Her name was Barbara Allen

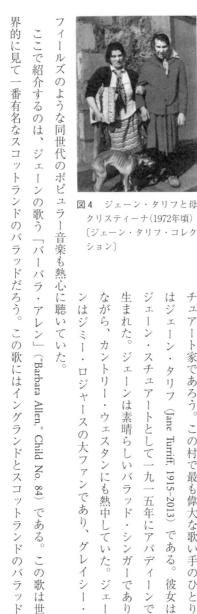

僕はかわいい乙女に恋をしました
その名はバーバラ・アレン

I fell in love with a nice young girl
Her name was Barbara Allen.

2

やがて僕は病に倒れ
バーバラ・アレンを呼びにやりました
やがて僕は病に倒れ
バーバラ・アレンを呼びにやりました

Till I got sick and very ill
I sent for Barbara Allen
Till I got sick and very ill
I sent for Barbara Allen.

3

僕の寝床の頭の方を見てごらん
何が掛かっているか見てごらん
銀の時計に金の鎖
バーバラ・アレンのために掛けてあるのだ

It's look ye up at my bedheid
And see fit ye find hangin
A silver watch and a guinea-gold chain
That hangs there for Barbara Allen.

4

僕の枕元を見てごらん
何が置いてあるか見てごらん
僕の心臓の涙でいっぱいの器
バーバラ・アレンのために置いてあるのだ

It's look ye doon at my bedside
And see fit ye find sittin
A basin fu o my hert's tears
That sit there for Barbara Allen.

5

バーバラ・アレンは寝床からカーテンを引いて

She pu'ed the curtains from the bed

言いました　あなたはもうおしまいね
彼女は寝床からカーテンを引いて
言いました　あなたはもうおしまいね

And said young man you're dying
She pu'ed the curtains from the bed
And said young man you're dying.

6

一度口づけしてくれたら　僕は大丈夫
一度の口づけで僕の病は治る
私は一度も口づけなどしません
あなたの惨めな心臓が張り裂けようとも

One kiss from you would do me good
One kiss from you would cure me
One kiss from me you shall not get
Though your poor heart lies breaking.

7

一、二マイルも行かぬうち
バーバラ・アレンは教会の鐘の音を聞きました
鐘の音はこう言っているように聞こえました
なんて無慈悲なバーバラ・アレン

She hadnae gane a mile or twa
When she heard the church bells ringin
And every word they seemed to say
Cruel-hertit Barbara Allen.

8

ああお母さま　寝床を用意してください
細く長い寝床を
気の毒な恋人が私のために死んだのですから
明日は私が彼のために死ぬ番です

Oh mother dear it's make my bed
And make it long and narrow
For my poor lover died for me
And I'll die for him tomorrow.

9　母親は寝床を用意しました　　Her mother she has made her bed
細く長い寝床を　　And made it long and narrow
そしてバーバラ・アレンを寝かせると　　And laid her down to fall asleep
彼女は真の恋人のために死にました　　And she's died for her true lover.

（Turriff 1996, track 17）

この歌からは、言葉遣い、決まり文句、構造といった、バラッドの語りの特徴がうかがえる。

・反復

例えば第一連では最初の対句が繰り返される

・定型のフレーズ

「可愛い乙女」「ああ　お母さま」「細く長い」「一、二マイルも行かぬうち」

・漸増的繰り返し

第三〜四連：単語の配列は同じだが、内容が僅かに変化する（「僕の寝床の頭の方」「僕の枕元」）

第八〜九連：「バーバラ・アレンの」要求が、それを受けた「母の」行為へと変化（第八連の「寝床を用意してください」が第九連では「母親は寝床を用意しました」へと変化）

第六連：「一度の口づけ」が三度登場する。この繰り返しはきわめて単純な技法ながら緊張感を劇的に高めている。「一度口づけしてくれたら、僕は大丈夫」「一度の口づけで僕の病は治る」たとえあなたの惨めな心臓が張り裂けようとも「私は一度も口づけなどしません」という、非常に単純な仕掛けでありながらきわめて効果的である。

・お決まりの節やイメージ

第八〜九連：寝床もしくは墓の準備が要求され、整えられる。そして乙女の死で物語は幕を閉じる。

・環状パターン

第一〜二連と第八〜九連はペアになっており、鏡映しになっているため環状パターンと呼ばれる。第一〜二連では若者の病気の様子が描かれ、彼はバーバラ・アレンを呼ぶ。これは若者の苦しみと恋人を求める状況を表している。一方で第八〜九連はバーバラ・アレン側のストーリーを語り、恋人の死に対する彼女の反応とその罪悪感を描いている）

ジェーンの父ドナルドはフィドル弾き兼シンガーで、母クリスティーナも古いバラッドの歌い手であった。ジェーンは母が家事をしながら歌うのを聞いて歌を覚えたのである。ジェーンのレパートリーの中で最も有名な歌は、母から学んだという「ヤローの暗い谷」（"The Dowie Dens of Yarrow," Child No. 214）である。この歌は明らかにスコットランド南部がその起源であるが、北東部で広く知られている。このようにバラッドは同じ言語圏であれば自由に移動することができる。そして時には言葉の境界をも越えて広がっていくのである。そのため国境を越えて同じ物語が歌われることも珍しくない（例えばスカンジナビア諸国など）。

もちろん家族の他のメンバーも歌を歌った。中でも最も有名な一人がジェーンの叔父のデイヴィー・スチュアートである。デイヴィーは「ヤローの暗い谷」を独特のアコーディオンの伴奏つきで歌った。デイヴィーは二〇世紀中頃のグラスゴーで、映画を見に行く人たちを相手に演奏していたことがあり、その伴奏技術はその頃に磨かれたものであった（スコットランドのバラッドがいつも「無伴奏」というわけではない。ピアノやフィドルは伴奏によ

図5　(左から)エリザベス、ルーシー、ジーン、フランシス、ネッド、マイケル・スチュアート(1959年)
〔ケネス・S・ゴールドスタイン撮影〕

く用いられ、ペダルオルガンやギター、アコーディオンが使われることもある。これは変わりゆく周囲の状況にバラッドが適応し、変化している例なのである。一七七三年に書かれたボズウェルの『日記』(153, 305)では、ヘブリディーズ諸島でギターとスピネット〈小さな鍵盤楽器〉が伴奏に使われていたと記録されている)。

フェタランガス・スチュアート家

同一族の中で鍵を握る一家はフェタランガス・スチュアート家で、兄弟であるルーシー、ジーン、ネッド・スチュアートと、ジーンの娘であるエリザベスとジェーンである。この一家はピアノ、アコーディオン、フィドル、金属の笛、バグパイプ、ハーモニカ、口琴を演奏し、一九五〇年代からは歌の収集家たちに数百の歌を歌ってきた。一家は物語、なぞなぞ、音楽、さまざまな種類の歌、そして何より伝承バラッドといった豊かな伝承をまもり続けている。

鍵となる人物はルーシー・スチュアート(Lucy Stewart, 1901–82)である。ルーシーはモダンフォークリバイバル[2]において他のシンガーほど有名ではなかったものの、その運動に大きな影響を与えた(不思議なことにルーシーはアイリー・マンローの論文(Munro 1984: 117)で僅かに言及されたのみにとどまっている)。ルーシーはアバディーンのスキーン・ストリートで生まれ、リサイクル品などを売って生活していたが、同時にバラッドや歌や物語や伝説やなぞなぞの優れたパフォーマーであった。ルーシーは誰もが認めるバラッドの達人であり、スコットランド

図6　ルーシー・スチュアート(1959年)
〔ケネス・S・ゴールドスタイン撮影〕

最高のアーティストの一人であった。

プロやセミプロの世界でフォークリバイバルの骨組みを築いた伝承歌手にはジーニー・ロバートソンや、リジー・ヒギンズや、ブレアのスチュアート一家や、フローラ・マクニールなどがいたが、ルーシーは他のシンガーたちとは違い、お金を払って聴きにくる聴衆に歌を教えることは絶対にしなかった。事実、ルーシーは公衆の面前で歌ったことは一度もなく、家の伝承を外に出さないことを選んだのである。「ルーシーは絶対に歌わなかったわ」ルーシーの姪のエリザベスは言う。「とってもシャイだったの。［ルーシーが歌うときは］自分の家か、外に出ても、私とジェーンがいる荷馬車の中でだけだった[3]」。

ほとんどのスコットランドのシンガーと同じく、ルーシーのレパートリーは膨大な数であった。世代を通して数世紀にわたって歌い継がれてきたバラッドや童歌から、カントリー・ウェスタンやミュージックホール向けの歌までさまざまである。ルーシーの母親はエリザベス・タウンスリーと言い、ベティばあさんと呼ばれていた。ルーシーは主にこの母から古い歌を学んだのである。後年のルーシーはスコットランドのフォークシーンに大きな影響を与え、死後二〇年以上たった現在もその影響力は変わらない。未婚を貫いたルーシーは、内気ながら信頼を置いた人には優れたユーモアと茶目っ気を見せた。リバイバル・シンガー③たちは皆そんな彼女と時を過ごし、彼女から歌や歌い方を学んだのである。ルーシーのレパートリーのうち、特に「若い農夫たち」や「私は粉屋」はスコットランドのどのフォークフェスティバルに行っても耳にすることができる。ただ歌い手や聴衆はそうした歌がルーシーからもたらされたものであることをほとんど知らない[4]。

図7　エリザベス・スチュアート、テネシー州メンフィスのサン・スタジオにて（1997年）〔トーマス・マケイン撮影〕

一方、ルーシーの姪であるエリザベス（Elizabeth Stewart, 1939-）は伯母ルーシーの内向的な人柄と、北東部では有名なミュージシャン兼バンドリーダーであった母ジーン（Jean Stewart, 1911-62）の活動的な部分を併せ持っていた。この三人の女性にとって「公」と「私」は生活の中に混在していたが、ルーシーは伝統をきわめて私的なものと捉え、家族内にとどめた。その一方、ジーンとエリザベスは伝統を家庭の中から持ち出していった。結局のところ、伝承を外に出すという二人の選択は「生きている」伝承を死なせないためのプロセスであり、二人はこれを驚くほどうまくやってのけたのである。

文字の文化と声の文化について

文字の文化と声の文化の関係について、次のような議論をよく耳にする。「両者は互いに排他的な間柄で、口承のシンガーは文字を書いたりできないし、すべきではない。逆に、読み書きのできる人はどうあがいても口頭伝統を持つことはできない。また、（どういうわけか）文字の文化と声の文化は互いに悪影響をおよぼし合い、互いを不純なものにしてしまう」などである。しかしながら、フェタランガスのスチュアート家は昔も今も読み書きができる。ルーシーはすらすらと字を書くことは不得手であったが、文字を読むことは確かにできた。エリザベスと彼女の亡き母は文字も楽譜も高度に読み書きができたうえ、スコッツ語[4]を書くこともできた。二人がスコッツ語を書く能力を習得したのはほとんど独学であった。バーンズの詩を読んだり、地元紙のコラムや歌集を読んだりして身につけたのである。

エリザベスは文字を備忘録に使った。書くことは彼女の記憶にある言葉に新たな生命を吹き込み、流れ出ていく記憶を取り戻してくれるのである。おそらくルーシーの歌を聴いていた頃の懐かしい記憶を。エリザベスのノートの中で一番重要なものは、ルーシーの健康が衰えてきた一九七〇年代終盤に書かれたものである。エリザベスは今こそこれをやらねばならないと気づき、ルーシーの歌う歌を口述筆記で書き留めたのである。そのノートはエリザベスにとって特別な意味を持っている。「あれにはルーシーの手も入っているのよ」と彼女は言う。

また歌を文字に起こせば、パフォーマンスの行われた状況をそこに保存することができる。エリザベスが歌を教わった家庭環境はもう存在しないが、その場面を文字にとどめておくことができるのである。歌を頭の中で再生しながら文字に書き起こすという静かなパフォーマンスをしている間、エリザベスは口承の歌と文字となった歌とを繋ぐ架け橋となる。歌うことと同じく、書くという行為はそれ自体がパフォーマンスなのである。

伝統は常に新しいものと混ざり合っていく。また伝承歌を書き留めることは、文字そのものよりも歌の象徴的な力と関係しているのである。フェタランガスのスチュアート家はそういったことを我々に教えてくれている（この関係にまつわる詳細はMcKean 2004）。

「ジプシーの若者」

ここまでスコットランドのシンガーたちについて述べてきたが、最後に「ジプシーの若者」（"The Gypsy Laddies," Child No. 200）という歌を紹介して締めくくりたい。この歌はさまざまな意味でトラベラーのアイデンティティを象徴している。⑤ これは英語圏全域で歌われており、「ジョニー・ファー」「七人の黄色いジプシー」「寄せ集めのジプシー」「ブラック・ジャック・デイヴィー」などさまざまな名前で知られている（この歌の文化的コンテクストに関してはRieuwerts 2006)。

1
三人のジプシーが館の扉にやってきて
美しい歌声を聴かせました
あまりに甘美で完璧な歌に
奥様は心を奪われました

Three gypsies cam tae oor hall door
And oh, but they sang bonny, o
They sang so sweet and too complete
That they stole the heart of our lady, o.

2
奥様は軽やかに階段を駆け下り
侍女たちも我先にと押し合いました
奥様の美しい顔を見たジプシーたちは
奥様に魔法をかけました

For she cam tripping down the stairs,
Her maidens too before her, o
And when they saw her weel faured face
They throwed their spell oot owre her, o.

3
その夜、旦那様が帰ってくると
奥様をお呼びになりました
けれども召使いの返事はこうでした
「奥様はジプシーの若者たちと駆け落ちを」

When her good lord came home that night
He was askin for his lady, o
But the answer the servants gave tae him,
'She's awa wi the gypsy laddies, o.'

4
「俺の黒い馬に鞍を置くのだ
茶色の馬では遅すぎる

'Gae saddle tae me my bonnie, bonnie black,
My broon it's ne'er sae speedy, o.

この長い夏の日に
妻をさがしに駆けていくのだから」

That I may go ridin this long summer day
In search of my true lady, o.'

5

旦那様は西へ東へ
ストラスボギーへも行きました
そこで陽気な老人に会いました
ストラスボギーに来た老人に

But it's he rode east and he rode west
And he rode through Strathbogie, o
And there he met a gey auld man
That was comin through Strathbogie, o.

6

「あなたは東から来たのか、西から来たのか
それともストラスボギーを通って来たのか
陽気な淑女を見なかったか
三人のジプシーに連れられた淑女を」

For it's 'Did ye come east or did ye come west
Or did you come through Strathbogie, o
And did ye see a gey lady?
She was followin three gypsy laddies, o'.

7

「私は東へも西へも行った
そしてストラスボギーを通って来た
とてつもなく美しい女性に会ったが
三人のジプシーに連れられていたよ」

For it's 'I've come east and I've come west
And I've come through Strathbogie, o
And the bonniest lady that ere I saw
She was followin three gypsy laddies, o.'

8

「つい昨晩　この川をわたるまで

'For the very last night that I crossed this river

私の周りには公爵や領主の方々が
でも今夜は冷たい水の中を歩かねばなりません
ジプシーたちの後に続いて」

I had dukes and lords to attend me, o
But this night I must put in ma warm feet an wide,
An the gypsies widin before me, o.'

9

「昨夜、私は羽毛のベッドに横たわり
夫と一緒に眠っていました
でも今夜は寒々しい納屋で
ジプシーたちに囲まれて眠るのです」

'Last night I lay in a good feather bed,
My own wedded lord beside me, o
But this night I must lie in a cauld corn barn,
An the gypsies lyin aroon me, o.'

10

「家や土地を手放すのか
幼子のことも諦めるのか
夫である私のこともすっかり忘れて
ジプシーの若者たちについて行くのか」

For it's 'Will you give up your houses and your lands,
An will you give up your baby, o?
An it's will you give up your own wedded lord
An keep followin the gypsy laddies, o?'

11

「家も土地も手放します
幼子のことも諦めます
夫である貴方のこともすっかり忘れて
ジプシーの若者たちについて行きます」

For it's 'I'll give up my houses and my lands
An I'll give up my baby, o
An it's I will give up my own wedded lord
And keep followin the gypsy laddies, o.'

12
我らは全部で七人兄弟　For there were seven brithers o us aa
みんな素晴らしく美しい　We all are wondrous bonnie, o
だが今宵我らは吊るし首　But this very night we all shall be hanged
伯爵夫人を連れ去ったために　For the stealin of the earl's lady, o.

(J. Robertson)

ここからは、この歌が何を意味し、その意味をどのように表現しているかを分析していこう。幸せな結婚生活を送っているように見える女性がジプシーの一団と駆け落ちをする。ジプシーたちはその歌声と禁忌の魅力で女の心を奪ったのであろう。それとも強引に連れ去ったのか。女の顔を見たとき、ジプシーたちは「魔法をかけました」とあるが、本当に魔法をかけたのか。ジプシーは魔力を持っていると恐れられてきたが、この歌のいう「魔法」とは彼らのカリスマ的魅力なのか、それとももっと邪悪なものなのか。これが「バラッド的曖昧さ」の一例であり、これを通して人は自分の恐れや考えや希望を歌詞の中に込めることができるのである。バラッドが時や場所を越えて生き残ってきた理由はここにある。バラッドは普遍的な物事や関心事を歌い、聴き手の感情や考えを呼び起こすのである。何を考え、どう判断するかを私たちに一切告げることなく。

伯爵夫人は駆け落ちするか、もしくは誘拐される。では伯爵はどうか。「この長い夏の日に、俺は妻をさがしに馬に乗っていく」と言う彼は明らかに取り乱している。伯爵は夫人を追いかけることをいとわず、追いかける手段も持っている。しかし、なぜ追いかけるのか。伯爵は川辺に辿りつく。これはスコットランドのバラッドによく見られる映画的ジャンプカット（次のシーンへと即座に移行する映画の編集技法）で、我々は全く違った場面に予告なくして放り込まれるのである。私たちは伯爵がストラスボギーで老人に出会う場面に立ち会うが、次の連になった途端に我々は川辺にいて、そこでは夫人が伯爵に向かって返答しているのである。

そこからは伯爵夫人自身による状況の細かな描写が続く。その描写の中で、夫人は美しいまでに簡素なフレーズを用いながら、自身が置かれた（むしろ選び取った）物理的状況のみならず、自身の境遇の劇的なまでの変化（城での暮らしから、一夜にして川辺で野宿する身分への変化）をも物語るのである。そして歌は物語の核心に触れる。「家や土地を手放しますか」「ええ、手放します」と、伯爵夫人は財産にはなびかない。家や土地は、夫人の結婚生活を価値あるものにするには不十分なのであろう。そしてこれは夫人の結婚が幸せなものでなく、彼女が夫との生活に満足していないという示唆でもあるのであろう。しかし歌の続きは殺伐として、挑戦的で、衝撃的である。「私は自分の幼子も見捨てます」と夫人は言うのである。これは結婚に問題があることを示す、考えうる中で最も過激な言明である。伯爵は妻や子を相手にしないタイプの男だったのか。それとも暴力を振るうような男だったのか。我々が知り得ることはない。我々にわかることは、夫人のジプシーとの生活がどれほど落ちぶれているとしても、それはかつての上流階級の結婚生活よりも夫人にとってはよほど望ましいということである。「夫である貴方のこともすっかり忘れて」とは、この文脈では「全て」を手放すということである。これは一般的な離婚と再婚の話ではない。また伯爵夫人は最終的に夫の勝ちであることも、彼から復讐があることも知っている。にもかかわらず、夫人は伯爵に公然とさからうのである。

この歌は期待と興奮と冒険から始まる。ジプシーたちの美しい歌声は伯爵夫人の心を奪う。おそらくジプシーは魔法をかけたのであろう。しかし最後の連まで来ると我々の期待は裏切られ、聴き手はジプシーの視点に入っていく（この視点の移行はバラッドの詩学に典型的なものである）。「我らは全部で七人兄弟。みんな素晴らしく美しい」ここまでは問題ない。しかしここで突然、劇的な対比が登場する。「だが今宵我らは吊るし首。伯爵夫人を連れ去ったために」平易な言葉を使い、教訓を説くことも、聴き手の私たちがどう感じるべきかという明確な示唆もなく、歌い手は私たちが知るべきこと全てを教えてくれる。第一連では、ジプシーが綺麗な歌声を響かせて伯爵夫人の「心」を奪う。ところが第一二連では伯爵という権力が再び存在感を示し、ジプシーたちは「夫人」を連れ去ったことにより吊るし首となるのである。夫人の心ではなく、「夫人」を連れ去ったことによって。歴史はいつも勝者の目線で書かれるのである。

今日でも、この歌はトラベラーたちの苦境を要約している。トラベラーの文化、神秘性、半漂泊の自由、彼らのバラッド、歌、物語、そして人を引きつける魅力は、定住社会の好奇心をかきたてる。「あまりに甘美で完璧な歌」を歌うのだから。しかし同時に我々は彼らの魅力、物珍しさ、不思議さに恐れを感じる。そしてこの他者（＝よそ者）に対する恐れは、イギリスをはじめとする世界中のトラベラーやジプシーに対する偏見や不当な扱いを助長しているのである。この一曲の中だけでも、好奇と依存、拒絶と孤立といった、トラベラーの直面する困難な関係が、美しく効果的な言葉の中に描かれている。そしてこれこそが、数世紀も前に作られたバラッドが今日の世界において成し得ることなのである。

私たちはこうした伝承を守ってきたトラベラーに感謝せねばならない。もちろんバラッドの歌詞は本や写本に数え切れないほど残されている。それらの音源も、英語圏のアーカイブや個人のコレクションを探せば無数に見つけることができる。しかしながら、スコットランドのトラベラーは歌という遺産や、歌が歌われる状況、そして歌にまつわる語りを我々に開示してくれる。そのおかげで、我々はスコットランドの歌のもつ豊かな社会的・情緒的・教訓的構造を深く知ることができ、伝承そのものの計り知れない価値を知ることができるのである。

（1）　本章におけるバラッドの定義はフランシス・ジェイムズ・チャイルドが大まかに定めたものに従うが、チャイルドのまとめた三〇五種類のバラッド以外の歌も扱う（Child 参照）。

（2）完全性と断片性にまつわる議論、および伝承者と研究者との間において完全と断片の感覚がどのように異なっているかという議論についてはConstantine and Porter 2003 参照。
（3）二〇〇〇年のインタビューより。冒頭にアスタリスクがついた引用は可能な限り逐語訳をしたものである。
（4）ルーシーの歌う「粉屋」の録音は出回っていないが、彼女が教えたバージョンが *The Fisher Family*（Fisher 1966）に収録されている。この歌はヘイミシュ・イムラックをはじめとする多くのリバイバルシンガーにとり上げられている。

訳注

① "Ceilidh"と綴り、スコットランドにおける歌と踊りの集いを指す。スコットランド・ゲール語で「訪問」を意味する名詞"cèilidh"に由来。

② 英国で二〇世紀中頃に巻き起こった第二次フォークリバイバル。アラン・ローマックス（Alan Lomax）、ヘイミッシュ・ヘンダスン（Hamish Henderson）、ピーター・ケネディ（Peter Kennedy）といった収集家が当時の最新機材を用いてフィールドワークを行い、伝承歌・音楽や伝承者を「発掘」していった。伝承はフォーククラブやフォークフェスティバルといった新たな土壌を獲得した一方、商業音楽と結びつくことでさまざまなフォーク音楽のジャンルを生み出すこととなった。

③ 二〇世紀中葉に巻き起こった英国フォークリバイバルにおいて、伝承者の許に通ったり過去の歌のコレクションを参照したりするなどして伝承歌を習い、自ら歌い手となった歌手を（主に「純粋な」伝承者と対比する際に）リバイバル・シンガーと呼ぶ。伝統的な伝承者と比べると彼らは商業音楽寄りの世界で活動したため、伝承歌・音楽を国内外に紹介するにあたって大きな役割を果たした。レイ・フィッシャー（Ray Fisher）、マーティン・カーシー（Martin Carthy）、シャーリー・コリンズ（Shirley Collins）などが代表例。

④ Scots. スコットランド語とも。過去には英語の（粗野な）一方言と見なされてスコットランド・ゲール語とともに教育現場などで弾圧も受けた。現在はヨーロッパ地方言語・少数言語憲章（ECRML）によって独立言語として認められており、バンフ・アカデミーなどの学校では教育課程にも組み込まれているなど、スコットランド文化の一つとして認識されつつある。

⑤　トラベラーとジプシーは共に漂泊民であり混交も進んでいるが、元々は起源を異にする別々の民族集団であるとされる。両者は共にスコットランド社会において周辺化されてきた歴史・経験を持つ。

引用文献

Amnesty International UK. 2013. “Big Fat Lies – The Truth about Scottish Gypsy Travellers.” Scottish Human Rights Blog. 15 November 2013 [accessed 25 November 2014].

Boswell, James. 1936. *Boswell's Journal of a Tour to the Hebrides with Samuel Johnson, LLD*. Ed by Frederick A. Pottle and Charles H. Bennett. New York: Viking Press.

Child, Francis James, ed. 1882–98. *The English and Scottish Popular Ballads*. Boston: Houghton and Mifflin; reprint New York: Dover, 1965; reprint Northfield, MN: Loomis House, 2002–2011.

Constantine, Mary–Ann and Gerald Porter. 2003. *Fragments and Meaning in Traditional Song: From the Blues to the Baltic*. British Academy Postdoctoral Fellowship Monographs. Oxford: Oxford UP/British Academy.

Fisher, Cindy and Joyce Fisher. 1966. “I Am a Miller tae ma Trade.” *The Fisher Family*, tr. 9. London: Topic, TOP 12T137.

Henderson, Hamish. 1980. “The Ballad, the Folk, and the Oral Tradition.” *The People's Past: Scottish Folk: Scottish History*. Ed. by Edward J. Cowan. Edinburgh: Edinburgh University Student Publication Board, pp. 69–107.

Henderson, Hamish. 1992. “Folk–songs and Music from the Berryfields of Blair.” *Alias MacAlias: Writings on Songs, Folk and Literature*. Edinburgh: Polygon, pp. 101–103.

McKean, Thomas A. 2004. “The Stewarts of Fetterangus and Literate Oral Tradition.” *The Singer and the Scribe*. Ed. by Philip Bennett. Internationale Forschung zur Allgemeinen und Vergleichenden Literaturwissenschaft, gen. ed. Alberto Martino. Amsterdam: Rodopi.

Munro, Ailie. 1984. *The Folk Music Revival in Scotland*. London: Kahn & Averill; second edn. 1996, *The Democratic Muse: Folk Music Revival in Scotland*. Aberdeen: Scottish Cultural Press.

Rieuwerts, Sigrid. 2006. *Kulturnarratologie: Die Geschichte einer Geschichte*. MUSE 10. Trier: WVT Wissenschaftlicher Verlag Trier.

Robertson, Jeannie. 1953. "The Gypsy Laddies." www.tobarandualchais.co.uk/fullrecord/54490/1 [accessed 18 January 2016].
Robertson, Jeannie. 1952. "Son David." www.tobarandualchais.co.uk/fullrecord/49681/1 [accessed 18 January 2016]
Turriff, Jane. 1996. *Singin is ma Life.* Balmalcolm: Springthyme Records, SPRCD1038.

〈付記〉　本章は初出「アバディーンシャーの歌い手たち――スコティッシュ・バラッドのコンテクスト、構造、意味（Singing Families of Aberdeenshire: Context, Structure, and Meaning in the Scottish Ballad）」（『立命館国際言語文化研究所紀要』第二八巻一号、二〇一六年九月）の本文を一部、改訳したものである。

10　ヴァナキュラーな消費文化の展開――メディアイベントとしてのオリンピックをめぐって

関口英里

要点とアプローチ

オリンピックは、社会と文化を変革するグローバルかつナショナルな大規模プロジェクトとして、重要な位置づけを有するイベントの一つである。とりわけ戦後から現代にかけてのオリンピックは、コミュニケーションやテクノロジーの進歩とともに、世界的なメディアイベントとして、また、各地域独自の消費文化を反映する祭典としての意味合いを色濃くしている。現在の日本においては、二〇二〇年の第二回目となるオリンピックの東京開催を控え、戦後に初開催された一九六四年の東京大会への振り返りと再検証の動きが盛んになっている。また近年は、映画（『ALWAYS三丁目の夕日』シリーズ、二〇〇四～一二年）、テレビドラマ（NHK連続テレビ小説『ゲゲゲの女房』二〇一〇年、『ひよっこ』二〇一七年）等、多数のメディア作品や、ひいては町おこし（大分県豊後高田市「昭和の町」）や、娯楽施設（「新横浜ラーメン博物館」「梅田スカイビル滝見小路」）などといった、多岐にわたる都市空間メディアのテーマにまで取り上げられており、六〇年代独特の文化や時代そのものへの社会的関心も高い。それはオリンピックの回顧のみならず、戦後、多様な価値観や消費を美徳とする文化が独自の発展を見せ始めた一九六〇年代の日本、また強力な影響源としてのアメリカ文化に対する注目と再評価の意味を含んでいることは言うまでもない。

そこで本章では、一九六〇年代に実施された夏季・冬季計六回の大会の中でも、メディアイベントとして重要な役割を果たし、ヴァナキュラーな消費文化の発展という観点からもとくに注目すべき日米二つのオリンピックとして、東京大会（一九六四年）とアメリカ冬季スコーバレー大会（一九六〇年）を取り上げる。文化を媒介する広義のメディアと企業の役割、人々の日常／非日常の変革、エンターテイメント性と消費の進展、といったポイントを軸に、オリンピックというイベントが持つ文化装置としての影響力を読解したい。

まずは東京大会について中心的に論じ、経済と文化が飛躍的な発展を遂げた高度経済成長期の日本において、オリンピックがもたらした商業的な拡大とライフスタイルの変化について検証する。そしてアメリカ・スコーバレー冬季大会における、時代に先駆けたメディアエンターテイメントの展開にも着目し、メディア企業の総合プロデュースが持つ創造性について紹介したい。二つのオリンピックは、それぞれ独自のアプローチによって、地域社会と消費文化の活性化をもたらした。そして後世のオリンピックのあり方のみならず、社会全体や人々の価値観にも影響を与えたという意味において、いずれも大きく貢献したのである。

一九世紀に端を発する近代オリンピックは、社会全体の価値観が一変する戦後ポストモダンの時代において、純粋な「スポーツの祭典」という当初の理想像から徐々に逸脱し、商業的意味合いを強めて変質していった。そして経済成長や社会変革の流れが世界で高まった一九六〇年代の東京大会とスコーバレー大会はまさに、商業界、とくに各種のメディアに関連する企業が躍進する消費文化の祭典、都市型メディアイベントとして新たな意義を持つオリンピックとなった。その開催を契機として、最新技術を駆使したメディア商品とそれらが作り出すイメージの消費が飛躍的に進展した。さらにはメディア関連企業が二つのイベントと深く関わり、消費生活に密着したメッセージを盛んに発信したことで、オリンピック本来の文化的意義を超えて、人々の〈日常／非日常〉を変えていった点が重要なのである。

東京大会にみる企業ＰＲと独自文化の進展――メディア消費による〈日常〉の変革

自国の発展を示す国際的な舞台ともなるオリンピックにおいて、戦後日本は新たな文化的アイデンティティの再構築を必要としていた。そこで〝お家芸〟としてＰＲされたのが、欧米先進国に劣らぬ水準を有しつつ独自性を持った先端技術の数々であった。例えば、東京大会では、初の衛星放送によって大衆に生の高揚感を与える高度な機能が実用化し、日本の技術力と企業のブランド力の高さが世界に誇示された。また、オリンピック初のコンピュータによる即時的な記録管理が実現したのも東京大会であった。その後、それらの技術は銀行のオンラインシステム開発や、自動車の生産管理などに応用され、人々の暮らしに密接に関わるレベルでも急速に記録のデジタル化が進展した。

こうして新時代の日本を牽引し、世界に誇るべき代表的な産業・製品・企業が、社会的イベント、メディア、人々の消費生活を通して規定されていくことになった。戦後復興を遂げ、国際社会への復帰を目指していた当時の日本は、先端技術を駆使して国家レベルのイベントを成功に導くことで、社会的・経済的な進歩と繁栄を世界で証明し、一気に先進国の仲間入りを果たそうとしていたのである。

一方、国内的には「もはや戦後ではない」経済的な繁栄の実現こそが大きな目標とされたが、その成功を根底から押し上げたのは、先進的なメディアが社会のあらゆる次元に介在することの重要性と必然性であった。オリンピックをきっかけとして、新たなメディアが人々の感覚や価値観、〈日常／非日常〉のライフスタイルを大きく変革した。そうしたメディア社会の進展こそが、国民の能動的な消費生活の促進につながっていたのである。

そこで注目されるのは、商業化された消費の祭典としてのオリンピックで、メディア企業の販促活動やキャンペーンによるメッセージ発信と、それにともなう商品の普及が寄与した点である。その一例として、映像、録音、計時、計算等に関わるメディア製品があげられる。それらは〈非日常〉的な感動の瞬間から〈日常〉生活の一場面までを精密に記録し、データ処理し、分類、序列するという、近代の競技会の本質そのものを担ってきた。しかし、戦後日本の消費イベントとなったオリンピックでは、後述するセイコーの製品技術拡大例のように、メディアを介して現実や世界を把握するという、意識・感覚・行動の新たな規範が、企業による新商品の普及活動を通じて人々の生活に組み込まれた点が肝心なのである。

国民的プロジェクトであると同時に巨大な消費の祭典であった東京大会においては、当初、人々の〈日常〉から遠い存在であった先端技術が身近なものとなり、専門性の高い商品を扱っていたメディア関連企業も、多角的かつ積極的にイベントへの参加・協力を行った。セイコーをはじめ、フジフイルム、東芝、ナショナル、サンヨー等、日本の代表的な企業がイベントを自らの技術革新の機会とし、国内外に向けた自社ブランドのイメージ宣伝に利用したのである。さらに、そうした企業の多くが、幅広い消費者層を新たに取り込むための製品開発や、一般消費者に向けた販促キャンペーンの好機としてイベントを利用したことが重要である。当時の日本は、IMF8条国への移行やOECD加盟を果たし、国際経済の推進とともに主要工業製品の貿易自由化を求めるなど、企業の販売戦略を後押しする社会情勢にあった。オリンピックを契機に発展した新たなハイテク製品の数々が、市民生活のレベルにおいては、豊かさの代名詞として語られ、身近な商品として消費されていったのである。

イベントを通した企業の販売促進活動は、自社のブランド力や売上げ向上という直接的な効果だけでなく、新たな都市消費文化の担い手となる家族層をターゲットに平易な言葉で語りかけ、巧みに取り込む狙いを有していた。企業は一般応募型のコンテストやプレゼント企画等、エンターテイメント性の高いキャンペーンで、それまで距離感のあった新規メディア商品への親近感を人々に持たせるとともに、新時代の豊かな日常生活をもたらす必需品としての消費を浸透させていった。そして、オリンピックという〈非日常〉的なイベントそのものが、〈日常〉生活の娯楽となり、企業のＰＲを通して積極的な市民参加が促されたことも忘れてはならない。メディア企業は、海外に向けては自社の卓越した先進性や技術力を誇示すると同時に、国内的には生活の豊かさや幸福感が自社商品の消費により可能になることを人々に宣伝していたといえる。つまり、オリンピックを利用した企業キャンペーンによって語られた新規メディア商品の普及と消費が、オリンピックという社会イベントの商業化を促進し、時代そのものを形成していったのである。

その一例として、東京大会におけるセイコーによる販売拡大戦略と、それがもたらした変化が指摘される。セイコーは、最新のクオーツタイマー技術を世界的にアピールすることにより、欧米ブランドを抑え、日本企業で初めてオリンピックの公式計時採用を勝ち取った。東京オリンピックで躍進したクオーツ技術はその後、一般消費者向けの腕時計という、人々の日常に寄り添う身近な商品に応用されてゆく。つまり先に述べたように、同社はまさにオリンピックという世界の舞台で日本の技術を誇示し、絶大な宣伝効果でブランド力を高めることに成功した一方で、国内においては、先端技術を一般市民の生活に溶け込む日用品として消費を促した代表事例といえる。親しげな宣伝文句と楽しいイメージで四月期の新生活需要の取り込みを狙った「ＳＥＩＫＯでスタート」キャンペーン（一九六四年開始）は、まさに社会的イベントと連動した、企業による継続的な販促活動展開のさきがけになったといえる(1)。

図１　「SEIKOでスタート」キャンペーン（『SEIKO NEWS』1964年２月号）

セイコーはオリンピックイベントを通じて、〈時間〉が日本の先端技術によって正確に記録されるべきものであるという価値観を提示しながらも、「時計」という商品は、温かみのない高度なテクノロジーの結晶ではなく、日本文化を象徴する日用品であり、豊かな生活を実現する国民的消費財であることを両面的に強調したのである。

この事例にとどまらず、企業による戦略的な消費促進活動は、オリンピックという国民的な消費イベントを契機に活発化し、多様なメディアへと波及して社会の価値観を変革してゆくことになる(2)。例えば、当時急速に普及が進んだテレビやカメラといった映像メディアは、自分自身で直接確認した事実より、メディアが記録し、再構成したイメージの方が本物らしい価値や信憑性を持つという、リアルとバーチャルの逆転を生じさせた。それはまさに、近代から現代への過渡期にあった日本文化の特徴であることは言うまでもない。メディアやイベント、それにまつわるモノとイメージの生産と消費が一体となり、独特の文化や時代を形成したのであった。

変貌する都市の〈日常〉――イベントとメディア消費を通じた〈非日常性〉の導入

日本のメディア関連企業による五輪連動キャンペーンは、オリンピックと自社製品の消費を、エンターテイメントへの参加という意味づけにおいて結びつけ、国民生活の発展に不可欠な経験として強調した。そして企業やマスコミにより、「何を買い、誰が、どのようにそれを使用し、それによっていかなる幸福が実現可能なのか」についての新たな具体的イメージが繰り返し示されることで、人々とメディアとの関わりに新たな方向性が生まれ、その〈日常〉も一変していくことになる。

その象徴的な具体例となるのが、大会にまつわる映像メディアの展開とフジフイルムの企業キャンペーンである。同社は五輪運営に「協賛」などの形で直接的に参画しており、写真報道（現像、印刷、速報）、商品提供（フィルム、ビデオテープ）を行っていたが、それらは、やはり日本の独自文化を基盤とした自社の技術と社会貢献を国内外に誇示する意味合いが強かった。その一方で、人々へのメディア普及を目指し、イベント開催の好機を逃さずに、消費者向けの娯楽性の高いプロモーションを展開した点が一層重要である。同社は繁華街や空港等、多数の注目を集める都市の主要消費空間で大々的な広告活動を行い、さらには全国の関連商品販売店の協力を得て、大規模な店頭キャンペーンを展開した。五輪会場内の限定的空間だけでなく、こうした会場外でのイベントや自社製品のＰＲ活動が、非日常的だったモノや価値観を都市の日常に導入した点は注目に値する。その後も同社は先端技術よりも撮影の楽しさ・やさしさを強調した販売戦略で、写真をファミリーエンターテイメントの必携メディアとして位置づけていった。

こうした動きの背景には、カメラのコンパクト化やＥＥ化、フィルムのカラー化といった進歩にともなって写真撮影が一般に普及したこと、また、日本社会の経済発展とゆとり生活の進展、商品選択肢の増加と価値の多様化、レジャーブームの到来、といった消費社会全般の変革が作用していた。また、メディア企業各社は、国内外を巻き込む大規模イベントの商業的価値を理解し、消費者ニーズの多様化を捉えた開発および販売戦略を立てていた。そこで画期的だったのが、新製品の中心的な消費者として、いち早く女性に注目し、とくに主婦層の取り込みをはかったことである(3)。対外的には先進国日本の看板商品として最先端のメディア機器を喧伝《けんでん》する一方、国内市場では主婦向けに「三種の神器」や「３Ｃ」と並ぶ、楽しく豊かな日常生活に欠かせないツールとしてＰＲしたことで、それまで〈非日常〉的だったハイテク製品とその積極的な使用が、急速に家庭へと浸透したのである。

このように、高度成長期の日本における最大祭典であったオリンピックを通じてさまざまなメディアが発展し、企業が、新たな消費文化財と価値観が〈日常〉生活を改革する可能性を人々に発信した結果、〈非日常〉の先端技術であったメディアが普及し、娯楽的に利用され始める。そしてメディアを介したオリンピックの経験とその消費による参加が人々に祝祭的な連帯感や高揚感を与え、経済と文化の発展へ導くという、現代日本における独自の消費社会進展の構図が描かれていったのである。

スコーバレー冬季大会とディズニーによるメディアプロデュース

一九六〇年、カリフォルニア州シエラネバダ山脈東側、タホ湖の西方に位置し、スキー場と高級スノーリゾート地として知られるスコーバレーにおいて、第八回冬季オリンピックが開催された。そのプロデュースを手掛けたのが、当時すでに世界的なメディアエンターテイメント界の雄となっていたウォルト・ディズニーであった。ウォルトは映画やテーマパーク事業で大成功を収め、一九二三年に兄弟で立ち上げたスタジオを世界最大級の多国籍メディア企業かつエンターテイメント複合企業に成長させた。「ディズニー」はもはや個人名ではなく、世界的な企業ブランド名であり、アメリカを象徴する文化的トレードマークそのものだったといえる。先述の東京大会で活躍したメディア企業は主にテクノロジー分野であったが、スコーバレーでは、まさにアメリカが世界に誇るエンターテイメント分野であった。そしてこのオリンピックは、以降のイベント運営から演出までのあり方全般に大きな影響を与えただけでなく、アメリカ独自のメディア文化と消費の拡大、また地域社会や産業の発展に寄与したのである。

一九六〇年代まで、タホ湖周辺はいわば未開の地であった。しかし同地での冬季オリンピック開催とディズニーによるプロデュースが決定して以降、約四年間で官民あげての土地整備と地域開発が急ピッチで行われた。このスコーバレー大会において、ウォルトはオリンピック史上初のページェントディレクターとなっている。開会・閉会式のエンターテイメント演出から、会場運営、スタッフのマネジメント、そして娯楽コンテンツの提供まで、ディズニーランドで培ったあらゆるノウハウが存分に取り入れられたのである。

開催前には僻地であったタホ湖周辺ゆえに集客不足が懸念されたが、結果として大会開催期間中、最大一日五万人以上の人々が同地を訪れる盛況を呈した。その際、大量の来客対策として大規模な駐車場を整備し、オペレーションを徹底するなど、アメリカの自動車社会発展を見越した、地域のインフラ整備が行われたことも成功の重要な要素であったといえよう。

さらに、アメリカが誇る世界最高のエンターテイメントの代名詞であるディズニーが手掛けた開会式は、当然のごとく斬新なものであった。それまでオリンピック開会式といえば、各国の選手入場行進が主な見どころとなる程度であったが、スコーバレーでは、テーマパークを凌ぐ規模の花火が盛大に打ち上げられ、二、〇〇〇羽の鳩が飛び、五、〇〇〇人もの演者によるパフォーマンスが行われるなど、従来とは一線を画す圧巻のスペクタクルが展開された。

ディズニーによる周到なエンターテイメントは、イベントや会場の外面的演出のみならず、内部施設やサービスにまでおよんだ。とりわけ、選手村が単なる宿泊施設の領域を超え、快適なレクリエーションの場として大幅に充実された点も特筆に値する。従来、選手たちは会期中ホテル泊か民泊を余儀なくされ、心身ともに十分なケアを受けられない状況にあった。そこで同大会では、オフタイムの環境整備により、選手が最大限の実力を競技で発揮できるよう、関係者専住の選手村施設とサービスが強化されたのである。さらにそこでは身体の癒しだけではなく、精神の涵養とエンターテイメントの役割が重視され、常に人々が望む以上のものを提供するディズニー理念に基づき、以下のように多数の画期的な取り組みが実施された。

村内では連日各種のエンターテイメントが展開し、ジャズ演奏、喜劇や歌謡ショーが開催された。ディズニーランドの人気アトラクション「ゴールデン・ホースシュー・レビュー」の役者による舞台をはじめ、ビング・クロスビーやビル・エヴァンスといった当時のショービジネス界における大物も登場した。一〇〇席程度の常設映画館では、ウォルトが厳選したアメリカ映画五〇作品が日替わり上映されており、朝鮮戦争後の日本を舞台とし、アカデミー賞を受賞した『サヨナラ』（一九五七年公開）も見られた。

競技で成果をあげるには、日頃の練習や本番の集中だけでなく、試合前後でリラックスし、鋭気を高めて本番の実力発揮につなげることが重要であるという信念に基づき、選手たちのアフターケアが重視された。クリエイターであるディズニーは、最良のエンターテイメントには人間のパワーを最大限に引き出す力があると信じていたのである。そしてそれを可能にするのは、アメリカならではの文化力と、自分自身のメディアプロデューサーとしての手腕以外にない、というウォルトの自負と使命感が、ディズニーランドにも匹敵する娯楽性の追求にうかがえる。厳選したエンターテイメントをテーマパーク品質のまま選手村に導入し、最高の娯楽を惜しみなく提供する独特のホスピタリティは、まさにアメリカ文化の本質を象徴しているといえよう。

選手村には競技者だけでなく各国のＶＩＰ関係者も訪れたため、彼らに対するデモンストレーションも含めて、ディズニーは、アメリカの文化力を、ポピュラーカルチャーの側面から国際的に知らしめる貢献をしたと考えられる。こうしてオリンピックは、メディアおよびエンターテイメントとの接合により、アメリカ人としてのアイデンティティを強化し、世界各国の人々にその優越性を誇示するという役割を果たしたのである。

技術革新がオリンピックに反映される時代にあって、スコーバレーでもコンピュータによる順位やスコア表示、電子記録が採用された。さらには、テレビ中継システムの拡大、ヨーロッパに向けた衛星生中継の実施など、テレビメディアの重要性も増していた。テクノロジーの進歩と、映画やパークで培ったディズニーエンターテイメントの発展が絶妙にシンクロしたことに加え、新時代のメディアとして、テレビを重視した催事演出や広告宣伝が推進されたことも重要である。ウォルトは従来の印刷媒体よりテレビ映えするビジュアルなエンターテイメント性を採用し、人々を魅了する提示方法に工夫を凝らした。ディズニーは当時、まだ揺籃期にあったテレビという未知数のメディアが持つ可能性や影響力にいち早く着目し、積極的にコミットしてゆく。ビジネス面でもウィンウィンの関係を築くことで、他に先駆けてテレビを最大限に利用した戦略を展開したのである。

映像が与える鮮烈なインパクトを重視した開会式には、現地での直接体験だけでなく、テレビ映像を通した間接的なイベント視聴が想定されていた。演劇のライブ感と映画の緻密性の両面を併せ持つ、テレビのメディア特性を活かした演出が多数応用されたのである。オリンピックとテレビをめぐる革新的な取り組みは、ディズニー独自のメディア活用手法の発揮という側面と、その後の新番組制作に向けた実験的側面を両立していたともいえる。

ディズニーが最初にテレビ番組を手がけたのは、一九五〇年のクリスマスシーズンであった。翌年に公開される『ふしぎの国のアリス』の宣伝や短編アニメーションをウォルト自らが紹介する一時間番組が、米国三大テレビネットワークの一つ、NBCで放映された。その好評を受け、五一年末には、製作中の映画『ピーター・パン』の宣伝を兼ねたクリスマス番組をCBSで放映している。五四年一〇月からは、当時は新興局であったABCで、毎週一時間のレギュラー番組「ディズニーランド」を開始した。これは、タイトル通り、ディズニーランド建設の資金調達と、紹介を目的にしたものであった。さらに翌五五年には、大ヒット番組となった「ミッキーマウス・クラブ」も生まれている。これらの実績から得た、リアルとバーチャル、スペクタクルとファンタジーをテレビ映像で表現し、消費を喚起する宣伝手法のノウハウが、オリンピックの演出に活かされたのである。そして、スコーバレー大会がテレビメディアを最大限に活用できたのも、これらディズニーのテレビ界での成功と、テレビ局との商業的な強いつながりに拠るところが大きかったといえる。ウォルトは、テレビの宣伝効果とそれがもたらす消費と文化への影響力を熟知し、巧みに利用したのである。

テレビでの開会式視聴が、スコーバレーへの来訪や関連消費を促進した側面も鑑《かんが》みれば、そのヴァナキュラー文化の発展に対する波及効果は絶大であったといえる。未開発であった地域と人々の日常空間は、オリンピックを契機とした改革で非日常的なレジャーの場へと転換されることとなった。観光化、リゾート化、エンターテイメント化の飛躍的進展によって、新たな可能性を持った消費文化の場が創造されたのである。

また、ディズニーが従来の儀式的な五輪開会式をメディアエンターテイメントに変貌させ、多数の演者と観客が一体化する熱狂的な祭典を感動的な映像で魅了したことは、それ以降のオリンピックのあり方にも大きな影響をもたらした。国家的な体育競技大会という位置づけだけでなく、大衆が楽しめる場、そして巨大な関連消費が喚起され、社会的な変革をもたらすスポーツ＋αのエンターテイメントとしての文化的意義が、オリンピックに付加されたのである。それはまさに、アメリカのポピュラー文化の象徴的存在であり、強大なメディアそのものであるディズニーが残した大きな功績であったといえる。

冬季・夏季の違いを越え、東京を含めた一九六〇年以降のオリンピックが、時代性と独自文化を反映した大規模なメディアエンターテイメントへと変貌し、商業化と経済効果を重視することになった影響源の一つが、スコーバレー冬季大会であったと考えられる。同大会の開催をきっかけにタホ湖周辺のリゾートが発達し、地元社会の繁栄をもたらした。一方で、ディズニーは五輪プロデュースで学んだ知識と経験を活用し、大会以降、自社のリゾート開発やスポーツビジネスへの参画、さらにはグローバルかつ多角的な新規メディア事業の展開による消費拡大へとつなげていった。以上の事例にとどまらず、こうして現代オリンピックは大会に関わる企業や開催都市の経済や文化発展にもメリットを与えながら、それ自身が消費文化の祭典として、一九六〇年代に大きな変貌を遂げたのであった。

ヴァナキュラーなメディアイベントとしてのオリンピック——消費文化装置としての役割

これまで見てきたように、時代を牽引した中心的メディア企業の多くが、オリンピックという消費文化の祭典を最大限に活用することで、消費拡大戦略による商業的メリットを獲得した。また同時に一般の人々も、メディアや商品の消費により、イベントをより身近なものとして直接・間接に体験できるようになった。オリンピックは、むしろイベントの実体験を超えるメディアイメージ、あるいはその副産物としての経済的・文化的な波及効果によって、人々の生活や消費社会を根底から変える影響力を有した巨大な仕掛けであるといえよう。そうした意義を持つ高度な消費文化装置ゆえに、オリンピックというメディアイベントは人々の記憶に深く刻まれ、時代や文化を超えて参照される重要な指標となるのである。

オリンピックという社会的な巨大プロジェクト、関連メディア企業による取り組み、人々によるモノとイメージの積極的な消費による協働作業が巧みに一体化して稼働することで、一時代の文化が立体的に形成される。オリンピックをめぐる社会全体の変革は、新たなメディアとテクノロジーの大衆化を指向する時代の潮流と連動しつつ、豊かさやエンターテイメント性と人々のナショナルなアイデンティティを巧妙に接合していった。メディアをめぐる表象を通して、新たな価値観と消費文化が構築されるとともに、社会に展開するさまざまな文化装置が協調関係を築きながら二つのオリンピックを国民的祝祭として盛り上げ、大会をうまく利用することで消費を活性化したのである。

その背景には、オリンピックを単なる国際的な「スポーツの祭典」としてではなく、一九六〇年代から現在に至る消費時代の祝祭的メディアエンターテイメントに変貌させ、経済的・文化的な繁栄の起爆剤とする社会的要請があったことは言うまでもない。その動きを後押ししたのは、本論における主要な論点であった、メディアイベントによる〈日常／非日常〉の変革であり、人々の消費を喚起するエンターテイメントであり、それを巧みに展開したメディアと関連企業の戦略的な演出だったのである。

一九六〇年代の東京およびスコーバレー大会は、それぞれ異なる社会・文化にありつつ、いずれも消費促進による固有文化の新たなアイデンティティ醸成と経済発展を実現したという重要性を持つ。そして両者が新たなメディアとその消費による幸福感の実現とリンクしたからこそ、ヴァナキュラーな文化と社会改革という成功をもたらしえたといえる。エンターテイメント性を強めた消費祭典として注目されるこれらの大会は、革新的メディアをめぐる〈日常／非日常〉の舞台装置として独自文化を演出する、高度な仕掛けだったといえよう。

むすび

国際化・ボーダレス化が進む現代社会においては、逆に各国固有の文化的アイデンティティを再認識する動きが活発化している。オリンピックという近代国家のスポーツ祭典を、そうした現代文化を活性化する消費社会的なエンターテイメントの側面から捉えれば、本章が取り上げた一九六〇年代における日米二つのオリンピックが、きわめて重要かつユニークな位置付けにあることが理解できるであろう。それらは大会を媒介したメディアや企業の活動と相まって、以降のイベント展開や社会のあり方にまで影響を与える強力な文化の仕掛けとなったのである。そして、オリンピックの直接・間接の参加体験から価値観や方法論を受容し、社会において実践していったのは、最新技術に基づくメディア商品やエンターテイメントの消費者である大衆であった。豊かな未来が先進的なメディア技術と消費によって実現される、という可能性を示すオリンピックというスペクタクルは、企業と消費者の双方にとって、重要な媒体として機能していたといえる。それは、オリンピックを通した自国文化の発展と社会経済の成長を目指す、商業的・国家的な戦略と無関係ではないだろう。

そうした意味において、祝祭的なイベントを通して人々が楽しく明るい未来をイメージする場を提供したオリンピックはまた、新たなモノとメディアがもたらす進歩と豊かさを強調し、消費を鼓舞することで、独自の文化的アイデンティティを再強化したともいえる。二つのイベントは、流行概念としてのレジャーや娯楽を社会的に保障し、消費によるライフスタイルの〝上演〟を容易にする時代の雰囲気を創出した。そして同時に、独自の文化を演じるステージからシナリオ、小道具に至るさまざまな要素の供給者となる企業にとって、大きな商業的好機となったのである。オリンピックとメディアエンターテイメントを結びつけ、消費によって実現させる役割を果たした企業の活動は、自社イメージや消費向上、商品の普及促進といったＰＲの第一義的目的を凌駕し、文化全体の発展を導いた。本来、無機質な時空間や存在であったイベント、企業、商品が連動し、メディアイメージやエンターテイメントを通して活き活きと心身に働きかけることで、人々の消費マインドとヴァナキュラーな文化力を総体的に向上させたといえる。

スコーバレーオリンピックを機に、今やアメリカ屈指のスノーリゾートとして発展しているタホ湖周辺地域においては、二〇二〇年代に再度の冬季大会招致を目指し、様々な企業やメディア、自治体が戦略を画策しているとされる。一九六〇年当時における最大最高の規模とエンターテイメント性を惜しみなくイベントに注ぎ込み、その卓越した独自文化を遺憾なく披露したディズニーのような巨大メディア企業が今後どのような形で登場し、新たなスペクタクルを創造して魅せるのか。また一九六〇年当時に匹敵するユニークな地域振興が再現できるか否か、いまだ未知数である。

一方、日本においては二〇二〇年の二回目となる東京オリンピック開催を控え、徐々に社会的な整備や気運が盛り上がりつつある。今回のオリンピック招致にあたって、そのキーワードとされたのが「おもてなし」であった。しかし、東京都観光ボランティアの「おもてなし制服」をめぐる一連の騒動を鑑みれば[4]、欧米的なホスピタリティとは異なる日本文化独自の「おもてなし」を、現代日本の価値観を象徴する文化的概念としていかに体現するか、という方向性は依然として定まっていないと捉えられる。また、一九六〇年代においての〈非日常〉がもはや〈日常〉化した二〇二〇年において、いかなる技術と仕掛けを駆使したモノやイベントが、メディアや企業によって社会全体にプレゼンテーションされるのかという期待感も強い。日本が高度経済成長期の只中にあった一九六四年の東京大会がすでに歴史の一ページとなった現在、メディア、エンターテイメント、新たな消費文化の展開に対する受容力と行動力を十分に身につけた人々が、いかにオリンピックというイベントと関わってゆくのか、注目に値する。

一九六〇年代とその出来事を理想化する近年のレトロブームや回顧主義の中にこれら二つのイベントを埋もれさせることなく、その先駆的でユニークな営みのうちから、新時代におけるヴァナキュラーな文化創造と発展の手掛かりを見出すことこそが重要な意味を持つであろう。

(1) セイコーはその後も、「はつらつSEIKO」(一九七二年)、「ラ! ラ! SEIKO」(一九七三年)など、春のキャンペーンを積極的に実施し、他のメディア企業の販促活動をリードする役割を果たした。詳細はセイコーホールディングス株式会社公式ウェブサイト(http://www.SEIKO.co.jp/)参照。

(2) 東京オリンピックにおける重要なメディア技術の進歩と影響としては、このほかにも初の衛星放送開始や、初のコンピュータによるリアルタイム記録管理等が実現した。記録管理技術はその後、銀行のオンラインシステムや自動車生産管理などに応用され、人々の生活と密接に関わるレベルで急速に記録のデジタル化が進んだ。

(3) この動きは他の業界やメディアでも同様に見られている。フィルム業界のさくらカラーは、オリンピック前年に「さくらカラービッグチャンス」キャンペーンで新入学児童を持つ家庭に呼びかけるとともに、一九六四年五月には日本橋三越で「古都春秋展」を開催し、主婦層を中心に二〇万人の入場者を得てプロモーション活動を成功させた(小西六写真工業株式会社、一九七三年)。

(4) 二〇一五年五月、東京都は二〇二〇年オリンピック・パラリンピック東京大会に向けて、外客に主要観光地の魅力案内をするボランティア「街なか観光案内」を開始した。会見では同時に藤江珠希デザインによるスタッフの制服が発表された。しかしその後、インターネット等で、この通称「おもてなし制服」のデザインを酷評する意見が多数相次ぎ、同年七月実施の都知事選挙では、小池百合子現知事も制服の見直しを提案していた。一一月になって、小池知事は正式にボランティアスタッフのユニフォーム再検討の意向を表明し、観光を含めた都のＰＲ戦略を検討する「東京ブランドのあり方検討会」を発足させた。委員にはファッションデザイナーのコシノヒロコも名を連ねて議論が重ねられている。

主要参考文献

池井優『オリンピックの政治学』丸善ライブラリー　一九九二年

老川慶喜編著『東京オリンピックの社会経済史』日本経済評論社　二〇〇九年

オリンピック東京大会組織委員会編『第十八回オリンピック競技大会公式報告書』一九六六年

株式会社ジャニスほか編『ムック 東京オリンピック1964・2016』メディアパル　二〇〇六年

小西六写真工業株式会社『写真とともに百年』一九七三年

財団法人吉田秀雄記念事業財団『アドスタディーズ』第一三号　二〇〇五年

関口英里『現代日本の消費空間　文化の仕掛けを読み解く』世界思想社　二〇〇四年

武田晴人『高度成長』岩波新書　岩波書店　二〇〇八年

津金澤聰廣編著『近代日本のメディア・イベント』同文館　一九九八年

日本放送協会放送世論調査所『東京オリンピック』一九六七年

古川隆久『皇紀・万博・オリンピック』中公新書　中央公論社　一九九八年

吉見俊哉『博覧会の政治学』中公新書　中央公論社　一九九二年

――――「アメリカナイゼーションと文化の政治学」井上俊ほか編著『現代社会の社会学』岩波書店　一九九七年

Ancinas, Eddy Starr. 2013. *Squaw Valley & Alpine Meadows: Tales from Two Valleys*. Charleston: The History Press.

Antonucci, David. 2009. *Snowball's Chance: The Story of the 1960 Olympic Winter Games Squaw Valley and Lake Tahoe*. Lake Tahoe: Art of Learning Publishing.

――――2013. *1960 Winter Olympics: Images of Sports*. Charleston: Arcadia Publishing.

Dayan, Daniel and Elifu Katz. 1992. *Media Events: The Live Broadcasting of History*. Cambridge: Harvard U. Press.（ダニエル・ダ

ヤーン『メディア・イベント――歴史をつくるメディア・セレモニー』浅見克彦訳　青弓社　一九九六年）

MacAloon, John. 1981. *This Great Symbol.* Chicago: U. of Chicago Press.（『オリンピックと近代』柴田元幸・菅原克也訳　平凡社　一九八八年）

――― 1984. *Rite, Drama, Festival, Spectacle.* Philadelphia: Institute for the Study of Human Issues.（『世界を映す鏡』光延明洋ほか訳　平凡社　一九八八年）

The Walt Disney Family Museum. 2012. *Art Linkletter remembers working with Walt Disney at the Squaw Valley Olympics.*

――― 2012. *New Heights: Walt and the Winter Olympics.* San Francisco: The Walt Disney Family Museum (www.waltdisney.org)

〈付記〉　本章は初出「戦後日本のメディアイベントにおける消費文化の「語り」」（『立命館国際言語文化研究所紀要』第二三巻一号、二〇一一年九月）の本文を大幅に改稿したものである。

Ⅲ

拡散・再生

11 〈ヴァナキュラー〉の実践——アメリカのアーツ・アンド・クラフツ運動

小長谷英代

要点とアプローチ

〈ヴァナキュラー〉は主に土地の言葉、地方語、俗語等、「言語」を意味する一般語であるとともに、今日の文化理論・社会理論の批判的観点から注目される学術語である。〈ヴァナキュラー〉の語感にともなう意味の多義性、特に土地との連想や周辺的なもの、雑多なもの、劣位のものといった否定的なニュアンスの奥行きが、近代思想・学問の主流や正統に軽視・無視されてきた文化、社会、歴史の文脈に光をあてる手がかりとなっているのである。

〈ヴァナキュラー〉という言葉が学際的なキーワードとして使われるようになったのは比較的近年のことであるが、〈ヴァナキュラー〉への関心はさまざまな領域の過去の言説に辿られる。中でもアメリカ研究は、二〇世紀前半の領域の創設期から〈ヴァナキュラー〉なものへの問題意識を示し、ヘンリー・ナッシュ・スミスやレオ・マークスの文学研究が、〈ヴァナキュラー〉なものを、イギリス文学の正典や権威に対する、アメリカ文学の独自性として見出している（Lemke 2003, 2009; Arac 1996; 本間 1989）(1)。ただ、一九四〇年代以降、アメリカ研究が、象徴神話学派を中心にアメリカ独自の文化的伝統を神話化し、学術的正統を確立しようとしていく時代の文脈においては、周辺性や雑多性に目を向ける〈ヴァナキュラー〉は学術語として主要な議論をなしていたわけではない。そうした動向の中でも、ジェイムズ・A・コーウェンホーヴェンが、「ヴァナキュラーとは何か（"What is Vernacular?"）」という論考に提起していた〈ヴァナキュラー〉への観点は示唆的である（Kowenhoven 1949; Lemke 2003; Schlereth [1981] 1999）(2)。

コーウェンホーヴェンは、〈ヴァナキュラー〉を道具や建物から機械にいたる物質的、技術的なものにとらえ、アメリカの文化的特質を、「機能性」や「有用性」、あるいは「民主的」な志向に見出そうとする。文学や歴史が支配的な枠組みをなすアメリカ研究において、アメリカの産業社会が築いてきた物質文化の日常的な実践を対象とするコーウェンホーヴェンのアプローチは、社会、経済、歴史の多元的・包括的な文脈に〈ヴァナキュラー〉の意義を求めていく一九六〇年代以降の〈ヴァナキュラー〉論の発展に通ずる先見的なものである。

今日、〈ヴァナキュラー〉はポストモダンの批判的考察の中でより多層的な観点から論じられ、「近代」の思想的前提や社会的制度を再考する切り口となっている。例えば、建築、アート、文学、音楽等の聖典的枠組みから排除されていたもの、啓蒙主義的な理性や科学の発展を阻害し、また近代社会の秩序を乱すとして差別化され、切り捨てられてきたものを可視化し、その文化的・社会的意義を再評価するためのキーワードとなる（Glassie 2000; Upton 1983; 小長谷 2017）(3)。〈ヴァナキュラー〉がどのように意味付けられてきたのか、〈ヴァナキュラー〉の考察が深まる中で、本章が焦点をあてるのは、コーウェンホーヴェンが指摘し、さらに建築学や芸術学が追究してきた日常的な生活に基づく〈ヴァナキュラー〉の文化的実践とその社会的意義である。特に着目したいのは、「アーツ・アンド・クラフツ」運動の社会的・歴史的文脈である。そこにはアメリカで〈ヴァナキュラー〉なものへの関心が高まり、さまざまな観点から具体的に実践されていくプロセスが見えてくる。

〈ヴァナキュラー〉なものとアーツ・アンド・クラフツ運動

「アーツ・アンド・クラフツ」運動は、産業革命や資本主義の悪害への危惧や抗議として一九世紀後半のイギリスでジョン・ラスキンやウィリアム・モリスの思想のもとに始まり、〈ヴァナキュラー〉なものを日常生活の経験や感覚としてさまざまな形や方法に実践してきた主要な文脈をなす。その思想は、産業革命が「アート」と社会生活におよぼしてきた弊害に対して抗議し、資本主義以前の美や技術、およびその道徳的・社会的意義の再評価を目指す（Lears 1981; Berkemeier 2006; Victoria & Albert Museum）。「クラフト」は、一八世紀以降、上層のブルジョワが特権的に支援・独占する絵画、彫刻、建築等の「アート／ファイン・アート」と、対立的に実用的・機能的な「アート」として概念化されてきたものである。アーツ・アンド・クラフツの思想は、その「アート」と「クラフト」の差異の解消を目指す。つまり、機械制大工業に基づく大量生産や無秩序な商業システムが、織物、陶器、木工等の「クラフト」の質やデザイン、およびその創作者である「クラフツマン／アーティザン」の技術・労働を、衰退・劣化に追いやってきたことに異議を唱え、その価値の回復を求めるのである（小長谷 2017）。

その近代産業に批判的な思考は、中世的な職人の手工業の価値を見直し、植物等、自然の素材やテーマを生かしたもの、外来の要素ではなく土着的なものへの視線を喚起する。この自然や土着性への関心が、「土地で生まれた／生地で育った奴隷」といったラテン語の語源をもつ〈ヴァナキュラー〉の語をもってとらえられる。〈ヴァナキュラー〉は、「近代」や「産業」との対置において反照的に意味付けられ、その関係性には、土地で生まれた奴隷という古い語義から、階層的な力関係が含意される（小長谷 2017）。〈ヴァナキュラー〉なものの再評価を呼びかけることは、その力関係を揺るがしていくことを意味する。こうしたアーツ・アンド・クラフツ運動における〈ヴァナキュラー〉なものへの関心は、産業資本主義の発展がもたらす社会変化や問題への反応として、イギリスからヨーロッパ、日本、アメリカへと拡大していく。

アーツ・アンド・クラフツの思想は、決して単一的・統一的な運動として展開するわけではなく、時代や場所を超えてさまざまな形や条件のもとに意味付けられていく（Grieve 2008; Obniski 2008）。個々の社会的・文化的文脈において、「クラフト」「ハンディクラフト」「装飾アート」「フォーク・アート」「スタジオ・アート」、あるいは「民藝」といった名のもとに再解釈され、二〇世紀への世紀転換期のアメリカにおいては社会改革と連動した運動に組み込まれ、日常的に実践されていく。当時のアメリカが、産業・経済の繁栄を誇りながらも、都市化や移民の増大による貧困や生活・教育環境の悪化等に直面していた時、〈ヴァナキュラー〉は、クラフトの素材やスタイルに具現され、社会問題や不安に対する具体的、実際的な手段や方法をもたらし、多様な社会思想・運動の中で見過ごされがちな平凡な社会生活の実践として、浸透していく。二〇世紀半ば、スミス、マークス、コーウェンホーヴェンらが、アメリカの文化的基盤に〈ヴァナキュラー〉なものをとらえた時、その意味の奥には、アーツ・アンド・クラフツの社会史・文化史的文脈がある。

「クラフト」の〈ヴァナキュラー〉

アメリカにおけるアーツ・アンド・クラフツ運動は、イギリスと同様に、ヴィクトリア様式の装飾的・貴族的要素を拒否し、産業化・合理化の中で脇に追いやられていた手作りの織物や荒削りの家具等の「クラフト」を再生する。土着の素材を用いた「自然」な素朴さや実直さに、価値を見直していく。多様な目的や意図による活動がある中で、特に一八九〇年代半ばから東部の小都市で始まった運動はその主要な展開であり、アメリカの広範な社会の生活文化に影響を与えている。それは、ユートピア的な職人のコロニーの社会実験であり、ニューヨーク州ではエルバート・ハバードの「ロイクロフト」、グスタフ・スティックリーの「クラフツマン・ワークショップ」、ラルフ・R・ホワイトヘッドの「バードクリフ」、またペンシルヴァニア州ではウィル・L・プライスの「ローズ・ヴァレー」がその主要な拠点となっている（Obniski 2008; Koch 1967; Hewitt 1996）。アーツ・アンド・クラフツの理想において、これら生活共同体が生産した簡素な家具や建築等のクラフトのスタイルは、アメリカの社会生活や様式として普及し、〈ヴァナキュラー〉のイメージを媒介していく。

　この職人の運動は、「モリス・チェア」のデザイン等、イギリスの影響を強く受ける反面、イギリスに対抗するアメリカ的なクラフトの生産を目指す。特に運動の中心的な存在となるスティックリーの「クラフツマン・ワークショップ」は、モリスが示したように、素朴な素材、アンティークな風合い、また飾り気のないデザインの家具や家屋に、日常的生活における機能性を強調する。その一方、「ミッション・スタイル」や「クラフツマン・スタイル」の名で普及する家具類や「バンガロー」の生産において、「アメリカ」的なモデルを打ち立てると同時に（Koch 1967; Hewitt 1996）、時に運動の全体が「クラフツマン」運動ともよばれるように、職人の存在を強調する。[4] モリスやラスキンが、デザインやスタイルの美的・道徳的理想を、「中世」のゴシック様式的な規範に求めたのに対して、スティックリーは、クラフトの価値をアメリカで新たに培われてきた土着的な経験にとらえる（Klaric 2006: 177–179; King 2008）。それまで、イギリスの文化的洗練や歴史的権威に対して劣位におかれてきたアメリカ生まれの粗野さや簡素さ、すなわち〈ヴァナキュラー〉なものを再評価し、美的分野・活動において、建国以来イギリスに対して従属的位置におかれてきた「アメリカ」のクラフトを、近代産業のシステムとして再構築する。しかし〈ヴァナキュラー〉の実践には、相反する対立的な観

図1　モリス・チェア（リクライニング）
1903年頃 ロイクロフト（East Aurora, NY）製

点や意図が交錯する。

つまり、アーツ・アンド・クラフツの思想においては、〈ヴァナキュラー〉なものは近代産業と対立的にとらえられ、思想家のイヴァン・イリイチも、一九八〇年の論考「ヴァナキュラーな価値（"Vernacular Values"）」で、〈ヴァナキュラー〉を「交換を動機としない人々の活動、人々が日々の必要を満たすための自律的、非市場的活動」と定義している。しかし、スティックリーは、アメリカ的な〈ヴァナキュラー〉を、必ずしも産業資本主義と対立的にとらえてはいない（Illich 1980）。イギリスのアーツ・アンド・クラフトの思想的モデルが資本主義や機械中心の生産に否定的であったのに対し、スティックリーはむしろ機械を取り入れ、家具や調度品等のクラフトの総合的な生産を方向付けていく。スティックリーは、「ロイクロフト」のハバードが雑誌『フィリスティン（*The Philistine*）』を手がけたように[5]、雑誌『クラフツマン（*The Craftsman*）』の他、印刷・装丁等の出版を中心的事業としている。本・雑誌の表紙・イラストやエッセイにおいて、〈ヴァナキュラー〉のイメージは、さまざまなクラフトに視覚的にデザイン化・スタイル化され、カタログ的に消費されるのである。

図2　クラフツマン・ファーム
グスタフ・スティックリーが、ニュージャージー州パーシッパニーに自給自足を目指して創設した職人村。アメリカ国定歴史建造物に指定されている。写真はその中心施設。

また、イギリスのアーツ・アンド・クラフツ運動における美や質の洗練・向上への志向は、結果的にクラフトを富裕なブルジョワの趣向に向けたものにする。これに対して、アメリカの職人運動は、資本主義的生産・流通・消費のシステムにおけるクラフトの「大衆化」を促していく。しかし、それは単に住居やインテリアの流行として見過ごされ得ない、具体的な日常生活をなしていくものである。アメリカのクラフトは民主主義を社会生活に物質的に組み込んでいく現実の実践であり、〈ヴァナキュラー〉なものが日常生活の物理的・身体的体験やライフスタイルの志向を方向付けてきたのである。第二次世界大戦後になって、コーウェンホーヴェンが〈ヴァナキュラー〉という言葉にとらえようとしたのは、こうしてアメリカ社会に浸透してきた質実的なライフスタイルやその価値観であろう。さらに、ここで重視したいのは、コーウェンホーヴェンが、〈ヴァナキュラー〉を武器をも含むクラフトの技術的デザインにとらえ、「男性性」の象徴として打ち出していることである（Kouwenhoven 1949）。

「クラフト」と「ジェンダー」

アーツ・アンド・クラフツ運動は、産業革命や資本主義への反応として発展し、クラフトは社会、経済、産業、政治等の多様な関係性の中で多様な形態をもって再生産される。また、クラフトの美や技術が高められ、より専門的に生産・消費されるにつれ、クラフトに具現される〈ヴァナキュラー〉なものも多様な意味やイメージを帯びることになる。一九世紀末のアメリカで、スティックリーやハバードらによる専門的なクラフトの生産が成功した背景には、上層中産階級を中心としたクラフトへの関心・需要の高まりがある。一八九七年にはボストンで「アーツ・アンド・クラフツ」展が開催され、同年にアメリカ最初の「アーツ・アンド・クラフツ協会」がボストンに設立されている（Ulehla 1981）。こうした活動や組織には、男性を凌ぐほどの女性の存在があり、アーツ・アンド・クラフツ運動は産業化の一方、ジェンダーが再構成されていくプロセスと密接に関わっている。「ファイン・アート」としての「アート」の世界が男性に独占される一方、アーツ・アンド・クラフツ運動によって再評価されるようになったクラフトはさまざまな形で女性にも社会的参加の機会を開いていく。

一八九七年のボストンの展示には家具、刺繍、タペストリー、宝飾品、装飾木工細工、装飾磁器、壁紙、ステンドガラス等が出展され、その製作者には多くの女性が含まれている（Úlehla 1981）。実際、家具や金属製品等の大型のもの以外の、刺繍やレース編み、宝飾品、装丁、陶磁器の絵付けは「女性」特有の分野としてみなされ、特に「装飾アート（decorative art）」とも呼ばれる。それまで価値あるものとしてみなされてこなかった、女性の「クラフト」を「アート」へと高めるのである。スティックリーらによるクラフツマンの運動において、クラフトは、土着的で質実剛健な建築や家具等、大型の生産物に具現され、「アメリカ」的な「男性性」として解釈されていくのに対し、「装飾アート」の名のもとで、クラフトは「女性性」として意味付けられる。クラフトは、種類別に男性的なものと、女性的なものにジェンダー化され、専門化されることによって、ジェンダー区分を促進する実践となるのである。

実際、一九世紀のイギリスでは、ヴィクトリア朝の上流階級の女性の理想として、女性が家事・育児に加え、余暇に刺繍やレース編み等の手芸を嗜《たしな》みとすることが期待され、それら繊細なクラフトは「女性性（femininity）」や「家庭性（domesticity）」の象徴として推奨されていく。また、教養を備えた女性に向けて、装飾品の専門的な訓練施設として、一八四二年にロンドンに「女子デザイン学校」が設立され、これに倣って、アメリカでも一八四八年に「フィラデルフィア女子デザイン学校」、一八五一年に「ニュー・イングランド女子デザイン学校」、一八五二年に「ニューヨーク女子デザイン学校」が設立される（Devereux 2016; Chalmers 1996）。さらにアメリカ最初の織布や内装のデザイナーとなったキャンディス・ウィーラーは、一八七七年にはニューヨークに「装飾アート協会」を設立している。ウィーラーは、もともと刺繍やキルト等、家庭的なクラフトの製作・販売をキリスト教の慈善活動にとりいれ、中産階級の女性の「装飾アート」運動を推進していく（McCarthy 1991: 37-41）。こうした女性のクラフトの専門化は、当時高まっていく女性運動としてもとらえられ、教育や社会活動に制度化されるこ

図3　ピロー・カバー　キャンディス・ウィーラー（デザイン）　1876–77年頃
ウィリアム・モリスの初期の刺繍作品等、イギリスの刺繍パターンや縫いの影響を受けている。

とによって、女性の家内工業的な職業の機会を開いている（Callen 1980, 1985: Groot 2006）。しかし、装飾アートにおける女性の専門化は、資本主義生産構造における工場と家内工業、社会と家庭の区分を強化し、ジェンダーの階級的差異を維持する力としても作用することになる。

近代産業における女性的・家庭的な生産は、イリイチによれば、〈ヴァナキュラー〉と呼ぶべきものである。彼は、〈ヴァナキュラー〉なジェンダーを近代の産業化以前の世界に存在していた本質的なもの、産業化によって失われてしまったものとして理想化する（Illich 1980: 85; 荻原 1985; 小田 1991: 162）。その産業化以前の家庭を中心とする生産活動を言い表す適切な言葉として、イリイチは、古代ローマで「家庭で紡いだ(homespun)」「家庭で作った(homemade)」「家庭で育った(homebred, homegrown)」といった意味で使われていたラテン語起源の〈ヴァナキュラー〉という言葉の「復活」を提案している（Illich 1980: 65）。しかし、〈ヴァナキュラー〉は失われたものではなく、むしろ「近代」や「産業」への関心の高まりによって構築される概念である。興味深いのは、アメリカ独自の文化や歴史を論じるコーウェンホーヴェンが、〈ヴァナキュラー〉に「男性性」を見ていたのに対して、近代の産業社会を論じるイリイチは、〈ヴァナキュラー〉を「家庭性」や「女性性」に意味付けている。つまり〈ヴァナキュラー〉は文脈によって意味の対立的な構造を逆転し得るのである。今日の文化研究が、〈ヴァナキュラー〉に注目するのは、その変化の可能性である。

〈ヴァナキュラー〉の社会的展開

一九世紀末のアメリカの「クラフツマン」や「装飾アート」の発展におけるアーツ・アンド・クラフツの思想の浸透は、当時、アメリカで拡大していた社会改革運動の広範な文脈に位置付けられる。モリスの美学的改革がイギリスの社会主義から大きな刺激を受けていたように、アメリカのアーツ・アンド・クラフツの改革運動も、社会主義的理想の影響を受けている。ただ、資本主義を掲げるアメリカにおいては、社会主義は必ずしも政治・経済的に歓迎されたわけではない。スティックリーも、モリスに感化されながら、彼の政治・経済的思考を全面的に受容していたとはいえない。アメリカにおける社会主義思想は、どちらかといえば「キリスト教社会主義」や「社会的福音（Social Gospel）」のような、信仰の運動や組織を通して、より広義に多様な形でリベラルの社会改革において再解釈されていく（Dorn 1993）。特に、世紀転換期に、革新主義がアメリカ社会に勢いを得ていく中で、クラフトにおける〈ヴァナキュラー〉なものへの関心は信仰や生産のみならず、さまざまな社会改革のもとに展開する。

特に革新主義的な改革運動が、キリスト教の布教・慈善活動と結びつく中で、クラフトは「セトルメント」を拠点とする教育・職業訓練施設における改革プログラムに取り入れられている。一八九七年には、先述の「ボストン・アーツ・アンド・クラフツ協会」の設立に続いて、「シカゴ・アーツ・アンド・クラフツ協会」が、アメリカのセトルメント運動を先導するジェーン・アダムズの「ハル・ハウス」で設立される（Stankiewicz 1989: 37）。ハル・ハウスの設立や運営が女性中心で進められるように、セトルメントは女性の社会的役割や存在感を印象付けていく場となる。装飾的・家庭的なクラフトが女性の分野として推進される中で、セトルメントはクラフトの展示・講義・創作活動によって、日常的なものの美や手作業の精神性の教育を通した社会道徳の守護者としての女性の役割を強調していく。またセトルメントは、富裕な白人の上層中産階級の女性やデザイン学校で教育を受けた女性が、下層の貧しい女性たちを指導する効果的な仕組みとして機能していく。下層階級の女性や寡婦・独身女性にとっては、それら女性的な「クラフト」は余暇の嗜みではなく、家計を支える生活の糧となるのである。

さらに、ハル・ハウスのような東部の都市で始まるセトルメントを拠点とする社会改革は、教会の「国内布教（home mission）」や富裕層・財団による慈善活動を強力な推進力にして、地方にも拡大する。実際にその指導的役割を担っていくのは高学歴の女性たちであり、南北戦争後、後進的・閉鎖的な貧困地帯として問題視されるようになっていたアパラチア山脈南部では、女性指導者たちが、セトルメントの改革的理想を基に、クラフトを活かした支援施設を開設している。「アパラチア」は、一九世紀を通して旅行者や伝道者をはじめとする多くの文筆家によって著されたもの、いわゆる「土地色（local-color）文学」の中で、すでに一定のイメージにおいて形成されてきた「想像」の地でもある（Anglin 1992; Fraley 2011）[6]。その語りによれば、奥地コミュニティに受け継がれる古い語りや生活には、開拓初期のアメリカの過去の記憶が刻まれているのである。したがって、世紀転換期におけるナショナリズムの高揚の中で、アパラチアは、アメリカの文化的原点やアングロ・サクソン文化の宝庫として意味付けられていく。「クラフト」はこの文学的イメージに身近な生活の具体的な形を与えるものとなる。

アパラチア地域のクラフトの実践は、アメリカの〈ヴァナキュラー〉を、「土地性」や「土着性」に結びつけていく具体的な説得力を持つ。中でも一八九五年にノース・カロライナ州に設立される「アランスタンド・コテージ・インダストリー」は、その代表的な施設であり、創設者のフランシス・L・グッドリッチは、国内布教の使命のもとに、地元の貧しい女性たちの経済的自立に向けた「クラフト産業」のシステムを立ち上げていく。グッドリッチは、ニュー・イングランドで家庭の機織りがすでに途絶え、機織り機等の道具が博物館の展示物となっていた当時、アパラチアのコミュニティに伝わる「アイルランドの鎖」や「二重結び」といった古い織りのデザインを収集する。古くは一八世紀の入植者の織りのパターン等、「土地」に伝わる〈ヴァナキュラー〉な知識や技術を、アメリカの「伝統」として見出している（Goodrich [1931] 2010）(7)。セトルメントが社会改革の実践として道徳的・教育的側面に主眼を置くとすれば、グッドリッチは、地域に根付いた〈ヴァナキュラー〉を基に、「アランスタンド・コテージ・インダストリー」を女性の実質的な生産活動の仕組みとして打ち立てていく。

また、一九〇二年にケンタッキー州では「ヒンドマン・セトルメント・スクール」が、キリスト教女性組織の宗教的信念のもとにキャサリン・ペティートとメイ・ストーンによって設立され、また一九二五年にノース・カロライナ州には、「ジョン・C・キャンベル・フォーク・スクール」が、フィランスロピーと北欧の「フォーク・スクール」をモデルとした教育的理想において、オリーヴ・D・キャンベルによって設立されている。さらに、グッドリッチやキャンベル他、アパラチアの改革指導者たちによって「サザン・マウンテン・ハンディクラフト・ギルド」(8)が結成され、アパラチアのクラフトは、地域の主要な産業として発展し、今日にいたっている。これら女性指導者たちによる地方の取り組みは、男性中心の都市の文化から目を向けられることのなかった、〈ヴァナキュラー〉な生活文化に価値を見出し、コミュニティの自立を促していく。エレノア・D・ローズヴェルトは、こうしたクラフトの社会改革に関心を抱き、女性活動家のナンシー・クックやマリオン・ディッカーマンと共同で、クラフトの生産を政策的に応用する社会実験施設として、一九二五年にニューヨーク州に「ストーン・コテージ」、一九二七年には「ヴァル・キル・インダストリー」を設立している（Grieve 2008）。このローズヴェルトの試みは本格的な産業として発展するまでにはいたっていないが、〈ヴァナキュラー〉なものを再評価する思考はニューディール政策におけるアパラチアの貧困・雇用対策に繋がっていく(9)。こうして、女性の実践が、国家的な政策をも刺激するものともなり得る時、〈ヴァナキュラー〉なものの文化的・社会的雑多性や周辺性には社会的な変革への可能性が含意されるのである。

むすび

〈ヴァナキュラー〉はその意味の両義性や多義性に鍵がある。その曖昧さに構造的な力の関係性を揺るがす契機があり得るからである。アメリカ研究者やクラフトの職人にとって、〈ヴァナキュラー〉の洗練を欠く未熟さは、一九世紀までのイギリスとアメリカの関係性に前提される知的・文化的な階層構造を克服すべく、「アメリカ」の未開拓の発展を切り開いていく源泉となる。また、資本主義におけるジェンダーの権力構造が強化される中にあって、社会改革を目指す女性たちにとっては、見過ごされてきた〈ヴァナキュラー〉の家庭的・日常的文化は、女性の自立的選択肢を開いていくための経済的・文化的資源となり得る。

ポストモダンの批判理論が、文化・社会の支配的構造に切り込む観点として見出した〈ヴァナキュラー〉の強みは、その語義の土着的・物質的な現実性や、その雑多で矛盾を含む、容易にとらえがたいプロセスにある。「近代」の啓蒙主義的理想に基づく思考が、「文化」における、高次元の抽象的な秩序や原理を追究してきたとすれば、その西欧中心のエリート主義的想定を批判的に再考していく試みが重視するのは、土地や社会的下層との結びつきである。「文化」を、歴史や社会の具体的実践の文脈に位置付け、中心から外れた視点からとらえていくことに、〈ヴァナキュラー〉へのアプローチの意義がある。

(1) マークスは一九六〇年に「アメリカ文学におけるヴァナキュラーの伝統(“The Vernacular Tradition in American Literature”)」で、〈ヴァナキュラー〉を、マーク・トウェインやウォルト・ホイットマンの文学が描く平等主義や民主主義に見ている。同論文は、一九八八年のマークス著『パイロットと乗客――アメリカにおける文学、技術、文化についての論考(*The Pilot and the Passenger: Essays on Literature, Technology, and Culture in the United States*)』に編成されている。

（2）アメリカ研究で〈ヴァナキュラー〉なものがキーワードとして明確に取り上げられていくのは、一九八〇年代以降になってヒューストン・A・ベイカーやジョゼ・D・サルディヴァール等によるマイノリティ文学研究が台頭するようになってからである（Lemke 2003）。

（3）建築では一九六四年にニューヨーク近代美術館（MoMA）で『建築家なしの建築〈*Architecture without Architects*〉』展を開催した建築家のバーナード・ルドフスキーは、〈ヴァナキュラー〉を「無名、自発、土着、田舎」といった属性に見ている（Rudofsky 1964）。また、民俗学ではヘンリー・グラッシーが〈ヴァナキュラー〉を、建築学の正統的研究から無視されてきた建造物に形を与える概念として理論化している（Glassie 2000）。

（4）スティックリーは一八九八年、ニューヨーク州シラキュースに「グスタフ・スティックリー・カンパニー」を設立し、のちに「ユナイテッド・クラフツ」、さらに「クラフツマン・ワークショップ」に社名を変更している。

（5）ハバードは一八九五年、ニューヨーク州イースト・オーロラに印刷・製本業を中心とした「ロイクロフト・プレス」を設立し、のちに家具や木工・金属製品等、さまざまなクラフト製作のコロニーへと拡大する。「ロイクロフト・キャンパス」の名称でも知られる。

（6）メアリー・ノアイユ・マーフリーやフロレンス・スティーヴンソン等による著述は特に広く普及している。

（7）グッドリッチは、イェール大学ファイン・アーツ・スクールを卒業後、現地のコミュニティに移り住む。三五年間のアパラチアのクラフトについての記録である一九三一年出版の著書『マウンテン・ホームスパン（*Mountain Homespun*）』では、個々のクラフトのデザインや名前の意義を詳細に説明している。

（8）一九三〇年の同ギルドの設立にあたり、グッドリッチは設立者の一人としてアランスタンドの資産等を寄贈している。ギルドの名称は一九三三年に「サザン・ハイランド・ハンディクラフト・ギルド」に変更され、今日なお南東部の九つの州の約九〇〇人のクラフト製作者を包括する組織として、地域の経済や教育を支えている。

（9）「ヴァル・キル・インダストリー」では、植民地時代にさかのぼる家具のスタイルの手作りによる再生が試行される。エレノア・ローズヴェルトはウェスト・ヴァージニアやテネシー等、アパラチアの連邦政府のホームステッド・プロジェクトに関わっている（Grieve 2008）。

引用文献

Anglin, Mary K. 1992. A Question of Loyalty: National and Regional Identity in Narratives of Appalachia. *Anthropological Quarterly*. 65(3): 105–116.

Arac, Jonathan. 1996. Whiteman and Problems of the Vernacular. IN *Breaking Bounds: Whiteman and American Cultural Studies*. ed. Betsy Erkkila and Jay Grossman. New York: Oxford University Press. 44–61.

Berkemeier, Christian. 2006. Aestheticism. IN *American History Through Literature, 1870-1920*. ed. Tom Quirk and Gary Scharnhorst. 23–27. Detroit: Charles Scribner's Sons.

Callen, Anthea. 1980. Sexual Division of Labour in the Arts and Crafts Movement. *Oxford Art Journal*. 3(1): 22–27.

Chalmers, F. Graeme. 1996. The Early History of the Philadelphia School of Design for Women. *Journal of Design History*. 9(4): 237–252.

Devereux, Jo. 2016. *The Making of Women Artists in Victorian England: The Education and Careers of Six Professionals*. Jefferson, NC: McFarland.

Dorn, Jacob H. 1993. The Social Gospel and Socialism: A Comparison of the Thought of Francis Greenwood Peabody, Washington Gladden, and Walter Rauschenbusch. *Church History*. 62(1): 82–100.

Fraley, Jill M. 2011. Missionaries to the Wilderness: A History of Land, Identity, and Moral Geography in Appalachia. *Journal of Appalachian Studies*. 17(1/2): 28–41.

Glassie, Henry. 2000. *Vernacular Architecture*. Bloomington, IN: Indiana University Press.

Goodrich, Francis Louisa. 2010. *Mountain Homespun with a New Preface and Introduction by Jan Davidson*. Knoxville: The University of Tennessee Press.

Grieve, Victoria M. 2008. "Work That Satisfies the Creative Instinct" Eleanor Roosevelt and the Arts and Crafts. *Winterthur Portfolio*. 42(2/3): 159–182.

Groot, Marjan. 2006. Crossing the Borderlines and Moving the Boundaries: 'High' Arts and Crafts, Cross-Culturalism, Folk Art and Gender. *Journal of Design History*. 19(2): 121–136.

Hewitt, Mark Alan. 1996. Words, Deeds and Artifice: Gustav Stickley's Club House at Craftsman Farms. *Winterthur Portfolio*. 31 (1): 23–51.

King, Andrew. 2008. William Morris Arts & Crafts Aesthetic Rhetoric. *American Communication Journal*. 10 (s): 1–10.

Klaric, Arlette. 2006. Gustav Stickley's Designs for the Home: An Activist Aesthetic for the Upwardly Mobile. IN *Seeing High & Low: Representing Social Conflict in American Visual Culture*. ed. Patricia Johnston. Berkeley: University of California Press.

Kock Robert. 1967. Elbert Hubbard's Roycrofters as Artist-Craftsmen. *Winterthur Portfolio*. 3: 67–82.

Kouwenhoven, James A. 1949. What is Vernacular? *Made in America: The Arts in Modern Civilization*. Garden City, NY: Doubleday & Company.

_______. [1964]. American Studies: Words or Things? IN Schlereth, Thomas J. ed. 1999 [1981]. *Material Culture Studies in America*. Lanhm, MD: AltaMira Press. 79–92.

Lemke, Sieglinde. 2003. Theories of American Culture in the Name of the Vernacular. IN *Theories of American Culture, Theories of American Studies*. ed. Winfried Fluck and Thomas Claviez. Tübingen: Gunter Narr Verlag. pp.155–176.

_______. 2009. *The Vernacular Matters of American Literature*. New York: Palgrave Mcmillan.

McCarthy, Kathleen D. 1991. *Women's Culture: American Philanthropy and Art, 1830-1930*. Chicago: The University of Chicago Press.

Rudofsky, Berenard. 1964. *Architecture without Architects, An Introduction to Nonpedigreed*. MOMA.

Samson, John. 2006. Socialism. IN *American History through Literature, 1870-1920*. ed. Tom Quirk and Gary Scharnhorst. pp. 1060–164. Detroit: Charles Scribner's Sons.

Stankiewicz, Mary A. 1989. Art at Hull House, 1889–1901: Jane Addams and Ellen Gates Starr. *Woman's Art Journal*. 10(1): 35–39.

Úlehla, Karen Evans, ed. 1981. *The Society of Arts and Crafts, Boston Exhibition Record 1897-1927*. Boston: Boston Public Library.

Upton, Dell. 1983. The Power of Things: Recent Studies in American Vernacular Architecture. *American Quarterly*. 35(3): 262–279.

小田亮　一九九一　「閉じた共同体のイメージ――監視とプライヴァシー」『国際文化論集』五：一六一～一七四頁

小長谷英代　二〇一七　『〈フォーク〉からの転回――文化批判と領域史』春風社

本間長世　一九八九　「アメリカ研究の課題と展望」『アメリカ研究』二三：一～二〇頁

萩原弘子　一九八五　「「ヴァナキュラー」とは何か――イリッチのジェンダー論批判序説」『女子大文学』三七：一七～三一頁

12　明治期日本におけるアメリカ音楽の受容

ソンドラ・ウィーランド・ハウ（佐藤　渉　訳）

要点とアプローチ

一八五三年と五四年、二度にわたり日本に来航したペリー提督率いる「黒船」には軍楽隊が乗り組んでいた。日本にスティーブン・コリンズ・フォスター（Stephen Collins Foster, 1826–64）の歌曲を含むアメリカ音楽をもたらしたのはこれらの軍楽隊である。西洋音楽が日本に伝来したのは一六世紀のことであり、イエズス会の宣教師たちが学校や教会を設立してパイプオルガンを輸入し、コーラスを教えた。一六一三年にキリスト教の宣教師たちが日本から追放されると、長崎のオランダ式鼓笛隊を除き西洋音楽は日本から姿を消す。一八七〇年代、日本の教育者たちは軍楽隊、宣教師、日本を訪れた教育者、一八七六年のアメリカ独立百周年を記念したフィラデルフィア万国博覧会などを通じてアメリカ音楽を学んだ。一八八〇年代になると、ボストン出身のルーサー・ホワイティング・メーソン（Luther Whiting Mason, 1818–96）が伊沢修二（一八五一〜一九一七）ならびに音楽取調掛と共同で日本音楽の教科書を作成したが、その中にはアメリカ音楽も含まれていた。一八九〇年代には日本の上流社会で西洋音楽の演奏会が流行した。

図1　ルーサー・ホワイティング・メーソン

図2　伊沢修二

本章は明治期の日本における、フォスター歌曲を含むアメリカ音楽の受容について検証する。そもそも西洋音楽はどのように日本に持ち込まれたのだろうか。また、どんな種類のアメリカ音楽が輸入されたのだろうか。日本で利用できる一九世紀のアメリカの唱歌集や音楽教科書には何があったのだろうか。

マシュー・C・ペリー提督

一六三八年以降、長崎の出島に居留しているわずかばかりのオランダ人を除けば、日本は海外の船舶に対して門戸を閉ざしていた。一方アメリカは、中国に向かう船舶の石炭補給基地を確保するため開港を要求し、遭難した捕鯨船の乗組員救助に関わる条約の締結も求めていた。マシュー・C・ペリー提督（Matthew Calbraith Perry, 1794–1858）は極東艦隊を率いて日本遠征を指揮した。ペリーが最初に来航したのは一八五三年七月八日から一七日にかけてのことで、四隻の「黒船」が石炭動力のエンジンから黒煙を吐きだしながら到来したのである。艦隊は、二隻の蒸気船（サスケハナ号とミシシッピ号）に加え、それぞれが牽引する帆船（プリマス号とサラトガ号）によって構成されていた。この艦隊には楽団が乗り組んでいたが、それは乗組員の士気を高め、日本人を楽しませるため、ペリーが音楽を重視したからである。遠征にはイタリア人のバンドマスターが加わり、演奏家たちの指

導にあたった。(1)

ペリーが最初に日本を訪問した折、何度か西洋音楽が演奏される機会があった。七月一〇日の日曜日、サスケハナ号では安息日の礼拝が執り行われ、聖書の朗読と祈禱がささげられた。さらに、フルバンドの伴奏で三〇〇名の水夫がアイザック・ウォッツの歌詞による「あめつちこぞりて」("Old Hundredth")を合唱した。(2)七月一四日の木曜日には楽団が「コロンビア万歳」("Hail! Columbia!")を演奏する中、ペリー提督は日本に上陸した。ペリーはアメリカ合衆国大統領ミラード・フィルモアの手紙を手渡し、春にはさらに大規模な艦隊を率いて戻ってくると宣言した。(3)

ペリーは一八五四年二月までの間に沖縄、香港、そしてマカオを巡った。那覇ではミシシッピ号に地元の名士が招かれ、踊りと歌が上演された。マカオのコンサートホールではサスケハナ号の楽団が大演奏会を催し、香港からの客が汽船に乗ってやってきた。マカオでは週に二、三度、陸上での演奏会が催された。また香港では汽船ポウハタン号の船上で「エチオピアン・ミンストレルズ」と称されるショーが上演されるにあたり、劇場代わりの広々とした甲板に万国旗が飾られ、歌を交えた一幕劇を二編上演するため背景画が描かれた。艦隊が日本に向けて出航するまで、ポウハタン号ではショーが、ミシシッピ号では演奏会が開かれた。艦上でしばしば上演されたミンストレル・ショーは、「エチオピア人」たちという触れ込みのクリスティーズ・ミンストレルズを乗組員たちが真似たものである。クリスティーズ・ミンストレルズは米英各地を巡業し、スティーブン・フォスターの歌曲を広めるのに貢献した。ペリーの極東艦隊上の催しで、フォスター歌曲がどの程度演奏されたのかは不明である。(4)

一八五四年二月、ペリーは九隻の船を率いて日本に戻ってきた。艦隊は蒸気船(ポウハタン号、サスケハナ号、ミシシッピ号)、帆船(マセドニアン号、ヴァンダリア号、サラトガ号、サウサンプトン号、レキシントン号)、補給船(サプライ号）によって構成されていた。三月八日、ペリー一行は現在の横浜近辺に上陸した。太鼓が打ち鳴らされ、海兵隊がささげ銃の姿勢をとり、三つの楽団がアメリカ国歌「星条旗」を演奏する中を、護衛を従えたペリーと将校、それに船員たちが行進した。協議を終えた提督は、楽団の演奏に合わせ、隊列を組んだ海兵隊員の間を行進して帰って行った。横浜で執り行われた海兵隊員の埋葬式では、鼓笛隊がヘンデルのオラトリオ「サウル」を演奏した。(5)

三月二七日、ペリーはポウハタン号で盛大な宴会を催し、日本の役人と極東艦隊の士官をもてなした。宴会では大量のシャンパンにワイン、リキュールがふるまわれ、晩餐に続いてミンストレル・ショーが上演された。ショーでは、顔を黒く塗り、ストライプの上着とひだ飾りのついたシャツを着た船員たちが、踊りや歌を披露し、観客は心ゆくまで楽しんだ。(6)

一八五四年三月三一日に神奈川条約が調印され、避難と補給のため下田と函館の二港が開かれると、サラトガ号は楽団が「ホーム・スウィート・ホーム」を演奏する中、本国への帰路に就いた。(7) 五隻の船が函館に立ち寄り、ミシシッピ号とポウハタン号では日本の役人を招いてショーが上演された。五月二九日、ポウハタン号で上演された「エチオピアン・エンターテイメント」と銘打たれたミンストレル・ショーは大好評を博した。演目には「ミスタ・ボーンズ」（"Mistah Bones"）と「ミスタ・タンボ」（"Mistah Tambo"）の寸劇、フォスターの「主人は冷たい土の中に」（"Massa's in de Cold, Cold Ground"）などの歌曲、若い水夫が貴婦人に扮した『リヨンの貴婦人』（*The Lady of Lyons*［エドワード・ブルワー＝リットン原作の戯曲］）を基にした風刺劇が含まれていた。(8) 下田でもエチオピアン・ミンストレルズが上演され、ポウハタン号で行われたショーには一〇〇名を超える観客が集まった。一八五四年七月一一日には那覇港で那覇条約が調印された。地元の名士を招き、ミシシッピ号艦上で催された別れの晩餐では、やはりエチオピアン・ミンストレルズが上演された。(9)

日本におけるアメリカ音楽

日本の指導者たちは、アメリカ音楽とアメリカ文化の諸相について多様な情報源から知識を採り入れた。たとえば西洋のバンドリーダーが日本の楽団を指導し、キリスト教の宣教師が讃美歌を教えた。また、日本の教育者がアメリカに渡航して学ぶこともあれば、アメリカの教育者が日本で教育にあたることもあった。一八七六年のフィラデルフィア万国博覧会では、日本とアメリカの指導者がそれぞれの展示から互いの文化を学び合った。こうした文化交流を通じて、日本の国会図書館はアメリカの唱歌集や学校教科書を収集した。

軍楽隊

日本の音楽家は海外のバンドリーダーから西洋音楽を学んでいた。徳川時代にはオランダ式の鼓笛軍楽隊が存在していたが、それが一八六九年にブラスバンドへと移行した。薩摩藩が英国海軍のバンドリーダーだったジョン・ウィリアム・フェントン（John William Fenton, 1831–90）を雇い、三〇名の男たちにバンド音楽を学ばせたのが最初であった。フェントンは一八七一年から七七年まで日本海軍軍楽隊を指導し、その跡をドイツ人のフランツ・エッケルト（Franz Eckert, 1852–1916）が継いだ。さらにドイツ人のアンナ・ローアが雇われ、一〇名の団員にピアノを教授した。海軍軍楽隊は数名の日本人音楽家による指導も受けていた。その一人である中村祐庸（一八五二〜一九二五）は、宮廷雅楽師に西洋音楽を指導する役目も担っていた。(10)

日本陸軍はフランス式音楽法を採用した。一八七二年、陸軍はトランペットとビューグルの指導者としてギュスターヴ・ダグロン（Gustave Charles Desire Dagron, 1845–98）を雇った。陸軍軍楽隊の指導には、西謙蔵、草場新作、小篠秀一ら日本人音楽家もあたった。一八八二年、陸軍は工藤貞次をパリ国立音楽院に留学させ、一八八四年から八九年にかけてフランス人バンドリーダーのシャルル・ルルー（Charles Edouard Gabriel Lerouy, 1851–1926）が陸軍軍楽隊の指導にあたった。陸軍軍楽隊は一八七二年の鉄道開通を祝う演奏会で、西洋音楽と日本音楽のアンサンブルを披露した。一八八〇年代を通じて、陸軍や海軍の軍楽隊は鹿鳴館の舞踏会で演奏することがしばしばあったが、入手可能な資料からは、当時の軍楽隊のレパートリーに含まれていた楽曲を知ることはできない。

キリスト教宣教師と讃美歌集

西洋音楽は、キリスト教の宣教師と彼らが携えてきた讃美歌集によっても日本に伝えられた。初期の日米文化交流に重要な役割を果たしたのは、オランダ改革派教会とラトガース大学である。一八六〇年代には日本人留学生がラトガースに学んだ。一八六九年卒業のウィリアム・エリオット・グリフィス（William Elliot Griffis, 1843–1928）は、日本で教鞭を執った最初のアメリカ人の一人である。彼の姉であるマーガレット・C・グリフィス（Margaret C. Griffis, 1838–1913）は一八七二年から七四年まで東京で英語を教えた。ラトガース大学の教授であったデイヴィッド・マリー（David Murray, 1830–1905）は一八七三年から七八年まで文部省の顧問を務め、フィラデルフィア万国博覧会では日本人に力を貸し、東京教育博物館に所蔵するための物品の購入にあたった(11)。

一八六〇年代には監督派、改革派、長老派の海外伝道機関によって、アメリカ人宣教師とその妻たちが日本に派遣された。女性はキリスト教コミュニティで積極的な役割を果たした。女子学生の通うミッションスクールでは、聖書や讃美歌を通じて英語の指導が行われた。「主われを愛す」（"Jesus Loves Me"）や「よい国あります」（"There Is a Happy Land"）の歌詞は日本語に翻訳され、大きな掛け軸に書き記された。讃美歌集は長崎、神戸、横浜で出版された。長老派の宣教師でヘボン式ローマ字を発明したジェイムズ・カーティス・ヘプバーンの夫人は横浜の日曜学校で教え、オランダ改革派教会が派遣した宣教師のメアリー・キダー（Mary Eddy Kidder, 1834–

1910）は横浜で教育に従事した。キダーが創設したフェリス・セミナリーはフェリス女学院として今に至っている。(12)

アメリカを訪れた日本人教育者、日本を訪れたアメリカ人教育者

日本の教育者がアメリカ式教育について学んだのは、岩倉具視（一八二五〜八三）率いる使節団が一八七一年から七三年にかけて一八か月にわたり米欧を視察した折であった。使節団には文部理事官の田中不二麿（一八四五〜一九〇九）も加わっていた。彼は多くの学校を訪問したほか、一八七六年のフィラデルフィア万国博覧会の特別文部理事を務め、一万ドル相当の学校関連の物品を購入した。明治政府が日本人留学生に発行した旅券は一一、二四八通に達した。一九世紀、日本の教育者がアメリカの教育と文化について学ぶ機会は豊富にあったのである。(13)

日本で雇用された外国人は、日本の近代化に欠かせなかった英語と多くの技術を伝え、明治期日本の発展に重要な役割を果たした。外国人は中央政府や地方政府、さらには民間組織によって雇われ、「お雇い外国人」、あるいは単に「お雇い」と呼ばれた。マリオン・マッカレル・スコット（Marion McCarrell Scott, 1843–1922）は一八七二年に開設された東京師範学校の教師となった。スコットはサンフランシスコのグラマースクールの校長を務めるかたわら、カリフォルニア州試験委員会のメンバーでもあった。彼はアメリカの学校で使用されている備品と本を日本に輸入し、翻訳した教材と通訳を介して授業を行った。(14)

ラトガース大学教授で文部省の顧問を務めたデイヴィッド・マリーは、田中不二麿が一八七二年公布の教育令を起草する際に助言を与えた。フィラデルフィア万国博覧会では日本の指導者に力を貸し、東京教育博物館に所蔵する物品の購入にあたった。博覧会が閉幕すると、マリーは日本に戻り、東京大学の設立に協力した。

フィラデルフィア万国博覧会は、一八七六年五月から一一月まで開催され、アメリカ人が日本について学び、

日本の教育者がアメリカの教育について学ぶ好機となった。日本の展示は、磁器や陶器、絹織物や刺繍、教材、農産品を呼び物とし、マサチューセッツ州の展示は、学校の備品、教科書、ルーサー・ホワイティング・メーソンの楽譜集などを含んでいた[15]。

ルーサー・ホワイティング・メーソンと伊沢修二

一八八〇年代、伊沢修二とルーサー・ホワイティング・メーソンは協力して日本向け音楽教科書の作成に取り組んだ[16]。文部省は一八七五年から七八年まで伊沢をアメリカに派遣し、教員養成を学ばせた。伊沢はマサチューセッツ州のブリッジウォーター師範学校に通う一方で、頻繁にボストンに足を運び、メーソンと共に音楽を学んだ。ボストンの初等学校の音楽教育長であったメーソンは、アメリカ最初の学校向け音楽教科書シリーズである『ナショナル・ミュージック・コース』を出版した[17]。このシリーズには楽譜、リーダー（生徒向けの唱歌集）、教師向け手引きが含まれていた。メイソンと伊沢は日本で唱歌を教えるための楽譜を作成し、メーソンのチャートから採った曲に日本語の歌詞をつけた。

メーソンは一八八〇年三月から八二年七月まで日本に滞在し、教育に携わった。メーソンの招聘責任者を務めたのは、伊沢とアメリカの留学生監督であった目賀田種太郎（一八五三〜一九二六）である。伊沢は東京師範学校の校長と音楽取調掛長を務めた。音楽取調掛が公立学校向けの教科書を作成するにあたり、伊沢は日本の伝統音楽と西洋音楽を統合したいと考えていた。

東京に赴任したメーソンは、児童の指導と教員訓練に従事しつつ、演奏会を企画し、音楽取調掛と共同で教科書を作成した。メーソンは通訳と宮廷雅楽師の力を借りて、これらの仕事を進めた。雅楽師の中には、メーソンが来日する前から西洋音楽に通じている人たちがいた。東儀はクラリネット、上真行はチェロ、奥好義はフルー

図3　『小学唱歌集』初編（1881〜84年）

ト、辻則承はビオラを演奏した。琴、ピアノ、バイオリンを弾く高嶺（旧姓中村）専子はメーソンの通訳を務めた。彼女の夫である高嶺秀夫（一八五四〜一九一〇）は、オスウィーゴー州立師範学校に留学したのち東京師範学校の校長を務めた人物である。[18]

音楽教科書

音楽取調掛は日本の小学校向けに『小学唱歌集』を出版した。[19]伊沢は日本音楽と西洋音楽を統合した新しい様式の学校唱歌を確立したいと願っていたが、『小学唱歌集』収録曲の大半は西洋の旋律を採用しており、それらの多くがメーソンの『ナショナル・ミュージック・コース』によっていた。さらに『ナショナル・ミュージック・コース』はクリスチャン・ホーマン（Christian Heinrich Hohmann, 1811–61）の『国民学校歌唱教育実用教程』の英訳版に基づいていた。[20]一八七〇年代、すでにメーソンの教則本とホーマンの英訳版教則本は国会図書館で閲覧することができた。[21]

メーソンは、アメリカの民謡・愛唱歌や作曲家の名を普及させることには無頓着だった。彼の関心は、ヨーロッパ歌曲をアメリカの学校で教えることに向けられていたのである。メーソンは一八七二年と七四年、さらに八二年から八三年にかけてヨーロッパを訪れ、学校を巡って何百という唱歌集を収集し、みずからの蔵書に加えた。[22]『小学唱歌集』に収録された曲の多くがアメリカの音楽教科書から採られていたが、実のところその大半はヨーロッパの曲であった。[23]『小学唱歌集』が重要であるのは、この本が文部省によって認可され、日本全国で使用されたためである。実際、収録曲の多くは、二〇世紀後半の音楽教科書まで受け継がれることになった。

一八九〇年代、伊沢は小学校向けに六巻からなる『小学唱歌』を出版した。[24]伊沢は理論的には伝統的な日本音楽を支持していたが、実質的には旋律のみを使い、歌詞は新たに日本語で創作して、子供たちに伝える歌とした。伊沢はメーソンの『ナショナル・ミュージック・コース』を材料としたが、とりわけ一八九〇年代のメーソンの教科書に記されていた西洋の音階に関する理論的説明を採り入れた。

西洋音楽の演奏会

鹿鳴館は宏壮な二階建ての迎賓館であり、一八八三年、東京に建設された。鹿鳴館ではきらびやかな夜会が催され、西洋風の装いをした日本の紳士淑女が陸軍や海軍軍楽隊の演奏にあわせてワルツ、ポルカ、カドリール、マズルカを踊った。上流社会の人士は、大日本音楽会が後援した鹿鳴館での演奏会を楽しんだ。奏者は通常、東京音楽学校の教師や学生たちだった。東京音楽学校ではヨーロッパから招聘された教授が指導にあたり、多くの学生が海外に留学した。ピアノ教師の永井繁子（一八六一～一九二八）はニューヨークのヴァッサー・カレッジに学び、バイオリン教師の幸田延（一八七〇～一九四六）はボストンとウィーンに留学した。[25]

東京と横浜の英字新聞には、一八八〇年代の演奏会に関する論評が掲載されている。一八七三年に創設された横浜合唱協会のオーケストラは、ジョアキーノ・ロッシーニの『アルジェのイタリア女』序曲、ヨハン・シュトラウスのワルツ、フランツ・フォン・スッペの序曲を演奏した。[26]一八八〇年に東京で催された演奏会では、フランツ・エッケルトの指揮で、帝国海軍軍楽隊がリヒャルト・ワーグナーとシュトラウスの曲を演奏し、二〇名を擁する東京合唱協会が歌った[27]。一八八一年には横浜合唱協会がロンドンのゲイエティ劇場でギルバートとサリバンのオペラ『H・M・S・ピナフォー』を演じている[28]。一八八二年、帝国海軍軍楽隊はワーグナーの『タンホイザー』から行進曲を、さらに日本歌曲を基にした幻想曲二編を含む八つの曲目を演奏した。日本の音楽家は尺八、三味線、琴を用いて、邦楽と中国楽曲を演奏した[29]。しかし、一八九〇年代を迎える頃には西洋化に対する反動が生じ、ナショナリズムが息を吹き返したため、西洋音楽の演奏会に対する関心は薄れていった。

むすび

二〇世紀を通じて、スティーブン・フォスターの歌はアメリカ音楽の代表として日本で広く親しまれてきた。一八五〇年代、日本人はアメリカの艦隊に乗り組んでいた楽団を通じて、初めてフォスター歌曲を聞き、アメリカ音楽に触れた。明治期になると、日本人は軍楽隊の音楽、キリスト教の讃美歌、学校唱歌、ヨーロッパのコンサート音楽など多様な西洋音楽に親しむようになった。一八八〇年代から九〇年代にかけて編纂された日本の音楽教科書では、日本の伝統音楽と欧米の唱歌が統合された。一九世紀後半に多様な西洋音楽に触れた結果、西洋音楽はすでに日本文化の一部、日本のヴァナキュラーともなっていた。

（1）ペリーの自伝についてはSamuel Eliot Morison, "*Old Bruin*" *Commodore Matthew C. Perry 1794–1858* (Boston: Little, Brown and Company, 1967) を参照。
（2）*Ibid.,* 326, 328.
（3）*Ibid.,* 331–35.

（4） *Ibid.*, 340, 348–50.

（5） *Ibid.*, 363, 370. 以下も参照。 Matthew Calbraith Perry, *Narrative of the Expedition of an American Squadron to the China Seas and Japan,* compiled by Francis L Hawks (Washington, D.C.: A.O.P. Nicholson Printer, 1856), vol. 3, 344–46, 353.

（6） Morison, "*Old Bruin,* " 378.

（7） *Ibid.*, 381.

（8） *Ibid.*, 351, 394.

（9） *Ibid.*, 397–98.

（10） Nomura Kōichi, "Occidental Music" in *Japanese Music and Drama in the Meiji Era,* ed. Komiya Toyotaka, trans. Edward G. Seidensticker and Donald Keene (Tokyo: Obunsha, 1956), 452–57.

（11） Sondra Wieland Howe, *Luther Whiting Mason: International Music Educator* (Warren, Mich.: Harmonie Park Press, 1997), 68–69.

（12） Howe, "The Role of Women in the Introduction of Western Music in Japan," *The Bulletin of Historical Research in Music Education* 16, no. 2 (January 1995): 84–86.

（13） Howe, *Luther Whiting Mason,* 55–57.

（14） スコットに関する詳しい情報は Benjamin C. Duke, *The Hıstory of Modern Japanese Education: Constructing the National School System, 1872-1890* (New Brunswick, N.J.: Rutgers University Press, 2009), 112–29 を参照。

（15） *Ibid.*, 219–29.

（16） Howe, Mei-Ling Lai, and Lin-Yu Liou, "Isawa Shūji, Nineteenth-century Administrator and Music Educator in Japan and Taiwan," *Australian Journal of Music Education,* no. 2 (July 2014). 93–105.

（17） Luther Whiting Mason, *First Music Reader* (Boston: New England Conservatory of Music, 1870); *Second Music Reader, Third Music Reader* (Boston: Ginn, 1872).

（18） Howe, *Luther Whiting Mason,* 84–86.

（19） 『小学唱歌集』全三編、音楽取調係編纂（文部省、一八八一～八四年）。

（20） Christian Heinrich Hohmann, ed. *Practical Course of Instruction in Singing, Prepared on School Principles,* trans. from 5th German edition, 4 vols. (Boston: Oliver Ditson, 1856–58); *Praktischer Lehrgang für den Gesang-Unterricht in Volksschulen* [Practical Curriculum for Singing Instruction in Elementary Schools], 4 vols. (Nordlingen: Beck'schen buchhandlung, 1853–89).

（21）安田寛、著者への手紙、一九九一年九月二一日付。

（22）Howe, "The Nineteenth-Century European Tours of Julius Eichberg and Luther Whiting Mason," *Bulletin of Historical Research in Music Education* 15, no. 1 (September 1993): 1–16.

（23）『小学唱歌集』に収録された曲の写しとそれらの引用元については斎藤基彦のウェブサイトを参照。http://www.geocities.jp/saitohmoto/hobby/music/primaryfiles/primary-en.html（二〇一三年一〇月一日アクセス）

（24）伊沢修二『小学唱歌』全六巻（大日本図書、一八九二～九三年）。のちに『日本教科書大系』六〇～一八八頁に再掲。

（25）Julia Meech-Pekarik, *The World of the Meiji Print: Impressions of a New Civilization* (New York: Weatherhill, 1986), 162–67, 170.

（26）*The Japan Times*, April 13, 1878.

（27）*The Japan Herald*, June 18, 1880.

（28）*The Japan Herald*, April 20, 1881.

（29）*The Japan Herald*, May 23, 1882.

〈付記〉本章は「明治時代における西洋音楽の受容（American Music in Meiji Era Japan）」（『立命館言語文化研究所紀要』第二六巻一号、二〇一四年一〇月）を改訳したものである。

13　スティーブン・フォスターとアメリカ

ディーン・L・ルート（湊　圭史　訳）

要点とアプローチ

アメリカ合衆国では、長らく、スティーブン・コリンズ・フォスター（Stephen Collins Foster, 1826-64）の歌曲が彼の生きた時代の文化的象徴とされてきた。アメリカが生んだ最初の重要な歌曲作家として歴史家たちはまずフォスターの名前をあげる。歴史家の一人は次のように述べている。

［フォスターが］一九世紀の作曲家の中で最もよく知られ、人気もある作曲家であるのは疑いようがない。（中略）フォスターほどロマンチックに誇張され、一般大衆の心に消えることのないイメージを喚起し続けてきた作曲家は他にいない。そうしたイメージは、彼の歌曲が今なお幅広い層に人気があるということと、この作曲家が短い人生を哀れとしか形容しようのない状況で終えたことによって生み出されたものである。(1)

フォスターの遺産を後世に伝えることを目的とする資料館の中でも最大のものがフォスター・ホール・コレク

図１　スティーブン・フォスター

ションで、一九三七年、ピッツバーグ大学に設立されたスティーブン・フォスター記念館内にある。(2) コレクションには、フォスターの生前から現在までの資料、アメリカのみならず世界中で蓄積されてきた五万点以上におよぶ本や雑誌、楽譜、草稿、写真、芸術作品、録音その他、フォスターの人生と音楽の記録が収められている。私はフォスター記念館設立以来、二人目となる館長を務めている。本章を書くにあたっても、コレクションの資料や、それらに基づいた調査研究、長年の間にコレクションを訪れてくれた来館者や研究者の関心や貢献に頼ることとなった。キャスリン・ミラー・ヘインズやマリアナ・ホィットマーをはじめとする我々のスタッフは、数えきれないほどの旅行者や見学の生徒たち、インターネットからアクセスしてくれる人々、さらには新聞記者、映画製作者、テレビ番組のプロデューサー、また劇作家や音楽家による情報の照会に対応している。一九八〇年代からは、コレクションへの訪問者のうち二〇％がアメリカ国外から、その内の半数がカナダと日本からであった。二〇一一年の訪問者には、当時日本の首相夫人であった鳩山幸さんの名前もあったし、駐米日本大使による訪問も数度におよんでいる。私はフォスター・ホール・コレクションの館長を務めながら、訪問してくださる方々、とりわけピッツバーグに勤務するため、研究のため、あるいは居住するために滞在することになった人たちから多くを学んできた。アメリカ合衆国以外では、フォスター音楽にもっとも興味を示してきたのが日本の市民であり、またもしかすると、日本の平均的市民のほうが平均的アメリカ人よりもフォスターの歌を多く知っていることさえありえると私は考えている。

なぜフォスターか?

フォークソング歌手で「フォークの母」と呼ばれることもあったジーン・リッチー(Jean Ritchie,1922-2015)は、ケンタッキー州のアパラチア山脈で育ち、のちには、古くからアメリカに伝わる歌の録音を続けるとともに世界中でコンサートを開いた。彼女自身から聞いたのだが、リッチーが日本に滞在した時に泊まったホテルのロビーで、男性の団体がフォスターの歌を日本語で歌うのを耳にしたそうだ。リッチーは、曲は知っていたが日本語はわからなかったので、英語の歌詞で一緒に歌ってみた。すると、男性の一人が「どうして日本のフォークソングを歌えるんですか」と問いかけてきたという。

私たちアメリカ人は同じような好奇心をもって、「どうしてフォスターなのか?」と日本人に問いかけてみたくなる。また、この若くして亡くなったこの音楽家——一八二六年にペンシルベニア州ピッツバーグで生まれ、三七歳にして早世してしまった男——が残したいくつかの曲がいかにして、世界中の国やさまざまな言語で誰もが歌う曲となりえたのか。いかにして、また、なぜ彼の曲が日本へと伝わり、かの地でこんなにも広く知られるようになったのか、と問いかけてみたくなるのだ。

一九四七年、フォスターについての二冊目の研究書が出版された。日本語で、東京で、である。日本では一九四九年に、九一ページもあるフォスター歌曲集が出版されている(3)。それから四〇年近く経った一九八五年には、日本から音楽学者、新聞記者、写真家、演劇プロデューサーらが総勢二〇人ほどで、スティーブン・フォスター記念館を訪れるためにピッツバーグにやってきた。日本へのツアーが予定されていたケンタッキー州バーズタウン産のミュージカル、『スティーブン・フォスター物語』のためのパンフレットと広告を準備するため派遣された人々だった。そのうちの一人であった朝日新聞社の記者は「なぜスティーブン・フォスターの歌が日本であんなにも知られているんでしょう」と尋ねてきた。私は「私もいつかその理由を知りたいと思っているんですよ」と答えた。

フォスターの歌は一九世紀半ばのアメリカ合衆国のヴァナキュラー文化がもたらした不朽のレパートリーである。「ヴァナキュラー」という用語は、歌を形容するために使われた場合は、文化的視野や思想の深さにおいて記念碑的であるとか、エリート的に特別であるとかではなく、私たち個々の生活の日常的側面とのつながりを直接感じさせてくれるような、人間の生に自然に表れるような思いを伝えてくれるようなスタイルを指す。メロディや歌詞、イメージが演奏者や聴き手によって生活との自然なつながりを感じさせる場合に「ヴァナキュラー」という語が用いられる。フォスター作品は一個人によって創られたにもかかわらず、文化や国の境界を越え、地球のいたるところで「ヴァナキュラー」として認められるようになった稀有な文化的創造物の一例なのだ。

どのようにして、なぜ、このようなことが起こりえたかを理解しようと試みるにあたって、ここではまず前提として、フォスターが作曲を行い、彼の歌がはじめに人気を博すようになった社会・文化的状況をまとめる。その次に、フォスターの歌がアメリカ合衆国の枠をどのようにして越えていったのか、他の国の文化にとってどのような意味を持ちえてきたのかを、資料に基づいて検証したい。その上で最後に、電子・デジタルメディアにおいてもフォスターの歌の使用は途切れることなく続いていることを確認する。グローバルなオンライン上の交流において、地域に根差した伝統文化にこだわる際に起こるパラドックスを含んだ状況が、フォスター歌曲の利用についても観察できる点を見ることにしよう。

フォスター歌曲の起源

フォスター歌曲が二一世紀の今でも私たちに強く訴えかけてくる理由を知りたいと望むなら、まずそれが生まれた文化を、そして作曲された時代を生きていた人々がフォスターの歌をどのようにとらえていたかを知るべきだろう。スティーブンはフォスター家の末っ子として、現在のペンシルベニア州ピッツバーグに生まれた。アメリカ人が独立五〇周年の記念日を祝っていた、一八二六年七月四日のことだった。両親はスコットランドとアイルランドを出自とする家系で、「中流階級」——市長や判事、事業主たちが属する階級——だった。父ウィリアムは若い頃は平底船に乗り込んで、まだ荒野だった地域からオハイオ川やミシシッピ川を二〇〇〇マイル（一マイル＝一・六〇九キロ）近くも下《くだ》ってニューオーリンズまで物資を運ぶ仕事をしていた。家族ができると、土地の売り買いや製鉄会社や運河設営会社への投資を生業としたがうまくいかず、徐々に財産を失っていった。スティーブンが生まれる頃には、長男の収入が一家の生計を支えていた。この長兄は土地測量士として、運河や鉄道のルートを決定するための仕事をし、のちにペンシルベニア鉄道会社の副社長にまで上《のぼ》り詰めた人物である。

図2　ピッツバーグ(1849年)

スティーブンは三つの異なった環境での音楽を耳にしながら育った。家の近辺にいた労働者たちが街角や工場で歌う歌、女性たちが家族や友人のために家庭で演奏する音楽、そして、劇場や教会など公共の場での活動の一環である音楽だ。若きフォスターが最初に就いた仕事は、長兄ではない別の兄が働いていた綿糸工場での床掃除だった。兄の業務はアメリカ南部諸州を旅して周り、梱《こん》単位（一梱＝一八一・四四キログラム）で購入した綿をピッツバーグに送ることだった（旅行のたびに、兄はスティーブンにとっては異国の地と思えたであろう土地から物語や歌を持ち帰ってくれた）。スティーブンは家を離れてよい歳になると、別の兄が働いていたシンシナティにある会社、オハイオ川やミシシッピ川で蒸気船を運行していた会社に帳簿係として勤務する。スティーブンはこうして経験した仕事で、労働者たちの言葉、物語、そして音楽を吸収していった。当時、ピッツバーグの労働者の多くはイギリスと西ヨーロッパからの移民であった。南部の奴隷州と北部の自由州を隔てるように流れるオハイオ川沿いで暮らし、働いたことで、奴隷だった黒人と交流する機会も多かった。スティーブンの両親が黒人を家周りで働かせていたこともあり、幼いスティーブンはそうした人たちの一人に連れられて教会へ通ったと言われている。

このように、スティーブン・フォスターは、船上および工場で働く労働者たちの文化に自然に馴染《なじ》む環境で育ったのである。また、ピッツバーグはアメリカ西部の荒野への探検、交易の窓口であり、のちに工業的生産拠点として産業革命の縮図となった都市でもある。ピッツバーグとシンシナティは多文化が混じり合う地域の中心都市であり、多様で雑多なスタイルの歌や踊りで溢れ返っていた。

一方、フォスター家の女性たちはずいぶん違った境遇の文化を引き継いでいた。母親はメリーランド州の裕福なプランテーション農園主の娘で、生まれた時から親しんできた白人の中流階級向けのお上品な文学や歌を、故郷から離れたピッツバーグの家でも娘たちとともに楽しんでいた。フォスター家の女性陣は「洗練された」歌を歌い、夜会で器楽を演奏し、ダンスを踊ることが、社会道徳の滋養につながると考えていた。一家の娘たちはヘンリー・クリーバーという音楽教師について、ピアノ演奏と歌唱を学んだ。クリーバーはスティーブンにも略式の作曲指導をした。クリーバーはドイツでクラシック音楽の訓練を受けた人物で、ピッツバーグでは若い女性たちの音楽教師を務め、ピアノや楽譜を売る店を経営しながら、コンサートで指揮をしたり、作曲した歌やピアノ曲をニューヨークで出版していた。スティーブンの演奏や作曲のテクニックは、独学の部分以外は、このクリーバー氏から吸収したものだ。スティーブンは詩作をカリキュラムに含む学校に通ったことはあったが、学業において音楽を学ぶ機会はなかった。音楽は、当時は若い女性向けの教科だったのだ。

この時代の社会風潮からすると、女性の家庭内での消費は、男性の工業的商品生産と対になるものだった。家でどんな音楽を演奏するかで、家族の階級や社会的地位、精神的価値観が示されることになっていたのだ。(4) 一方、男性はさまざまな形式の劇場娯楽を楽しみながら、そこに含まれる「洗練されて」はいない音楽を耳にする機会が多かった。シェイクスピアの翻案劇もあれば、サーカスのような身体をはった見世物もあり、また一八四〇年代には、ミンストレル・ショーが新しく流行芸能として登場した〔訳注：ミンストレル・ショーについては次章二七四頁以下参照〕。

ティーンエイジャーの頃、スティーブンは寄宿学校に入っていたが、そこでは地域の日常的娯楽として、町外れの草原で競馬が催されていた。フォスターはのちにこのスポーツイベントを「草競馬」("Camptown Races")で取り上げることになった。「草競馬」は黒人の歌の形式「コール・アンド・レスポンス」を構成として用い、盲目の馬や「角なし牛(muley cow)」やその他の障害物のコミカルな描写にサーカス流のユーモアを詰め込み、同時代の俗語、例えば「ドゥ・ダー(do dah)」(黒人英語で "do that" の意)を用いている。一方、最初に出版されたフォスター歌曲である「恋人よ窓を開けて」("Open thy Lattice Love")は洗練されたイギリス風スタイルで書かれている。若き日のスティーブン・フォスターはこれらの異なった形式の音楽からの要素を組み合わせて作曲をした。ストリートの荒っぽい文化の要素と、家庭の客間の洗練された芸術とを融合させたのだ。アメリカ合衆国の移民国家としての性格から、史上初めて、多くの異なった民族、国民的出自、肌の色、言語、集団的アイデンティティをもった人々が隣り合い、混じり合うことが常態となり、その混交がフォスターの歌にも反映されているのである。

「グローヴ・ミュージック・オンライン」(『ニューグローヴ世界音楽大事典』のインターネット版)の「大衆音楽」の項目は、一八四〇〜五〇年代のアメリカ合衆国のポピュラーソングの特徴をアングロ-ケルティック、イタリア、そして(限界のある薄まったかたちではあるけれども)アメリカ黒人に由来する音楽要素が混じり合ったものだったと述べている。この混交の影響が最もよく聴き取れるのが他でもないスティーブン・フォスターの歌曲である。ミンストレル・ショー向けのものも、家庭の居間向けのものも、すべての曲が多文化の混交の結果である。(5)また、音楽学者のチャールズ・ハムが指摘したように、フォスターはさまざまな民族による歌のスタイルを学び、そうしたスタイルに共通のもっとも一般的な音楽および歌詞の要素を組み合わせて、自らの歌曲を創り上げた。フォスター歌曲が明らかにアメリカ的である最初の音楽とされるのは、「それ以前には、そしてそれ以後も、これほどまでに多くのアメリカ人の共有する体験になりえた音楽は他にない」からなのだ。(6)

フォスター歌曲の伝播

フォスターの音楽を同時代の人々はどのように聴き、理解しただろうか。演奏したのはどういう人々で、どこで、どのような状況でだったのか。これらは基本的な質問だ。しかし、旅行家たちが海外の文化圏までフォスターの曲を広めていった過程をたどり、作曲家自身の生活圏からアメリカの各地へ、さらにアメリカの外へと視点を移していくにつれて、対応する答えは変わってくる。家庭の客間向けの歌「やさしかったアニー」("Gentle Annie")や「金髪のジェニー」("Jeanie with the Light Brown Hair")はお行儀がよく上品な、清廉な愛についての歌で、自然のやわらかいイメージが詰めこまれている。露、月光、花、そよ風、牧場、小川といったイメージは、人間の共感する力がもつ優しさを映しだしている。ただし、これらの曲はほどほどにしか売れず、それが広く知られるようになったのは、当時一番の娯楽だった劇場のパフォーマーたちがフォスターのミンストレル・ショー用の曲を取り上げてお馴染みの人気曲にした後である。人気を集めた劇場での演奏と楽譜の売り上げ、それに、もちろんフォスター歌曲そのもののメロディと歌詞の魅力によって、いくつかの歌が——すべてではないが——、アメリカ全土で人気を博した初のアメリカ生まれの歌になり、人々にこぞって口ずさまれるようになったのだ。

フォスターは生涯に歌曲と器楽曲を合わせて二八六曲を残した。このうちアメリカ合衆国で人々の愛唱歌となったのは二五曲ほどにすぎない。最初の「ヒット曲」は一八四八年の「おおスザンナ」（"Oh! Susanna"）で、プロのミンストレル歌手によってアメリカ北東部に広まった。音楽系出版社は劇場で受けた楽曲を印刷し、劇場ロビーや店舗で、聴衆に家庭でも演奏し歌うことを薦めながら売りさばいて儲けていた。ちょうど印刷業が急速に拡大しつつある時代で、一ペニーで売られた安新聞、莫大な部数を誇った週刊誌、ギフトブック、ファッション誌、さらにその他の短命な印刷物が華やかさと芝居めいた大げささを競い合っていた(7)。

プロによる演奏と楽譜の出版があいまって——また初期のフォスター歌曲が著作権で保護されていなかったこともあり——フォスターの生前にはすでに、アメリカ合衆国で「おおスザンナ」や「ネッド伯父さん」（"Old Uncle Ned"）を聴いたことがない人は一人もいないほどになり、誰もが「草競馬」や「ケンタッキーの我が家」（"My Old Kentucky Home"）を歌い始め、「スワニー川」（"Swanee River"）としても知られる「故郷の人々」（"Old Folks at Home"）もその後に続いた。「おおスザンナ」が一番人気で、「故郷の人々」もそれに次ぐ人気を博した(8)。

「故郷の人々」、この最新の黒人のメロディは、誰でもが口ずさむものになり、さらには口を開けばすぐに飛び立してくるまでになっている。ピアノとギターが昼も夜もなくそのメロディで呻《うめ》いている。センチメンタルな若い女性が歌い、センチメンタルな紳士たちも真夜中のセレナーデとして口ずさんでいる。お調子者の若い「バックス（bucks）(9)」は仕事でもお楽しみの最中でもお気に入りの鼻歌にしている。ボートの漕ぎ手たちは始終、その歌詞をがなり立てているし、路上オルガンは毎時間、そのメロディをギシギシと吐き出す。客室係のメイドも「故郷の人々」の規則正しいリズムに乗って掃除仕事をこなしている。肉屋の若い店員はあなたにディナー用のステーキを手渡しながら、あいさつ代わりにこの曲からの一、二節を歌ってくれる。牛乳配達人はカンカンと耳障りに鳴らす鐘とこの曲の不思議な配合をひっきりなしに聞かせてくれる。

右の新聞記事を読むと、「故郷の人々」が発表後わずか一年で、貧富もプロ・アマの別も人種も性別も関係なく、さまざまな人々に親しまれるようになったこと、気まぐれな鼻歌から形式ばった演奏まで、あらゆる音楽の場面で用いられるようになったことがわかる。この曲は今日、ヴァナキュラー文化における「ミーム（meme）」と呼ばれる、人から人へと急速に伝えられる文化的概念やシンボルの一組となったのだ。[10]

フォスターは「市場に流通する声（voice of the marketplace）」[11]となったのである。フォスターの歌を用いる人々は、歌詞やメロディを自分たちの目的に合うように勝手気ままに変えていった。禁酒の素晴らしさを歌い上げるため、大統領選時に立候補者を応援しその政治的立場を喧伝《けんでん》するため、奴隷制度廃止の道徳的根拠を訴えるため、広いアメリカ大陸を移動する際の困難だとか同時代における他の様々な問題への不満を共有するため、と多様な用途に合わせてアレンジを加えられ、活用されたのである。こうしてフォスター歌曲のいくつかは大衆の共有財産となり、ヴァナキュラーな暮しにおいて自由自在に用いられるようになった。一方で、ほとんどの宗教指導者が、悪徳の源である劇場とつながりがあるとしてフォスター曲を冷遇した。ミンストレル用に書かれたフォスターの音楽は宗教的な言葉の伴奏としては相応《ふさわ》しくなかったのである。フォスターの歌曲は教育者にも評判が悪かった。音楽は道徳を支えるべきと考える彼らにとっては、フォスターの曲はより洗練された（と彼らが重視する）文化には当てはまらないと感じられたのである。例えば、スコットランドやドイツ産のフォークソングやクラシックのメロディのほうがミンストレル・ショーに関係した歌より格上だと言うわけだ。教育者の見解では、ミンストレルの芸は喧しく、肉体的で、不自然なものだった。

ハリエット・ビーチャー・ストウの小説『アンクル・トムの小屋』（一八五二年）を演劇に翻案した役者たちは、

フォスター歌曲を何の躊躇もなく台本に組み入れている（小説にはフォスターの歌への言及は一切ない）。多くの「アンクル・トム」劇団は――彼らの歌うフォスター歌曲とともに――アメリカ演劇において一九世紀末まで大きな位置を占めていた(12)。その結果、ほとんどのアメリカ人にとって、『アンクル・トムの小屋』はフォスターの「ケンタッキーの我が家」や「故郷の人々」と切り離せないものとなった(13)。アメリカにおいてフォスターのいくつかの歌がヴァナキュラー的にありふれたものになった事実は、アンクル・トム劇に使われた以外にも、ローラ・インガルス・ワイルダー作『インガルス一家の物語』に登場したことにも見てとれる。今や古典となった『インガルス一家の物語』は、一九世紀後半のアメリカを、一家の東部での生活と、その後の中西部への入植を通して描きだしたシリーズものである(14)。

フォスターの歌はこうして北アメリカ大陸の人口が集中していた東半分を席巻し、さらに、人気を集めた数曲は船乗りや船客によって遠隔地や海の向こうへと運ばれていった。ニューヨークから派遣されたある旅行記作家はカリフォルニアの金鉱のキャンプを訪ね、キューバに渡り、さらにカリブ海の向こうに辿り着いた経緯を語っているが、最後のパナマ地峡で会った船の漕ぎ手が「声を張り上げ「おおスザンナ！」と、歌詞をまったくおかしなかたちに変えて歌う」のを聞いたという。アメリカからの旅行者たちから教わったに違いない(15)。同じ旅行者は四年後、今度はインドで、音楽家たちがイギリスの軍人たちから教わった「おおスザンナ」をマンドリンで演奏するのを耳にしたという(16)。

また別の旅行者が、一八五二年、ギリシャのパトラで、フォスターの「ネッド伯父さん」と「おおスザンナ」を聞いたと報告している。「さらに、この旅行者はのちにマルタ島で先の二曲に加えて別のフォスター作品もイギリスの軍楽隊によって演奏されるのを聴き、マルタからイギリスへの渡航の際も、水夫たちがフォスターの歌を何曲も歌い、中でも「故郷の人々」が一番人気であった(17)」。

一八五九年、ニューヨークのある新聞が、イギリスとスコットランドの国境をハイキングしたアメリカ人からの手紙を掲載した。

「［私は］スコットランドのボーダー・バラッドで名高いヤロウの高原地帯で、またエトリック地方の詩的な丘に囲まれて数週間を過ごしたのだが、かの地の牧童の少年や小屋に暮らす少女たちのあいだでは、フォスターの初期のメロディのいくつかが、バーンズやラムジーの歌にほとんど取って代わろうとしていることを発見した。スコットランドのコテッジでは、バグパイプがスコットランドの「スコッツ・ホア・ヘエ」（"Scots Wha Hae"）や「アトル卿の求婚」（"Lord Athol's Courtship"）の伴奏を物憂げに鳴らした後で、歌手がフォスターのアメリカン・メロディを歌い始め、すると炉火の周りに集まっていた人たちみなが単純なリフレインを合唱しだすのだ。このように、ピッツバーグの暗くて煤だらけの町角や、モノンガヒラ川の水上で歌われ始めた哀切で心に響く調べは、今では街の生活の煙や船の上げる蒸気より遥か高くに舞い上がり、大西洋を渡って、エトリック地方のヒース生い茂る丘で、ヤロウ高原のカバの木立で耳にするものとなっているのだ」。これと同様のフォスターに好意的な観察が、海外・国内を問わず、アメリカの新聞の特派員によって、カリフォルニア、中国、オーストラリア、さらにはアフリカの砂漠からもぞくぞくと届いている(18)。

調査してみると、二〇世紀の間には、フォスターの歌の何曲かは特定の地域において、新しい意味を与えられていたことがわかった。一九八〇年代に私は南アフリカの黒人詩人デニス・ブルータスにインタビューを行った。南アフリカ国内の政治や経済の権限を白人が独占した悪名高いアパルトヘイト政策への反対を率先して声にした人物だ。ブルータスによれば、一九三〇～四〇年代に、人種隔離された黒人居住区に住んでいた彼の母親や他の教師たちは「ネッド伯父さん」や「オールド・ブラック・ジョー」（"Old Black Joe"）などのフォスター歌曲を生徒に教えたという。アメリカの黒人たちの多くはかつては奴隷とされていたが、その後自由を勝ち取ったという事実を思い起こすために。

一九九〇年代に、あるロシア人夫妻がフォスター・ホール・コレクションを訪れた際、彼らがモスクワ大学の生徒だった頃にはソビエト連邦による人権侵害に抗議するためにフォスター歌曲を歌ったものだと教えてくれた。フォスターの歌は市民の自由と政治的権利を表すものだったというのだ。

逆に、一九五〇〜六〇年代、公民権運動が盛り上がっていた頃には、アメリカ合衆国の多くの学校でフォスター歌曲が禁じられていた。黒人を貶《おとし》めた演劇ジャンルであるミンストレル・ショーと関係があるという理由からであった。

グローバルなメディアとデジタル時代

音楽を大衆に広める手段は一九世紀の終盤までは楽譜とステージ上のパフォーマンスだけだったが、一九〇〇年頃には、録音技術がミンストレルからクラシックまであらゆるスタイルの歌い手の声を記録し始めていた。事業家・慈善家であったジョサイア・カービー・リリー・シニアが一九三〇年代に収集したフォスター歌曲の一〇〇〇近い録音が示すように、世界中の国の多様な音楽ジャンルのミュージシャンが、フォスターの歌曲を円管や七八回転レコードに吹き込んだ。

こうした録音は、レコード会社がより幅広い聴衆へと売り込みを図ったこともあって、フォスター歌曲を国際的にさらに広めることに役立った。「草競馬」のデンマーク語版のように、特定の地域を狙って録音されたものもあった。フォスター・ホール・コレクションには、ノルウェー語、スウェーデン語、ドイツ語、ロシア語、フランス語の七八回転レコードが収められているし、英語での録音もイギリス、アイルランド、カナダ、オーストラリアでなされたものが所蔵されている。コレクションを調べると、非英語圏では日本がフォスターの七八回転レコードを最も多く出している国で、コレクションには一五枚が収められている。ラジオ局も一九二〇年からフォスター歌曲の伝播に大きな役割を果たしたメディアである。七八回転レコードが山ほどかけられたはずだが、実際の放送がいつ、どこでなされたかについて私たちは十分な情報を得られていない。

学術的な本格的伝記が一九三四年に登場し(19)、その後、フォスターと彼の音楽を顕彰しようとするさまざまな試みが続いた。一九三七年にはピッツバーグ大学がスティーブン・フォスター記念館を設立した。フォスター・ホール・コレクション資料の収蔵と展示を目的とした建物が付設された公会堂である。一九三六年には、ケンタッキー州がバーズタウンにあった南北戦争前のプランテーション農場跡にマイ・オールド・ケンタッキーホーム州立公園を設立し、一九五〇年にはフロリダ州もスワニー川の岸に同様の公園を設けた。アメリカ合衆国郵便公社はフォスターの肖像を使った切手を発行している（一九四〇年）［カバー裏面参照］——音楽家を称えて作られた初の切手である。少なくとも六つの州に、フォスターの名を冠した学校が存在する(20)。

フォスターの人生と音楽を劇にする試みは、現在に至るまで何度も行われてきた。一九五九年、マイ・オールド・ケンタッキー・ホーム州立公園のそばで、『スティーブン・フォスター物語（*The Stephen Foster Story*）』と題された夏季野外劇が始まり、スティーブンと妻ジェーンの人生にからめて、地元の歴史を理想化して表現している。この試みが聴衆に見事にアピールしてきたのは、州の公式歌である「ケンタッキーの我が家」をはじめとするフォスター作のメロディがすでにお馴染みのものであったからだろう。また、南北戦争やそれ以前の衣装や社会慣習に対するアメリカ人の関心の高さもあって、地域経済を活性化するほどの数の観光客を惹きつけている。

まったく違った視点でフォスター歌曲をとらえたのが、二〇一二年秋にニューヨークのオフブロードウェイで初演された『困難な時代（*Hard Times*）』というミュージカルである。劇作家のラリー・カーワンはフォスター歌曲を、南北戦争時のニューヨーク市における社会階層間および民族・人種間の緊張関係を表現し、現在のアメリカにもいまだに残るこうした問題を理解するためのレンズとして用いている。

ライブの劇場の脚本家やプロデューサーたちはインスピレーションを求めて、あるいはアメリカの社会史における主要な諸問題を考える際の軸として、今でもフォスターを参照し続けている。このことは、フォスター音楽が重要な感情的、知的テーマを引き出すのに必要な力をいまだに持ち続けていることの証だ。しかしながら、録音や放送での劇のほうがフォスター歌曲を使用する頻度が高く、映画とテレビがフォスターを新しい世代にとっても馴染みのあるものとしていくために最も有効なメディアであることを示している。キャスリン・ヘインズは次のように述べている。

数え切れないほどの映画やテレビ番組、コマーシャル、アニメーションがフォスター音楽をBGMや登場人物が演奏する音楽として利用している。いかにしてフォスター音楽はこれほどまで頻繁に映画やテレビに登場することになったのだろうか。映画のサウンドトラックのためのユーティリティ・プレイヤーとしての地位を確立したのは、フォスター歌曲に、他にないどのような良さがあったからだろうか。

作曲家がフォスター音楽を利用したがる最もわかりやすい理由は、端的にいって効率がよいからである。フォスター音楽は一九世紀以来パブリック・ドメインに入っており、著作権料を払わなくてもフォスターのオリジナルアレンジを使うことができるのだ。そのせいで、演出家が登場人物に口笛を吹かせたり、鼻歌を歌わせたり、ハーモニカを演奏させたりする場合に、自然に思い浮かぶのがフォスター歌曲になっているのだ。(21)

エンターテイメント産業のおかげでフォスター歌曲は子供たちにもお馴染みになっている。五歳から一五歳の子供たちがスティーブン・フォスター記念館にグループで訪れた際には、私は「スティーブン・フォスターについて聞いたことがある人は何人いるかな」と尋ねることにしている。この最初の質問には誰も応えない。しかし次に、「この曲を知っている人は?」と訊ねて、「おおスザンナ」や「草競馬」、「スワニー川」や「夢路より」(“Beautiful Dreamer”)の冒頭のメロディを歌ってみせると、一斉に全員の手があがるのである。

ヘインズが指摘しているように、フォスターの一〇余りの曲は、作曲された一九世紀中葉のアメリカを想起させたり描こうとする際に、映画製作者が重宝するものとなっている。大陸横断の西への旅やゴールドラッシュ、アメリカ南北戦争といった出来事を人々に自然に思い起こさせるのだ。経済的な貧しさを逃れようとする人々の苦闘を見事に詞として表現したのが、フォスターの「ハード・タイムズ」(“Hard Times Come Again No More”)で、「今の人間の耳には最も現代風に聞こえ、[また同時に]フォスターの中で一番「カントリー調」の音楽スタイルが用いられている」[22]曲である。ヘインズによれば、フォスター歌曲はまるでネジ式の玩具のように手軽に使用される、まさに「オルゴールに入ったスタンダード曲」なのだ。

二〇一二年までに、フォスター音楽は少なくとも六二五篇の映画もしくはテレビ番組に使われており、そうした作品のほとんどはアメリカ合衆国で製作されたものだ[23]。私には日本で製作し公開された作品の数がどのぐらいかを知る術はないが、一九九二〜九三年に五二話放映されたアニメ・シリーズ「風の中の少女　金髪のジェニー(世界名作劇場)」を目立った例としてあげておきたい。

フォスター歌曲は、広く知られているのに加えて著作権フリーでもあるので、多くの映画やテレビ番組に使われてきた。たくさんの演奏者が録音をしてきたのも同じ事情からだろう。二〇世紀初頭からアメリカ国内および国際的な著作権法が施行されていく中で、フォスター歌曲は長らくエンターテインメント・メディアのクリエイ

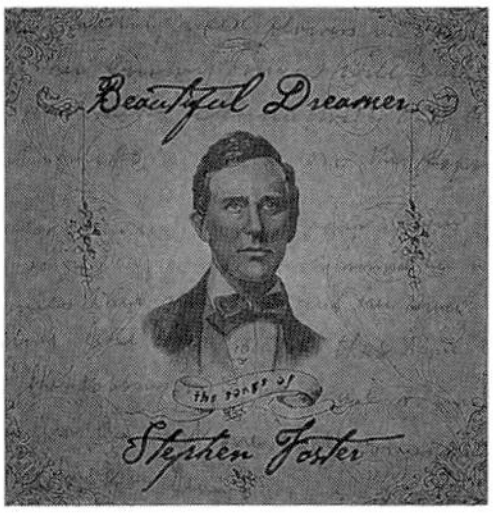

図3　『夢路より』CDジャケット

ターに一番人気のパブリック・ドメインの資料であり続けてきた。一九三〇年代にはASCAP[24]の作曲家たちがアメリカのラジオ放送局を相手取って訴訟を起こし、放送した音楽に対して演奏権を払わせるようになると、多くのラジオ局がフォスターの歌をかけて対抗した。私たちがフォスター・ホール・コレクションを創設した初代館長から直接聞いた話では、「金髪のジェニー」や「夢路より」が初めてヒットしたのはちょうどこの時、フォスターの死後七五年経った頃だったそうだ。

二〇〇四年、スティーブン・フォスターは彼にとって初めてのグラミー賞（全米レコーディング芸術科学アカデミーによって授与される最高の栄誉賞）を受賞した。ナッシュヴィルを代表するアーティストたちの演奏を収めたCD『夢路より（*Beautiful Dreamer*）』によってである。著名な批評家がこのアルバムについて次のように述べている。[25]

> フォスターの歌はスポーツイベントから玄関のチャイムにまでさまざまなところに浸透しているが、現在のアーティストによって演奏される機会は少ない。本格派の歌手ジョーン・モリスとジャン・デガエターニによる数枚のアルバムによって、フォスターが歴史上の偉大な作曲家となってしまったからだが、このCD『夢見る人』はフォスターの曲を私たちの手の届くところまで引き戻してくれた。「オータム・ワルツ」（"Autumn Waltz"）でヘンリー・カイザーが地を焦がすようなソロを聴かせてくれる以外では収録された器楽曲はどうしようもなく時代遅れに聞こえるが、歌唱の入った作品はルーツを感じさせつつ懐古趣味に陥らない多様なスタイルに見事アレンジされている。例えば、カントリー（ポール・マロ、グレイ・ド・リズル）、フォークロック（ロジャー・マギンの薄靄《うすもや》がかかったような「ジェニー」）、そして、最も多いのがアメリカの公

共放送でよく聞かれるスタイル（マーク・オコナー、アリソン・クラウス、ヨーヨー・マによる「おやすみ、いとしい人」（"Slumber My Darling"））である。

同じ批評家はいささか唐突にではあるが、次のような的を射た指摘も行っている。

［アメリカ人にとって］フォスターが重要性を保っているとすれば、アフリカ系アメリカ人の主人公を、お決まりのグロテスクなステレオタイプとしてではない一人の人間として取り上げた歌にその理由はある。「やさしいネリー（ネリーは淑女だった）」（"Nelly was a Lady"）は、威厳あるメロディにのせて、淑女であった「浅黒いヴァージニアの花嫁（dark Virginny bride）」を悼《いた》むことで、顔を黒塗りにした白人パフォーマーが演じたミンストレル・ショーの通常のレパートリーとは一線を画している。「ケンタッキーの我が家」や「故郷の人々」には、今ではとても受け入れがたい奴隷制により運営されていた大農場の風景に、率直な郷愁が込められている。フォスターの描く奴隷や元奴隷は涙もろく、陰気でもあり、常に変わらず受け身の態度をとっている。それはつまり、彼の描く白人の主人公たちとまったく同じなのだ（「やさしいネリー」に出てくるような黒人女性より、儚く亡くなった白人の少女について書くことがはるかに多かったのは事実だが）。フォスターはヒューマニズムに駆られて創作したわけではなく、ミンストレル音楽とピアノーラを弾く淑女たちが好んだ家庭向け物語歌《バラッド》(26)（アメリカのポップスで初の主流ジャンル）の間でバランスをとろうとしたのだ。フォスターの政治的信条は「コッパーヘッド（南北戦争に反対して奴隷州との和解を求めた北部の民主党員）」に準じた信条――親労働組合、反奴隷解放――をもっていたが、彼が作った歌は作者自身のそうした傾向に反するものであった。フレデリック・ダグラスが「奴隷への同情の念を掻き立てる」としてフォスター歌曲を認めていた

ほどなのだから。

グラミー賞を獲得したCDに収められた歌の多くは、現在YouTubeで聴くことができる。YouTubeで「"Stephen Foster"」と検索すると、二、三分から三〇分以上の長さの動画が四五万一千本もヒットする。[27] YouTubeにはフォスター音楽の演奏を集めた「アーティスト・ページ」も開設されており、そこにはボーカルと器楽のリサイタル、商業的レコーディングからの抜粋、二〇世紀中頃の映画からのビデオクリップが並んでおり、音楽のスタイルもカントリーギターから伴奏なしのコーラス向けアレンジ、ジョー的要素の強いクラシック風のハーモニー、ヴァイオリン演奏、小編成のジャズ・オーケストラ、それにオペラまである。検索結果は、フォスターにちなんで名づけられた音楽とは直接関係のないあれこれも含んでいる。競馬レース、学校、高速道路、講演、銅像、絵画、賞、コンペなどなど。

短いフレーズの繰り返しが多い構成のおかげで、フォスター歌曲は記憶するのが容易であるだけでなく、二一世紀の電子デバイスでの使用にも適している。フォスター音楽はパブリック・ドメインにあるので、使用する企業のほとんどがわざわざ作曲家の名前を出さない。例外は任天堂で、フォスターの曲を「もっと脳を鍛える大人のDSトレーニング」(二〇〇五年)で使用し、作曲家名を明記している。

むすび

一八五〇年代、フォスター歌曲が登場し、アメリカン・ミュージックであると断定できる初めての重要な作品群となった。二一世紀の現在になっても、フォスターの歌の何曲かは世界で最も知られた音楽であり続けている。音楽家や演劇、映画、電子メディアの娯楽産業のプロデューサーによって用いられる機会もまったく減ることなく、フォスターの歌はしぶとく生き残り、インターネット時代においてさらに取り上げられることが多くなっているのだ。

　これから先、フォスターの音楽はどういう運命をたどるだろうか。彼の歌曲はデジタル時代をどのように生き延び、未来の世代に向けてどのようなメッセージを発していくだろうか。私の予測では、今日フォスターの歌が歌い継がれている多くの理由――歌詞のもつ詩的なイメージ、ヴァナキュラー文化における役割、人間精神や私たちが置かれた環境についての優しいまなざし――は二五年後、いや五〇年後にも価値を認められているはずだ。また、発明家たちが他の多くの手段を創り出すことで、フォスター音楽はますます多くの人々に共有されていくだろう。そして、日本は、母国以外ではもっともフォスター歌曲が歌われてきた国として、そうした未来にも大きな役割を果たしてゆくはずである。

（1）Daniel Kingman, *American Music: A Panorama*, 2nd ed. (New York: Schirmer Books, 1990), 318. キングマンは同書で、フォスターの人生最後の三～四年における困窮と健康悪化について述べている。

（2）コレクション設立の経緯とその重要性については、以下を参照。Calvin Elliker, "The Collector and Reception History: The Case of Josiah Kirby Lilly," *Music Publishing and Collecting: Essays in Honor of Donald W. Krummel*, ed. David Hunter (Urbana, IL: 1994), 189–203.

（3）津川主一『アメリカ民謡の父フォスターの生涯』トッパン、一九四八年。津川編『フォスター歌曲全集』音楽之友社、一九四九年。

（4）Lori Merish, *Sentimental Materialism: Gender, Commodity Culture, and Nineteenth-Century American Literature*（Durham: Duke University Press, 2000）を参照。

（5）Richard Middleton and Peter Manuel, "Popular music," *Grove Music Online*. Oxford Music Online, Oxford University Press, http://www.oxfordmusiconline.com/subscriber/article/grove/music/43179pg1.（二〇一三年一〇月三日アクセス）

（6）Charles Hamm, *Music in the New World* (New York: W. W. Norton, 1983), 231.

（7）Isabelle Lehuu, *Carnival on the Page: Popular Print Media in Antebellum America* (Chapel Hill: University of North Carolina Press, 2000)、出版社広告より。

（8）*Albany State Register*, as reprinted in *Dwight's Journal of Music* 1 no. 26 (October 2, 1852): 202.「故郷の人々」はちょうど一年と一日前の一八五一年一〇月一日に著作権寄託されている。

（9）「陽気で威勢のよい男、あるいは、ダンディ、しゃれ者、享楽的な男（"A gay, dashing fellow; a dandy, fop, 'fast' man."）」*Oxford English Dictionary* OED Online. Oxford University Press. http://www.oed.com.pitt.idm.oclc.org/view/Entry/24123?rskey=tClHrN&result=1&isAdvanced=false（二〇一三年九月二九日アクセス）。

（訳注）"buck"は「雄鹿」を意味するが、若い黒人男性を指す差別語である。

（10）「ミームとは「ある文化の中で人から人へ伝播していく概念、行動、スタイル」のことである。「ミーム」は文化的概念・象徴・慣行を運ぶ単位として、それらが一人の心からもう一人へと書かれたもの、話し言葉、身振り、儀式やその他の模倣可能な行動によって伝えられることを可能とするものである。「ミーム」概念を使用する人々はそれを自己複製し、変異し、自然淘汰に晒される点から文化における遺伝子の等価物と考えている」（http://en.wikipedia.org/wiki/Meme.）。「ある集団において遺伝的な媒体によってではないが（模倣のような形式で）継承や結果としての持続が遺伝子による継承と類似のかたちで行われる文化的要素あるいは行動における特徴」"meme, n.": OED Online. Oxford University Press. http://www.oed.com.pitt.idm.oclc.org/view/Entry/239909?redirectedFrom=meme（以上、二〇一三年九月二九日アクセス）。

（11）アン・C・ローズによって *Voices of the Marketplace: American Thought and Culture, 1830-1860*（New York: Twayne, 1995）において用いられた用語。

（12）詳しい説明は Deane L. Root, "The Music of Uncle Tom's Cabin"（http://utc.iath.virginia.edu/interpret/exhibits/root/root.html）を参照（二〇一三年一〇月一日アクセス）。

（13）フォスター歌曲がアメリカ合衆国および海外で公共娯楽、私的空間、その他の活動において演奏された場所や様式の詳しい記述は以下を参照。Deane L. Root, "Performing Foster," Chapter 12 in *Music, American Made: Essays in Honor of John Graziano*, ed. John Koegel (Sterling Heights, MI: Harmonie Park Press, 2011).

（14）　一九三二〜四三年に出版されたシリーズの七冊は作者がウィスコンシン、カンザス準州、そして中西部北部で一八六〇年代から一八八〇年代にかけて育った経験に基づいている。シリーズの最初の五冊にフォスターの歌が九曲登場する。

（15）　Bayard Taylor, *Eldorado, or, Adventures in the Path of Empire: Comprising a Voyage to California, via Panama: Life in San Francisco and Monterey: Pictures of the Gold Region, and Experiences of Mexican Travel* (New York: George P. Putnam; London: Richard Bentley, 1850), 1:13.

（16）　Bayard Taylor, *A Visit to India, China and Japan in the Year 1853* (New York: G. P. Putnam, 1855), 155ff.　テイラーは日本も訪問したが、日本でアメリカの歌を聴いたという記述はない。

（17）　John Mahon, interview in the *New York Clipper*, 1877, as cited by Alvin F. Harlow, *Old Bowery Days: The Chronicles of a Famous Street* (New York: D. Appleton and Company, 1931), 350.

（18）　"Who Writes Our Songs?," *The New York Evening Post*, reprinted in *Littell's Living Age* no.781, third series no. 59 (May 14, 1859): 446–47.

（19）　John Tasker Howard, *Stephen Foster: America's Troubadour* (New York: T.Y. Crowell, 1934; second edition, 1953).　ハワードの調査はJ・K・リリーの資金提供を受けて行われた。

（20）　フォスター顕彰の試みを広範に記録した資料としては、以下のものがある。Appendix IV, "Memorials and Tributes to Stephen Collins Foster" by Fletcher Hodges, Jr., Curator of the Foster Hall Collection, in Evelyn Foster Morneweck, *Chronicles of Stephen Foster's Family* (Pittsburgh: University of Pittsburgh Press, 1944).　さらに次の本にも追加の情報が掲載されている。Calvin Elliker, *Stephen Foster: A Guide to Research* (New York: Garland, 1988).

（21）　Kathryn Miller Haines, "Stephen Foster's Music in Motion Pictures and Television," *American Music* vol. 30 no. 3 (Fall 2012), 373–388.　引用は pp. 373–4, 382, 386 より。

（22）　こうした演奏スタイルへのフォスターの歌のアレンジについて、またどのようにフォスターの歌が演奏者間で広まっていったかについての最も優れた記事は、以下を参照。Joe Weed, "Foster's Songs in Old-Time String Band and Bluegrass

Music," *American Music* vol. 30 no. 3 (Fall 2012), 389–396.

（23）ヘインズがインターネット・ムービー・データベース（the Internet Movie Database http://www.imdb.com/）で二〇一二年九月一三年に"Stephen Foster"を検索した結果の報告より。

（24）米国作曲家作詞家出版者協会（ＡＳＣＡＰ）は、音楽を使用した企業（映画館、レコード会社、コンサート・ホール、劇場）から著作権料と実演権料を徴収するために一九一四年に設立された団体である。

（25）Frank Bruno, "Sympathy for the Slave," *Village Voice* 24 August 2004, http://www.villagevoice.com/2004-08-24/music/sympathy-for-the-slave/.（二〇一三年一〇月三日アクセス）

（26）ブルーノのこの発言には誤りがある。ブルーノの言及している自動演奏ピアノが発明されたのはフォスターの死後一〇年以上経ってからである。

（27）二〇一七年九月三〇日現在。

〈付記〉本章は初出「スティーブン・フォスターとアメリカ（Stephen Foster's Songs as American Vernacular）」（『立命館国際言語文化研究所紀要』第二六巻一号、二〇一四年一〇月）の本文を一部、改訳したものである。

14 スティーブン・フォスターの生涯と日本への遺産

宮下和子

要点とアプローチ

スティーブン・フォスター（Stephen Collins Foster, 1826–64）は、南北戦争前夜のアメリカ合衆国（以下アメリカ）で大衆演芸の黒塗り（blackface）のミンストレル・ショーを舞台に、「故郷の人々」（"Old Folks at Home"）や「ケンタッキーの我が家」（"My Old Kentucky Home"）などのヒット曲を生み出した同国初のプロ作曲家である。約二〇〇曲の歌曲は、「夢見る人」（"Beautiful Dreamer"）に代表されるヨーロッパの〝お上品な(genteel)〟伝統を引くパーラーソングと、黒人英語を模したと思わせる言葉遣いで書かれた「エチオピアン・ソング」、および「農園歌」（plantation songs）からなるミンストレル歌謡に大別される。最終的にフォスターは、黒人英語を模したかの表現をなくし人間の普遍性を描こうとした。

二〇世紀前半のアメリカでフォスターは「復活」したが、「政治的公正性」（political correctness=PC）が主張されるようになった一九九〇年代には、"Way down upon de Swanee ribber" のような歌詞に伴う人種差別イメージゆえに忌避された。二〇〇一年、公共放送（ＰＢＳ）がドキュメンタリー番組『アメリカの経験（*American*

Experience』で初めてフォスターを取り上げ、その生きざまについて南北戦争前夜のアメリカを「アメリカ音楽」(American Music)に統合すべく葛藤した「アメリカ的経験」として描出した。さらに二〇一〇年四月、ピッツバーグ大学フォスター記念館(Stephen Foster Memorial)で初の「スティーブン・フォスター シンポジウム」が開催された。二一世紀に入ってからのこうした試みによって明らかなのは、フォスター歌曲がいかに大衆に人気があったとはいえ、アメリカでは権威のないヴァナキュラー音楽としてしか扱われてこなかったということである。

一方日本では、一八八八年にフォスターの「故郷の人々」が最初の文部省唱歌として登場し、それ以後フォスター歌曲は、一時期を除き小・中・高校の音楽教育に組み込まれてきた。そこで本章は、フォスターの生涯とその歌曲を振り返るとともに、一六〇余年にわたり日本人に親しまれてきたフォスター歌曲の「日本化」の軌跡をたどり、日米の異文化交流におけるフォスターの意義を考察する。

フォスターの生涯

スティーブン・フォスターはアメリカ建国五〇周年の一八二六年七月四日、アイルランド系の父ウィリアムとイギリス系の母イライザ・トムリンソンの第九子として、ピッツバーグ郊外ローレンスビルの邸宅「白壁の家」に生まれた[1]。フォスター家はアイルランド移民の曾祖父の家系を引き、二人の姉がトマス・モアの「アイルランド民謡」などをピアノで奏でる環境にあった[2]。特に長姉シャルロッテ(一八〇九〜二九)はピアノと歌に優れ、次姉からはギター・コードを教わり、兄モリソンによると、「フォスターは二歳の頃にはギターでハーモニーをつまびいていた」。また、母イライザの手紙には、「スティーブンが太鼓を抱え、『蛍の光』を口笛で吹きながら歩き回っている」とある[3]。その後、フォスター家は経済的に困窮し、一八三〇年「白壁の家」を離れ借家住まいとなる。当時のピッツバーグは、人口の半数が外国生まれの移民で、フォスターは日常的にパーラーソングをはじめさまざまな国の音楽にさらされていた。一方で、巷の黒人音楽やダンスにも魅せられ、九歳頃には仲間とミンストレル歌謡を歌い興じるスターでもあった(4)。

音楽を男の職業と認めない実業家の父や兄の計らいで、フォスターは複数の学校に足跡を残している。一八三九年には兄モリソンとヤングスタウンに下宿しフリースクールに通い、翌年にはブラッドフォード郡でアテネ・アカデミーとトゥワンダ・アカデミーに通った。家族はフォスターの「風変わりな音楽の才能」を憂慮するが、当時の母親の手紙には「スティーブンの音楽熱が収まり安堵している」とある(5)。一八四一年春、フォスターは処女作「ティオガ・ワルツ」（"Tioga Waltz"）をアテネ・アカデミーでフルート演奏した。その夏、キャノンスバーグのジェファソン・カレッジに入学するものの、一週間でピッツバーグに舞い戻ってしまう。

ピッツバーグで歌作りに励む中、フォスターは対照的な二人と出会う。一人は、一八三二年にドイツから移住し、ピッツバーグで楽器店を営む音楽家ヘンリー・クリーバー（Henry Kleber）で、もう一人は一三歳で家出後、サーカスのピエロ役や黒塗りの芸人となったトーマス・ライス（Thomas "Daddy" Rice）だった。フォスターはクリーバーからモーツァルトやベートーベンなどを学び、ライスからは同時代の異質のアメリカ大衆音楽文化を吸収した(6)。

シンシナティで四年間の多文化体験

一八四四年、フォスターはニューヨークのジャーナリスト、ジョージ・モリス（George Pope Morris）の詩に作曲した「恋人よ、窓を開けよ」（"Open Thy Lattice, Love"）を発表した。四五年四月、ピッツバーグは大火事により町の三分の一にあたる一、〇〇〇棟が焼失した。翌年フォスターは、オハイオ州シンシナティに赴き、兄ダニングが友人と経営する海運会社「アーウィン・フォスター商会」で帳簿係として働き始めた。

一八四〇年代のシンシナティは、人口もユダヤ系、アフリカ系、ドイツ系が倍増し、ピッツバーグの二倍近い約一一万五、〇〇〇人に膨張し、ウィスキー製造から造船業、鉄鋼業、エンジン製造業に至るまでピッツバーグを凌駕する多文化社会だった。フォスターの事務所の外ではオハイオ川に蒸気船が航行し、南部の黒人音楽や荷揚げ人夫の労働歌に満ち溢れ、対岸のケンタッキー州は奴隷州だった。「西部の女王都市」(Queen City of the West)と呼ばれたシンシナティは、東部と西部、北部と南部、黒人と白人が出あう重要地点となり、逃亡奴隷を助ける「地下鉄道」(Underground Railroad)の中心地でもあった。[7]

「おお！スザンナ」とゴールド・ラッシュ

一八四七年、フォスターはピッツバーグのイーグル・サロンで催された「エチオピアン・ソング」コンクールに「遥か南へ」(“Away Down Souf”)を出品した。入賞は逃すがその才能に注目した同サロンが翌四八年、「おお！スザンナ」(“Oh! Susanna”)を発表すると、同年に始まったゴールド・ラッシュと、ミンストレル・ショー公演の西部進出に伴い、この曲は全米から海外へと爆発的に広まった。「おお！スザンナ」は、(ゴールド・ラッシュ世代の)「四九年組」(forty-niners)のテーマソングとなり、多数の替え歌が生まれた。また多くのミンストレル劇団の上演に伴い、一八四八年から五一年にかけ、一六の出版社が三〇種以上の楽譜を出版し、通常の最高販売部数が五千部という当時にあって、一〇万部を売り上げる大ヒットとなった。「おお！スザンナ」の成功により、翌年フォスターはニューヨークの出版社と二五セント楽譜一部につき二セントという、当時としては稀な印税制で契約した。こうしてフォスターは、作曲活動が兼業の時代に、アメリカ初のプロ作曲家としての道を踏み出したのである。

「故郷の人々」とクリスティ・ミンストレル劇団

一八五〇年、ピッツバーグに戻ったフォスターは、街中の事務所で独立した。二月、人気絶頂の「クリスティ・ミンストレルズ」の座長エドウィン・クリスティ（Edwin P. Christy, 1815–62）[8]に「草競馬」（"De Camptown Races"）と「ドリー・デイ」（"Dolly Day"）の譜面とともに「貴方と手を結び、オペラしか眼中にない人々に見下されているミンストレル歌謡を世間に認知させたい」という手紙も送った。[9]クリスティ劇団が発表した「草競馬」は他の劇団でも歌われるようになり、作曲家フォスターと歌い手集団としての「クリスティ・ミンストレルズ」とが合体する。

同年七月、フォスターはピッツバーグの医師アンドリュー・マクダウエル（Andrew N. McDowell）[10]の娘ジェーン（Jane McDowell, 1827–1903）と結婚し、翌年には娘マリオンが誕生した。同年、クリスティにミンストレル・ショー用の新曲を依頼され、南部とスワニー川を主題に「故郷の人々」を発表するや、空前の大ヒットとなった。しかし、フォスターがミンストレル歌謡作家を名乗るのをためらい、作家名を一五ドルでクリスティに売ったため、楽譜の表紙には、「E・P・クリスティ作詩作曲、クリスティ・ミンストレルズによって歌われるエチオピアン・メロディ」（Ethiopian Melody As Sung by Christy Minstrels Written and Composed by E. P. Christy）と記されたのである。[11]

一八五二年二月、妻と蒸気船で初めて深南部のニューオリンズに旅したフォスターは、五月、クリスティ宛の手紙で新たな決意を伝える。

ご存知のように、世間の偏見ともう一つのスタイルの音楽家としての私の評判も考え、自分の名前をエチオピアン・ソングとは並べまいと思っていました。一方で、私は不快な言葉ではなく洗練された表現を使い、ミンストレル・ショーの歌曲を上品な人々にも受け入れられるように努力してきました。いま私は、自作の歌に自らの名前を付し、何の恐れも恥も感じず「エチオピアン・ビジネス」に取り組み、その発展にも全力を注ぐ決意です。また最高のエチオピアン・ソング作家として世間に認知されたいとも思っています。しかし「故郷の人々」の作家名が他人の名前である限り、この決意を受け入れるわけにはいかないのです。[12]

しかし作家名の返還を求めるフォスターの訴えがクリスティの心を動かすことはなく、「故郷の人々」がフォスターに戻るのは、死後一五年後、版権が更新された一八七九年のことだった。[13]

「ケンタッキーの我が家」アメリカ歌曲へ

フォスターは精力的にミンストレル歌謡を書き続け、一八五二年七月には「主人は冷たき土の中に」（"Massa's in de Cold Ground"）、翌年には「ケンタッキーの我が家」を発表した。前者の歌詞には黒人風に訛っていると見せかけた表現を使ったが、後者は訛りを改訂した標準英語で、当初の題名は「可哀想なアンクル・トム、おやすみ」（"Poor Uncle Tom, Good Night"）だった。これは明らかに、前年三月に単行本が出版され、全米を揺るがしたハリエット・ビーチャー・ストウ（Harriet Beecher Stowe, 1811–96）著『アンクル・トムの小屋（*Uncle Tom's Cabin*）』を主題としていた。[14]

チャールズ・ハムによると、フォスターは奴隷とされていた人々を歌詞で扱うさい、当時のアメリカ人にとって共通の心情だった郷愁（nostalgia）を描出したという。おそらくそれは、幼くして「白壁の家」を離れ住居を転々としたフォスター自身の〝ホーム〟への郷愁でもあったろう。フォスターは、「ケンタッキーの我が家」によって、自らの歌曲を「エチオピアン・メロディ」から農園歌へと脱皮させ、さらにアメリカ歌曲（American songs）へと結実させたのである。[15]

妻子との離別、孤独死

一八五三年、フォスターはニューヨークに出て出版社と新たな契約を結び、〝お上品な〟音楽界にも応えようと「ソーシャル・オーケストラ」を発表した。歌の主題も変化し、五四年には妻をモデルに「金髪のジェニー」（"Jeanie with the Light Brown Hair"）を発表し、ニューヨークで妻子も合流する。五五年、妻子とピッツバーグに戻るが、同年の両親およびその翌年の兄ダニングの死はフォスターを打ちのめし、一家は経済的に困窮する。五七年、出版社との先払い契約で即金を得るものの困窮生活は続いた。

一八六〇年、再び家族とニューヨークに出たフォスターは、妻の実家が奴隷として所有していた黒人男性を主題に農園歌「オールド・ブラック・ジョー」（"Old Black Joe"）[16]を発表した。しかし、翌年には全曲の版権を売却、出版社との契約も切れ、朝に作曲、昼に売却、夜は文無しと困窮し、妻子も去っていく。南北戦争（一八六一～六五年）中の六三年、春と秋に新曲の讃美歌集を発表し南北戦争歌も書いたが、生活は飲酒と孤独に苛《さいな》まれていった。翌六四年一月一〇日、衰弱したフォスターは浴室で転倒し負傷、若きパートナーの作詞家ジョージ・クーパーに病院に搬送されるが、一三日、発熱と出血多量で死亡した。遺品の財布にあったのは小銭三八セントと、「親愛なる友人たちと優しき心よ」（dear friends and gentle hearts）と走り書きされた紙片だった。[17]六二年の作品、「夢見る人」が世に出るのは死後二か月後のことである。

フォスター詩歌の神髄

約二〇〇曲のフォスター歌曲は、一三五曲のパーラーソングと二八曲のミンストレル歌謡に大別される。パーラーソングは当時の〝お上品な〟音楽志向を反映し、アイルランド民謡やスコットランド民謡の流れを引き、ピアノやギターで伴奏しやすい単純な旋律のラブソングや郷愁歌である。フォスター記念館館長ディーン・ルートによると、ミンストレル・ショー用の初期の歌、たとえば一八四八年の「おお！ レミュエル」（"Oh! Lemuel"）の"Go down and call de Nigga boys all"のような歌詞の後、フォスターは黒人奴隷を半人間的に描くことを次第になくし、四九年の「ネリーはレディ」（"Nelly Was a Lady"）では、亡き妻を「レディ」と呼び、嘆き悲しむ奴隷の心情を描いたが、それは当時の演劇界の実状とは相反するものだった。[18] 黒人の発音を模したかのような表現も「ケンタッキーの我が家」までに消え、五三年の「老犬トレイ」（"Old Dog Tray"）において人種や身分表現が消滅し、フォスター歌の人格は万人（Everyman）となる。また社会的階級をなくす努力も、五五年作「すべては終わりぬ」（"Hard Times Come Again No More"）において顕著になるという。

ジョージ・ハワードは、フォスターの旋律作りの才能はシューベルトに通じ、それでいながらアメリカ独自の、味わい深く、単純で心情的な歌を生み出したという。さらに「フォスターは、多くの偉大な作曲家がなし得なかった、誰にでも通じ、聴くほどに惹きつけられ、切々と胸に響く旋律を書きあげた」と主張する。[19] これは、「単純さこそがフォスター音楽の本質で、その歌はアメリカ人のフォークロアに浸透した音色と調和する」と論じるギルバート・チェイスとも一致する。[20] 一方、ルートによると、単純に聴こえる旋律をフォスターは何日も何か月も、時には何年もかけ、推敲に推敲を重ねた末に自然で単純なものに完成させ、また歌詞の多くも数週間も数か月もかけ自分独自のスタイルに仕上げているという。[21] さらにハムは、「教養豊かな家庭に生まれたフォスターは、普通の職業に就けば幸せな人生を送れただろうに、あえて同時代の音楽にプロとして挑んだ才能豊かな作曲家だった。初期の歌こそ国ごとに異なるスタイルだが、フォスターは全ての国の要素を融合させ、独自の旋律的色調と味付けで真のアメリカン・スタイルとして認知される歌へと統合した」と主張する。[22]

晩年フォスターは、「夢見る人」の中で、〈美しき夢見る人〉に、〝わが歌の女王（Queen of my song）〟、さらに〝我が心の希望の光（Beam of my heart）〟と呼びかけ、〝私のもとに蘇れ（awake unto me!）〟と訴えている。南北戦争下のアメリカで絶望の淵にありながら、フォスターの内面世界には「アメリカ」を歌う詩歌の女神が息づいていたのであろう。

一九世紀の大衆演芸――ミンストレル・ショー

ミンストレル・ショーは[23]、黒塗りの白人芸人による歌と楽器演奏、ダンス、黒人の英語を模したかのような訛りのスピーチやユーモア、寸劇などからなる一種の音楽劇で、その歌曲はイギリス連邦諸島の民謡やイタリアオペラとオリジナル歌曲をルーツとしているとされる。初期のミンストレル・ショーには英国との接点が見られ、

図1　ミンストレル・ショーのポスター

一八二二年アメリカを公演中の英国の喜劇役者チャールズ・マシューは、黒人の話す言葉に興味をもち、自身の寸劇やスピーチに取り入れ、英国にも持ち帰り紹介した[24]。ウィリアム・J・マハーは、「黒塗りのミンストレル・ショーは構成が入り組んでいて商業的かつ文化的な娯楽だった[25]」と結論付けるとともに、「ミンストレル・ショーの礎石はバーレスク〔笑劇や歌やダンスを組み合わせたバラエティショー。しばしば、その不道徳性が指摘される〕で、ショーの全史を通して、英国喜劇の伝統と黒塗りのアメリカン・ミンストレル演芸が合体している点が、南部の農園（plantation）が舞台になっているかどうかということよりははるかに重要だった」という指摘をしている。すなわち、ミンストレル・ショーの本質は、黒人に関する演芸でも南部を描く劇でもなく、ヨーロッパ喜劇の流れを汲んだアメ

リカ白人の大衆演劇だということである。[26]

対照的な二大キャラクターの一人は農園で奴隷として使われていた人々を極度に戯画化した人物で、特にライス演じる「飛び跳ねるジム・クロウ」(Jumping Jim Crow)は一世を風靡した。[27] もう一人は滑稽な都会紳士で、とりわけディクソン(George Dixon)演じる青い燕尾服の「ジップ・クーン」(Zip Coon)が人気だった。舞台化粧(makeup)にはアルコールに浸して焼いたコルクを粉末にして水を加えた黒いペーストを顔や耳、首や手に塗った。マハーはまた、「白人芸人にとり舞台化粧は、広く受け入れられていた保守的な考えを補強しながら、大衆の価値観を風刺するのにパロディとバーレスクを利用した白人の役者たちの変装(disguise)だった。役者は黒塗りを、アメリカの植民地後の時代の娯楽環境下において、アメリカ風で営利目的の大衆文化を生み出す手段(vehicle)とした。つまり役者にとって黒塗りの顔は、演じている者(極度に戯画化され滑稽に貶められた劇中人物)と自らを、個人的に同一視させることなくその人物から自分を心理的に切り離して守る仮面具(masking device)だった」と指摘している。[28]

当時、ソロ芸人はサーカス・リングやショーボートで演じたが、組織的な最初のミンストレル劇団は一八四一年の「バージニア・セレネイダーズ」とされる。また完全なミンストレル・ショーの初演は、のちの「ディキシー」("Dixie's Land")[29] で知られる、ダン・エメット率いる「バージニア・ミンストレルズ」による一八四三年三月のボストン公演とされる。[30] 当初の公演は北東部の都市だったが、ゴールド・ラッシュとともに西部にも進出した。また劇団の芸人も数十人に膨張し、五〇年代の「クリスティ・ミンストレルズ」で頂点に達した。ミンストレル・ショーは、南北戦争後は衰退するが、人気絶頂の「古典時代」(一八四〇~七〇)がフォスター時代と重なる。まさにアメリカ独自のバラエティ・ショーといえ、のちのアメリカの大衆劇場娯楽に多大な影響を与えた。

日本とフォスターとのかかわり

日本が本格的に西洋音楽と出合うのは一八五三年のマシュー・ペリー提督の来航であろう。黒船の軍楽隊は讃美歌からクラシック音楽まで奏楽活動を行い、艦上での日米交歓会ではミンストレル・ショーも披露された。[31]翌年日米和親条約が締結され、六八年に日本は明治維新を迎える。明治維新は日本の近代化を推進し、七二年の「学制」は日本の近代教育制度を制定し、音楽の導入も決まる。しかしながら、教師も教科書も不在のもと、小学校の「唱歌」と中学校の「奏楽」は保留され、「唱歌」導入までに七年かかることになる。

一八七五年、文部省は伊沢修二（一八五一〜一九一七）をアメリカに留学させ、音楽教育の方策をさぐらせる。伊沢はマサチューセッツ州立ブリッジウォーター師範学校で学びながら、ボストン市の公立学校音楽教育長ルーサー・メーソン[32]にも師事し、七八年に帰国した。翌七九年、文部省が伊沢を御用掛とする「音楽取調掛《とりしらべがかり》」を設立し、音楽教育が開始する。が、日本の伝統音楽の音階は西洋の七音階の四音と七音、つまりファとシのない「ヨナ抜き長音階」に最も近く、音符化は困難だった。当時、西洋音楽の導入には洋楽派と儒教派の賛否両論があり、最大の難関は七音階と五音階をどう和洋折衷させるかにあった。[33]八〇年三月、伊沢はアメリカからメーソンを招聘し、西洋音楽の伝習と日本人が歌いやすい音楽教科書の編纂を求めた。[34]メーソンはピアノと二台のリードオルガンなどを携え来日し、八二年七月までの約二年間という短い滞在期間に、教科書編纂に加え、音楽師範学校の音楽教師研修プログラムも作成した。[35]

一八八一年から八四年にかけ、伊沢編集の文部省検定唱歌集『小学唱歌集』全三巻が出版された。特に、八一年出版のメーソン主管による『小学唱歌集初編』は、メーソン著『ナショナル・ミュージック・コース』を基に世界各国の歌曲や民謡で編纂され、ファとシの少ないスコットランド民謡も含まれた。実は複数の讃美歌も潜《ひそ》まされていたことも判明している[36]。こうして日本の音楽教育は、西洋音楽の旋律に日本語歌詩を添えた文部省唱歌として開始したが、歌詞は訳詩ではなくオリジナル詩で、作者名は匿名で唱歌としてのみ掲載された[37]。八七年、音楽取調掛は東京音楽学校（のちの東京藝術大学）と改名し、伊沢が初代校長となる。

フォスター歌曲、文部省唱歌から愛唱歌へ

フォスター音楽がアイルランドやスコットランドに源をもつことから、フォスター唱歌の誕生も不思議ではない。一八八八年、初めて「故郷の人々」が邦題「あはれの少女」として『明治唱歌第二集』に登場したが、歌詞（大和田建樹作詞）は原詩とは異なるものだった。その後も「造化のわざ」や「北国の雪」「優しき心」のタイトルで唱歌集に掲載される[38]。また「故郷の人々」は讃美歌としても歌われた。二番目は「主人は冷たき土の中に」で、一九〇三年に邦題「春風」、一九〇八年には「夕の鐘」として掲載された。三番目が「オールド・ブラック・ジョー」で一九三一年に邦題「桜散る」として『童謡唱歌名曲全集第三集』に掲載、四番目の「ケンタッキーの我が家」は三五年、邦題「別れ」として『高等小学新唱歌第二学年』に掲載された[39]。

さらにフォスター歌曲はラジオ放送でも全国に普及した。金田一春彦によると、一九二六〜三〇年、日本放送協会（ＮＨＫ）が毎日三〇分放送した子供番組には多くの音楽も含まれ、一作家としての放送回数ではフォスターが二三位に位置し、個別の歌の回数では「主人は冷たき土の中に」が七位、「故郷の人々」が三八位に位置していた[40]。

フォスター歌曲、戦争を乗りこえて「日本化」

しかし、一九三一年の満洲事変から日中戦争、さらに四一年の太平洋戦争の勃発による世界大戦下、敵国の音

楽は公共の場での演奏や放送が禁じられる。四三年、日本の内務省と内閣情報局は『演奏禁止米英音盤一覧表』を発表し、フォスター音楽も敵性音楽として約一年半排除された。[41] 四五年八月の敗戦後、ＧＨＱ（連合軍最高司令官総指令部）占領下の四七年四月五日から三〇日まで帝国劇場で演じられた日本初のミュージカルは、津川主一作『フォスターの生涯――アメリカ民謡の父』に基づく『マイ・オールド・ケンタッキー・ホーム』だった。[42]

戦後、フォスター歌曲は教科書に戻ってきた。一九四九年から八六年までの音楽の教科書四二二冊を調査した杉本皆子によると、「故郷の人々」が三〇％の教科書に、「おお！スザンナ」が二九％、「主人は冷たき土の中に」が二七％、「オールド・ブラック・ジョー」と「草競馬」が四％、「ネリー・ブライ」（"Nelly Bly"）が一％に掲載されていた。「おお！スザンナ」は戦後初めて掲載されたが、それは戦後日本の民主化のキーワードであった「生き生きと」に合致した音楽であるため選択されたのだろう、と杉本は指摘する。[43]

このようにフォスター歌曲は、戦争中を除き明治期以降一貫して日本の音楽教育に組み込まれてきた。筆者が調査した二〇〇一年度の小学校から高等学校までの音楽教科書も例外ではない。「故郷の人々」が和訳のみで六年生教科書に、「主人は冷たき土の中に」も同様に五年生と中学一年生教科書に、「ケンタッキーの我が家」は英語と和訳両方で高校一年と二年生教科書に、「夢見る人」も同様に三種類の高校一年生教科書に掲載されている。

日本の音楽教育の礎石の一部をなすフォスター歌曲は、いまや日本の音楽文化遺産として「日本化」したといえる。その意味で日米間には一六〇余年にわたる異文化交流が、フォスター・メロディに託されたアメリカの心に日本の心が寄り添うように連綿と続いてきたのだ。

二〇一〇年二月、筆者による社会人対象の調査（回答者五六名の平均年齢は五四歳）では、五一名が「フォスターを知っている」と答えた。「知っている歌」として一位が「オールド・ブラック・ジョー」（四一名、以下人数）で、「おお！スザンナ」（四〇）、「ケンタッキーの我が家」（三六）、「故郷の人々」（三四）、「草競馬」（三二）、「夢見る人」(二七)、「主人は冷たき土の中に」(一五)、「金髪のジェニー」(一四)と続いた。この結果はフォスター歌曲が、いまなお比較的高い年齢層を中心に浸透していることを裏付けるものだろう。

むすび

日本人の多くが、フォスターの不遇な生涯を知り初めてアメリカ史におけるフォスター解釈に興味を持ち、フォスターの作曲への不変の情熱とミンストレル・ショーに対する二律背反的な生きざまにふれたときには、フォスター歌曲をアメリカ土壌の産物としてとらえるようである。フォスター歌曲のヴァナキュラー性(一九世紀アメリカでの日常に直結した性質)が重要な魅力なのであろう。フォスター歌曲は、日本が西欧化を進めた明治時代に文部省唱歌になるなどして公的な力によって日本では流通した。その意味では、最初からヴァナキュラーな愛唱歌であったわけではない。しかし、文部省唱歌の権威が過去のものとなった二一世紀の今でも多くの人々に愛されている事実は、それがヴァナキュラーなレベルで日本に根付いたことを物語る。

筆者は二〇〇〇年一月七日、フォスター記念館[44]初代館長(在任一九三七~八二年)のフレッチャー・ホッジズ氏[45](Fretcher Hodges Jr. 1906-2006)夫妻と面会し、インタビューする機会に恵まれた。その最後に氏が私に語った次の言葉が忘れられない。

> 半世紀もの間、歴史家としてフォスターに関わりながら、なぜフォスター歌曲がこれほどまでに日本人に愛されているのか不思議でなりませんでした。今日、あなたとお会いし、ようやくその答えがわかり、実にうれしく感動的です。

歌が、異文化圏の人々にどのように受容され、どう変容し、どうその生命を進化させていくかは、その歌がはらむヴァナキュラー性と深く関わる興味深い課題である。そうした意味で、フォスター歌曲とその日本化の軌跡は日本にとって貴重な遺産といえよう。

（1）フォスターの曾祖父アレキサンダー・フォスターは一七二五年頃、アイルランドからアメリカに移住し、一七二八年頃ペンシルベニア州ランカスター郡に定住した。祖父ジェイムズは一七六六年に結婚後、サスケハナ川を渡りバージニア州（現ウエスト・バージニア州）のバークレイ郡に移住する。一七七九年、ウィリアム誕生後、アレゲニー山脈を越え、キャノンスバーグに定住した。一七九六年、ウィリアムは当時人口一三〇〇人の都市ピッツバーグに進出しビジネスで成功、イライザと結婚後アレゲニー川を見下ろす広大な敷地に「白壁の家」（White Cottage）を建てた。Emerson, K, *Doo-dah! : Stephen Foster and the rise of American popular culture* (New York: Simon & Shuster, 1997), 21–22.

（2）ピッツバーグでは一八一三年にピアノ製造が始まり、中流家庭の居間ではピアノと楽譜（sheet music）が象徴的存在となっていた（Emerson, 43）。

（3）Howard, J.T., *Stephen Foster: America's Troubadour* (1934, New York: Thomas Y Crowell Company, 1953), 77.

（4）Emerson, 55.

（5）Howard, 188.

（6）Saunders, E. S. and Root, D. L., *The Music of Stephen C. Foster*, Vol.1 (Washington DC: Smithsonian Institution Press, 1990) を参照。

（7）Emerson, 116–123.

（8）フィラデルフィア出身のクリスティは、アメリカ南部およびピッツバーグやシンシナティを含む西部における四年間の公演で実力をつけ、一八四六年、ニューヨークでデビューを果たす頃には一流のミンストレル劇団として確立し、英国公演も含め、一八五四年に引退するまで一財産を築いた（Emerson, 93）。

（9）Ewen, D., *History of American Popular Song* (New York: Prentice-Hall, 1961), 27.

（10） マクダゥエルは黒人マーティン・デラニィ（Martin Delany）に医学を教授した奴隷廃止論者で、フォスターがピッツバーグに戻る前年に他界した（Emerson, 49）。

（11） Hamm, C., *Yesterdays: Popular Songs in America* (New York: Norton, 1979), 213. 当初、二音節からなる南部の川の名を "Pedee" としたが、音が気に入らず、兄ダニングと地図を参照しフロリダ州の "Suwannee" を選び "Swanee" とした（Ewen, 27）。

（12） Chase, G., *America's Music* (New York: McGraw-Hill Book Co., 1955), 293–294.

（13） 楽譜印税として、生前のフォスターが一、六四七・四六ドル、一八七九年以降は遺族が約二千ドル以上得た事実を見ても、最も収益のあった曲といえる。Hodges Jr. F., *The Swanee River and a Biography of Stephen C. Foster* (Pitsburgh, PA: University of Pittsburgh, 1957), 13. また、ファース・ポンド出版社は一八五二年九月四日付の *The Musical World and New York Musical Times* の広告欄に「故郷の人々」を "the most beautiful American melody" と呼び、すでに楽譜「四万部販売」と記している（Hamm (1979), 225）。

（14） 『アンクル・トムの小屋』は一八五二年三月二〇日に発行、五月一日までにピッツバーグだけで二万部売れ、年末までに全米で二〇万部売れた（Emerson, 192）。フォスターとストウは一八四九年の同時期にシンシナティに居住しており、両者はアメリカ南部を音楽と文学で描写したことになる。Peter Quinn, "Stephen Foster," *American Experience*, Transcript, 18. http://www.pbs.or/. 二〇〇四年八月二日アクセス。

（15） 一八五三年八月発行の『ミュージカル・ワールド』は「フォスターの農園歌」（Plantation Melodies）として、七か月後は「フォスターのアメリカ民謡」（American Melodies）と紹介している（Emerson, 208）。一八五三年発行の同誌は、「故郷の人々」が一三万部以上、「ケンタッキーの我が家」が約九万部、「主人は冷たき土の中に」が七万四千部、新曲「老犬トレイ」（"Old Dog Tray"）がわずか六か月間で四万八千部売れたと記している（Hamm (1979), 225）。

（16） 二〇一三年一二月、立命館大学で開催された「スティーブン・フォスター国際シンポジウム」に招聘され、レクチャー・コンサートを行ったアーティスト、ジョー・ウィード（Joe Weed）は、PC時代の影響に触れ "Old Old Joe" と歌った。

（17） ペンシルベニア鉄道会社の電報交換手だった妻ジェーンもモリソンとかけつけ、遺体はペンシルベニア鉄道によってピッツバーグに無料搬送された。葬儀は一八六四年一月二一日、トリニティ・エピスコパル教会で行われ、フォスターが師事したクリーバーがヘンデルのオラトリオの合唱指揮と独唱を行った。Root, D. L., *Remarks on Stephen Foster Day* (Pittsburgh, PA: Trinity Cathedral, January 13, 2000).

(18) 一八五一年六月、フォスターはクリスティ宛ての手紙で、自分の歌を譜面通りに歌うように求め、「あくまでも同情的に、決してコミカルには歌わぬように」と指示している（Hamm (1979), 210）。

(19) Howard, 106.

(20) Chase, 300.

(21) ルート氏とのインタビュー（一九九七年七月二四日）による。

(22) Hamm (1979), 224.

(23) ミンストレル（minstrel）の由来は、一〇世紀フランス語の ménestrels 或いは jongleur で、歌や手芸で巡業する芸人の意。Clark, A., Wakeforest U. *Draft of Summer Intern Project* (Pittsburgh. Center for American Music, 1996), 1.

(24) Hamm, C., *Music in the New World* (New York: W. W. Norton & Company, 1983), 183.

(25) Mahar, W. J. *Behind the Burnt Cork Mask: Early Blackface Minstrelsy and Antebellum American Popular Culture* (Urbana and Chicago, IL: University of Illinois Press, 1999), 329.

(26) Mahar, 40.

(27) 一八四〇年代のミンストレルは百年後のロックンロールにたとえられ、エマソンによると当時のライスは一九五〇年代のエルヴィス・プレスリーといえるという（Emerson, 58）。のちにジム・クロウ法（Jim Crow Law）はアメリカ南部諸州の黒人差別法を指す。

(28) Mahar, 1.

(29) 「ディキシー」は一八五九年、もともと北部人のエメットによってミンストレル・ショーの「ウオーク・アラウンド」用に書かれたが、一八六〇年に南部諸州が合衆国から離反し南部同盟を結成すると国歌同様に扱われ、南部同盟大統領ジェファソン・デーヴィスの就任式でも演奏され、南軍の行進曲ともなった。Wolfe, C. K. Notes on the Music in *The Civil War Music*, Collector's Edition. Alexandria (VA: Time-Life Music, 1991), 9.

(30) Emerson, 90–91.

(31) 笠原潔『黒船来航と音楽』（吉川弘文館、二〇〇一年）、一六頁。

(32) メーソン（Luther Whiting Mason, 1828–96）は、ニューイングランドで深い信仰にあふれた性格を育み、異教徒の世界の状況に強く心を動かされ、宣教師になる決心をした。しかし不幸なことに、言葉に障害を持っていたために実現できなくなった。安田寛『唱歌と十字架――明治音楽事始め』（音楽之友社、一九九三年）、七一～七二頁。

(33) 猪瀬直樹『唱歌誕生――ふるさとを創った男』（文藝春秋社、一九九四年）、一一六頁。

(34) メーソンの日本派遣は、一八七二年、当時のアメリカ公使森有礼が日本政府を代表してボストンで要請し、これに応えて決定されたという（安田前掲書、三二五～三三六頁）。

(35) 安田寛は、「メーソンの一八八二年七月の突然の解雇は謎だが、メーソンが滞日中の長期休暇中に宣教師たちと交流し、『小学唱歌集』を隠された讃美歌集にしようとしたからではないか」と論じる（詳細は安田前掲書参照）。

(36) 『小学唱歌集』九一曲中一六曲、讃美歌が採用されているという。手代木俊一「日本における讃美歌研究」（国際基督教大学公開講演会　二〇〇二年九月一三日）。

(37) 文部省唱歌の作者名の公表は第二次世界大戦後で、マッカーサー元帥の指令によるという。鮎川哲也『唱歌のふるさと』（音楽之友社、一九九三年）、一三頁。

(38) Nakano, I., "The Development of 'Shoka' Education in Japan," *101 Favorite Songs Taught in Japanese Schools* (The Japan Times, Ltd. 1983), 21–22.

(39) 杉本皆子『フォスターの音楽――アメリカ文化と日本文化』（近代文芸社、一九九五年）、四九～五〇頁。

(40) 金田一春彦『童謡・唱歌の世界』（講談社学術文庫、講談社、二〇一五年）、三一～三四頁。

(41) 杉本前掲書、九三頁。

(42) 同右、九七頁。

(43) 同右、一一一～一一二頁。

(44) フォスター記念館（一九三七年完成）は、ジョサイア・リリー氏（Josiah Kirby Lily, 1861–1948）によって収集された「フォスター・コレクション」を母体とする。幼くして母親を亡くしたリリー氏は、製薬会社経営の父親が南北戦争招集中に祖父母に預けられ、近郊の大学の男性合唱団が歌うフォスター歌曲に慰められた。父の後を継いだ製薬会社社長を引退後、七〇歳の誕生祝いに息子から蓄音機とフォスターのレコードを贈られたのを機に、余生をフォスター関連品（Fosteriana）の収集にかけることを決意。全米におよぶ収集活動は宗教的献身さでなされた。Bair, G. M. (Manuscript). *The Founding of the Stephen Foster Memorial in Pittsburgh, Pennsylvania. 1927–1937, the Working-in, and the Aftermath* (Pittsburgh, PA: University of Pittsburgh, 1990), 53, 125.

（45）　ホッジズ氏はハーバード大学で歴史と英文学を学び、シカゴの梱包会社勤務中に大恐慌で失業。故郷インディアナポリスにリリー氏を訪ねた際、「ケンタッキーの我が家」の楽譜とともに作曲者名を問われ、「フォスター」と答えたのを機に「フォスター・コレクション」に従事することになった。氏はこの幸運を〝掘り出し物(serendipity)〟と表現した。同氏とのインタビュー（二〇〇〇年一月七日）による。

〈付記〉　本章は初出「スティーブン・フォスター再発見」（『立命館国際言語文化研究所紀要』第二六巻一号、二〇一四年一〇月）の本文を一部、書き改めたものである。

15　歌と言葉を取り戻すとき――失語からの復帰

ウェルズ恵子

要点とアプローチ

アメリカ先住民のナラティヴ研究とアングロサクソン・バラッド研究で著名な民俗学者ベリー・トーキン氏（Barre Toelken, 1935-）は、二〇〇二年、脳梗塞で左脳を損傷し記憶と発話能力に大きな障害を負った。右半身も麻痺してしまった。彼はかつて、八〇〇曲以上の伝承バラッドを記憶し、その歌い手でもあったが、これらの歌もすべて記憶から失われてしまったかのようだった。

図1　ベリー・トーキン氏
〔マイケル・スプーナー氏撮影〕

二週間後、トーキン氏が元気であったときに彼からバラッドの楽しさを学んだアレン・クリステンセン氏やマイケル・スプーナー氏ほか数人が、入院中のトーキン氏の枕元で週一回、バラッドを歌う集いを始めた。このバラッド・シンギング・グループの集いは、徐々にメンバーを増やしながら二〇一七年の現在でも続いている。回復は不可能だと医師に言われていたトーキン氏であるが、失っていた記憶と言語は次第に回復。身体的な不自由はあるものの、現在でも人々と交流しながら自宅で日常生活を送っている。

本章後半に翻訳で紹介する四つのエッセイは、二〇一二年一一月九日に立命館大学で催されたレクチャー・コンサートでの報告内容である。講師は、グループのメンバー四名であった。報告は、トーキン氏の記憶喪失と失語症の初期状態、そこからの回復経過とを簡単に追ったものである。以下、敬称を略して内容を紹介すると、ユタ州立大学出版局編集長（二〇一二年現在）マイケル・スプーナーは、ベリー・トーキンの歌を通した回復を脳の機能と結びつけて考察している。トーキンの妻であるミドリ・クボタ・トーキンは、脳梗塞の発作が起きた日のことと回復に向かうまでの様子を、彼女でなければ知り得ない細部の事実も含めて語っている。大学出版局顧問アレン・クリステンセンは、トーキンと歌との関係、とくにネイティヴアメリカンのナバホ族における歌の重要性と関連づけて語っており、トーキンの最初の結婚で生まれたナバホ族の長女、ヴァネッサについても言及している。最後に、ミドリとの結婚で得られた長女でバラッド・シンガーのカズコは、歌と言葉とナバホの信仰について、重要なことを述べている。トーキンは、「ナバホの神聖な物語を研究していると不幸に見舞われる」という警告を受けていたというのだ。

脳梗塞が呪いの結果だったとすれば

トーキンは、上述したように、ナバホ族の歌や伝承研究における第一人者である。ナバホ族に家族として迎えられたことがあり、ナバホ語ができる稀有な存在だった。ナバホ族の伝承と学界とを橋渡しする重要な役目を自覚して研究に励み、その中で物語の「魔力」を危惧し始めたころ発作は起きた。ナバホ族は文字を持たず、言葉を神聖なものとしてあつかう。物語るのには物語るべき時と場所が決められている。歌と物語は区別されない。なぜなら語りにも節がつくし歌にも言葉があるからだ。神聖なものであるナバホ族の口承物語を研究することは、呪いを呼ぶので危険だと警告を受けていた矢先に、トーキンは脳梗塞で倒れたのである。彼が、その発作を「魔力」の仕業だと信じたのも無理はない。二〇〇七年に、彼自身が病気の原因を「物語の魔力」であると、控えめにではあったが私に語っている。

経緯を、もう少し詳しく説明したい。彼はドイツ系白人のアメリカ人だが、一九歳のときからナバホ族の村に住み、部族内のイェローマン家に養子として迎えられ暮らした。ナバホ族の女性と結婚し娘のヴァネッサをもうけたが、結婚は短期間で破綻している。しかし、部族を出てからもイェローマン家との親しい関係は変わらなかった。彼はのちに民俗学者になり、部族外出身者ではじめて、ナバホの物語を録音してもよいと許可される。トーキンによるナバホの物語の収集は四三年間にわたり、そのうち、録音は一九六六年から九七年までの三一年間行われた。語り手は、ヒュー・イェローマンであった。

物語は民族の歴史や知恵を伝えるもので、部族以外の者には話せないものであったのだが、親族として記録を取る許可が得られた。しかし、ここにひとつ重要な条件があった。録音された一連のコヨーテ物語は、夏に物語ると悪いことが起きると信じられている。そこでトーキンは「録音を夏に再生しない」という約束をして、物語を記録した。夏に再生しないという規則を作ったのは、万が一、夏にテープを再生すれば、テープから再生された声と言葉が不幸を呼び出してしまうからである。その約束は守られてきたものの、ヒュー・イェローマンの死後、死者の声を再生することに彼は不安を覚え始める。さらに、これらの物語を研究素材とすること、教室で教えることなどが災いを呼ぶと警告する人があった。また、イェローマン家に不幸や事故が度重なるということが起こり、トーキンは、テープの処置についてヒューの妻でトーキンの義姉にあたるヘレン（二〇一六年に死去）の助言を求めた。

彼女は、自分にテープを返却するのがよい、そうすれば自分がそれを破棄すると言ったそうである。これらの事情については、トーキンによる"The Yellowman Tapes, 1966–1997"に詳しい。一九九七年に録音は終了し、テープはヘレンに返却されたが、二〇〇二年にトーキンは脳梗塞を患う。二〇一〇年、トーキンはテープを返却した理由を「他の研究者が、自分のように呪いを受けないように」と、私に説明している。

ナバホの語り部

私がヘレン・イェローマンを訪問したのは、二〇〇七年一〇月二八日であった。そのときすでに九〇歳をこえておられ、使える言語はナバホ語だけだった。アメリカ合衆国は一九世紀に先住民族の同化政策を進め、子供たちの学校教育はすべて英語で行われたためナバホ語は生活からほとんど消えてしまったのだが、彼女はナバホ族の居留地でナバホ語を使って育ったということだった。草から染料をとり、糸を染めて敷物を織り、細々と生計を立ててきた。通訳をしてくれたベリー・トーキンによれば、ナバホ語だけしか話せないナバホ族は彼女が最後の一人ではないかという。彼女の子どもたちはみな、英語を第一言語としナバホ語は必要最低限しか話せない。同じ言葉が使える話し相手が周囲にいなくなり、イェローマンはほとんど黙って一人で暮らしていた。

図2　ヘレン・イェローマン
〔ベリー・トーキン氏撮影〕

彼女は、ナバホ族に先祖代々伝えられた物語を何百何千と記憶している語り部（「歌い手」と呼ばれる）であると私は紹介を受けた。私がナバホの村を訪ねたとき、彼女の夫ヒューの声で録音された物語のテープは複数の段ボール箱に入ってイェローマンの寝台の下に突っ込まれていた。寝台の下は段ボール箱で埋まっており、これほど大量のテープに刻み込まれる部族の物語とは一体どのようなものなのか、考えるだけで私は息をのんだ。トーキンは、テープを全部箱詰めするのに六〇時間以上を要したと"The Yelloman Tapes, 1966–1997"(385)に書いている。トーキンによれば、先祖から受け継いだ言葉があって人間は世界とのバランスを保っているのだという感覚が、ナバホの伝統的な人の中にはあるというが、ヘレンの死後はトーキン家とイェローマン家の連絡が途絶え、そのテープがどうなったかについては不明だということである(二〇一七年七月一一日、カズコ・トーキンとのメールインタビューから)。

ナバホの「シングズ」

伝統的なナバホの言語感覚では、言葉は現実的な創造力を持つ。悪いことを言ってしまったら、それが現実になると信じられている。たとえば、ナバホ語で「熊(shash)」は言ってはならない言葉である——ほんとうに熊が現れてしまうかもしれないから。逆に、言葉で病気を治せるとも信じられている。彼らは言葉によって世界を現実と受け止める。病人を救うため、あるときは一晩中、病人を苦しめている何かと戦いながら歌い続ける治療方法がある。神聖な言葉で歌うことが病いと闘うことなのである(この情報は、二〇〇七年のインタビューと、ベリー・トーキン著 *The Anguish of Snails* による。なお、ヘレンへのインタビューの録音や現場でのメモは許可されなかった)。

カズコ・トーキンのエッセイにもあるように、ベリー・トーキンが脳梗塞の発作に見舞われる前、彼が物語の「魔力」の影響下にあって危険な状態だと案じたイェローマン家の人々は、「生命を安定させるための」(Toelken 2003: 112)儀式を執り行った。ナバホではこの儀式を「シングズ("Sings")」と呼ぶ。トーキンが私に直接教えてくれたその様子は、以下のとおりである。

病人を中心に置き、その周囲に家族が車座になる。歌い手でメディシンマン(呪医)のジミー・ディスチーニィが儀式を執り行った。儀式は深夜に行われる。物語る歌が延々と続いた後、物語の中で英雄の双子の兄弟が父である太陽に会いに行くくだりに差しかかった。太陽は強力な戦士たちに守られていて侵入者を撃退しようとするので、太陽に会おうとする人々は激しい戦いを通り抜けなければならない。儀式の歌はその戦いを物語る。

同席している人々全員が実際に、その戦いを経験していた。そして、病人には三〇センチ程度の長さの石でできた防御用の武器を持たせ、頭の周りには小さな矢尻をつなげて作った鉢巻きのようなものを縛りつけた。戦いに行くのに、病人だけがこれらの武器で守られている。家族は、いわば丸腰で行く。病人は、同行する家族を守りながら太陽をめざし、もし太陽に到達できれば、彼（彼女）は英雄となり力を得て、健康な身体へと帰って来れるのである。帰還は「稲妻に乗って帰ってきた」と歌で物語られ、言祝《ことほ》がれる。

このときの様子を、重複する部分もあるがトーキンの著作から引用する。

太陽に近づくと戦いが激しくなり、私のナバホの家族は私を励まそうとして叫び始めた。「諦めるな！」「もうすぐだぞ！」「俺たちを槍で守ってくれ！」儀式の最中、一時間ばかり、私がしたことといえば、石を削って作られた三〇数センチの矢尻を頭上に掲げ続けることだけであって、石の矢尻は徐々に重くなった。歌い手のジミー・ディスチーニィが、石の矢尻をつないだもので私の頭をぐるりと巻いて縛ったので、私は、こうした武装が太陽へたどり着くためと、私に同行する家族を守るためのものであることを理解したのだった。病人である私だけが、身を保護するのを許されていたのだ。成功したとき、祝辞はいくつかの四重詩節で歌われ、私たちは稲妻に乗って帰ってきたと物語られた。

（Toelken 111–12）

ナバホ族のシングズに限らず、装備（物質）や言葉の力を信じることで異世界に入り込み、何らかの活動をして現世界に戻ってくる儀式はさまざまな文化に共通してみられる。それは、近代的な科学知識と必ずしも矛盾する行動ではない。トーキンの治癒に関わったメディシンマンのディスチーニィは、昼間はアリゾナ州の病院に勤務する西洋医学の医師である。私は昼食のハンバーガーを彼とご一緒した際、まったく普通の知的で陽気なお医者さんであるということの他に、特別な印象はもたなかった。ナバホ族の超自然的な儀式祭司であることと西洋医学の使徒であることとは矛盾しないのかという私の質問に、「私の中では全く矛盾しない」という答えが明るく返ってきた。

むすび

ベリー・トーキン氏の脳梗塞の発作にナバホ族が信じる「物語の魔力」の影響があったかどうかは、私の判断すべきことではない。また、発作以後、ゆっくりであるとはいえ彼の記憶や言語能力、身体能力が回復したのが、発作の前にシングズの儀式を受けていた効果なのか、バラッド・シンギング・グループとの活動の成果なのか、あるいは西洋医学に従った投薬やその他の要因との複合的結果なのかも特定はできない。回復については、おそらく、そうしたことのすべてとトーキン氏自身の回復への意志が引き寄せた結果なのだろう。ただ同時に、人の生命に関わるこうした一連の出来事は、すべて〈言葉の力、歌の力〉を私たちが思い知る重みを持っていると言えるのではなかろうか。

引用文献

Toelken, Barre. *The Anguish of Snails: Native American Folklore in the West: Native American Folklore in the West.* Logan: Utah State UP,

2003.

______. "The Yellowman Tapes, 1966–1997." *The Journal of American Folklore*, Vol. 111, No. 442 (Autumn, 1998) 381–391.

ベリー・トーキンによる最近の著作

The Dynamics of Folklore, Revised and Expanded Edition. Logan: Utah State UP, 1996.

Morning Dew and Roses: Nuance, Metaphor and Meaning in Folksongs. Urbana: U of Illinois P, 1995.

レクチャー・コンサート「歌と言葉を取り戻すとき」

マイケル・スプーナー
ミドリ・トーキン
アレン・クリステンセン
カズコ・トーキン
（山﨑　遼　訳）

音楽、記憶、民間の伝統と伝承に関する見解

（マイケル・スプーナー）

伝統と伝承は、先祖へと続く道である。私たちと先祖の足取りはわずかに違うかもしれない。だが道や陸標は変わらずそこにある。これは壮大な国の伝統にのみ当てはまることではない。家族や友人などの小さな輪の中で育まれる小さな日常の伝統、つまり民間の伝統にも同じことが言える。大きな伝統と同じく、このような小さな伝統も私たちにあることを教えてくれる。我々が誰であり、どこから来たのか、ということだ。

私たち四人は、ほかの友人たちと週に一度集まって歌を歌っている。これは、二〇〇二年に友人のベリー・トーキンが脳梗塞で倒れてから始まった伝統である。ベリーはユタ州立大学名誉教授であり、その著作は世界中で読まれている。弟子たちの多くは今や著名な学者となっており、またベリー自身も数多くの受賞歴を持つ。し

かし、週に一度顔を合わせる私たちにとって、トーキン教授は親しい友人であり、聡明な身内であり、冗談や物語の語り手であり、レパートリー豊富なシンガーである。ベリーは私たちの先輩なのである。

ベリーによると、彼の記憶していた八〇〇曲もの膨大なレパートリーは脳梗塞によって脳から完全に消し去られてしまった。それだけではない。多くの脳梗塞患者と同じく、ベリーは話す能力をほとんど失ってしまったのである。歌うどころではなかった。私たちは医者でも超能力者でもなく、多くの知識を大勢の人に授けてきたベリーのたんなる友人や家族である。私たちにできたのは歌を歌うことだけであった。それ以来、私たちは毎週火曜日に集まってベリーと歌うことにした。ベリーが少しでも楽しんでくれればと思いながら。また、歌うことが記憶の回復を助けるかもしれないとも考えていた。

ベリーの脳梗塞は、西洋医学で「ブローカ野」と呼ばれている脳の部位で起こった（ブローカというのは、記憶と脳について研究していた学者の名前である）。ブローカ野は幅五センチ未満で、左耳の近くに位置している。そして人の発話に重要な役割を担っていると考えられている。言語に関する知識がそこにしまってあるというわけではないが、ブローカ野は人が音声を発する際に用いる機能を制御している。人が何かを言おうとするとき、その意思は必ずブローカ野を通る仕組みになっており、ブローカ野が唇・舌・声帯に指令を送ることで言葉が形成されるのである。また、ブローカ野は言語と構造の似た他の認知的な作業にも関わっていることが証明されている。たとえば音楽がそうである。

脳梗塞がブローカ野で起こると、血管が詰まって酸素量が減少し、それにより脳組織の萎縮が引き起こされる。その際の酸素欠乏の長さが損傷の程度を左右する。患者は言葉を理解できるし、意思疎通を試みることもできるが、話すこと自体は極めて難しくなる。発話能力を喪失し、失語症となる可能性もある。そして、どうやらそれがベリーに起こったことらしかった。

脳の他の部位がブローカ野の失われた機能を補うこともあると考えられている。その部位のひとつが右脳の右耳上部の近くに存在する。これはだいたいブローカ野と対称の位置にあり「右のブローカ野」と呼ばれることもある部位である。脳卒中の後、右のブローカ野は非常に活発になり、ときには過度に活動的になることもある。これは言語を生成するブローカ野を補助するためだとも考えられている。ところが残念なことに、これはブローカ野の回復を妨げてしまう危険性をはらんでいる。言葉と音楽が同じような脳機能を必要とすることを鑑みれば、この右のブローカ野が音楽を統御する部位であることは驚くに値しない。そのため、歌うことによって右の部位を普段通りの仕事に専心させ、過度な活発化を防ぐことができると考えられている。そうすることで、ブローカ野は右脳からの影響を受けることなく回復に専念できるのである。

音楽は言語と深く関連しており、音楽の構造は言語と似ている部分があると指摘されている。たとえば音楽には文法のようなものがある。また、音楽においても言語においても発声にはリズムと調性があり、当然どちらも喉と口の同じ筋肉を使って声を発する必要がある。さらに音楽は感情とも密接な関係がある。特定のジャンルの音楽（感動的なラブソングや愛国的な国歌など）のみが感情的な経験と結びつくわけではない。文化によっては特定の調が決まった感情を呼び起こすこともある。たとえば西洋音楽における短調は、暗く、寂しげで、謎めいて、哀しそうだと知覚される。

ブローカ野を損傷した人の場合、歌の持つ言葉・音楽・感情が連携し合い、相互に助け合う可能性がある。たとえば曲とリズムが筋肉の記憶を刺激することで、言葉の発し方を思い出すことができるかもしれない。また音楽を聴くことで感情が呼びさまされ、発話能力の回復につながるかもしれない。

最近の研究では、脳が他者との接触に反応を示すこともわかってきている。一般的に言って、年齢を重ねるに従って記憶力は低下する。だが一人暮らしで定期的な社会的交流をもたない人に比べると、多くの友人とたくさんの交流をもっている高齢者は記憶力の低下が少ないことが明らかになっている。このように、脳組織は社会的な接触によって再活性化され、再成長することすらできると考えられている。

トーキン教授は生涯を通して数百におよぶ歌を覚え、研究し、披露してきた。しかし発作の後、彼は不安に襲われた。歌を思い出すことは永遠にできないのではないか。トーキン教授はこの不安を医者に打ち明けてみたが、希望的な返事は返ってこなかったという。「ああ」と医者たちは言った。「お気の毒ですが」。

しかし、家族や友人たちによる音楽を通して、そして皆と一緒に歌うことを通して、ベリーは歌を思い出し始めたのである。このプロセスはゆっくりで、完全ではなかった。しかし時間が経つにつれて、歌の断片や、ときには歌全体がベリーの記憶に突然舞い戻ってくることがあった。ベリー曰く、まるで脳に閉じ込められていた歌たちが新しい出口を探し当てたかのようだったという。そして歌の中にある言葉の断片を思い出すにつれ、ベリーの言語能力も全体的に回復しはじめた。音楽療法士などは、歌うことと社会的交流が損傷した脳を刺激して回復を助けたのだ、と言うかもしれない。音楽、言葉、感情、そして人とのつながりが一緒になって、彼の自然治癒能力に少しばかりのエネルギーを与えたのだと、私たちはそう信じている。

ベリーは歌の多くを先人たちから教わり、私たちはそれをベリーから教わった。私たちは医者でも、脳科学者でも、音楽療法士でもない。ましてやプロの歌手でもない。しかし、そうした歌をベリーと共に歌う中で気づいたことがある。歌が伝統を携えているということだ。それが幾世代にもわたって伝わってきた伝統であれ、私たちのグループのような新しく私的な伝統であれ。私たちは知っている。歌を通して、ベリーの脳が自らを治癒しようとしていることを。

伝統・伝承は、先祖へと続く道である。そして友人であり家族である先輩を救う道として私たちが選んだのが伝承音楽であった。彼がその道を通って私たちの元へ帰ってこられるように。

発作の日

（ミドリ・クボタ・トーキン）

七月四日はアメリカの祝日である。普段働いている人もそうでない人も、その日は家族や友人と時間を過ごす。ボートに乗ったり、キャンプやピクニックに出かけたり、ドライブに行ったりする。

二〇〇二年の七月四日、ベリーは暑い中、家の前の庭の育ちすぎた生垣に手を入れていた。作業を終えたころには暑さでひどく疲れたようであった。休憩をとり、シングルモルトのスコッチを二杯飲んだあと、ベリーは夕飯をとって眠りについた。朝になると彼は仕事に行く準備を始めたので、私は朝食を出し、その後彼は家を出た。

ベリーが仕事に行っているあいだ、私は裏庭の手入れをしていた。昼近くになってベリーが帰宅する音を聞いたので私は不思議に思った。普段ベリーは夕飯の時間までオフィスにこもっていることが多かったからだ。それから三〇分ほど庭仕事を続けて家に入ると、ベッドで横になっているベリーを見つけた。どうしたのかと尋ねると、ベリーは「脳卒中だと思う」と答えた。私はすぐに娘のカズコを呼び出してベリーを病院へ連れて行った。この時点ではベリーは病院の中へ歩いて入っていける状態であったが、娘と私の介助が必要であった。救急の医者が検査を行った結果、ベリーは実際に脳梗塞であることが判明した。しかしこのときベリーの主治医は休暇中で、近くのリゾート地であるベア湖でボートを楽しんでいた。そのため主治医はベリーの診察に駆けつけることができなかったのである。これは重大なことであった。なぜなら主治医のサインなしでは病院は脳梗塞に対する薬を投与できなかったからである。私たちは大きなストレスと無力感、そして怒りを覚えた。時間が鍵を握っており、三~四時間以内に薬が投与されねばならない中、病院は主治医と連絡を取れなかったのだから。

三~四時間が過ぎても主治医はまだ現れなかった。今や麻痺の兆候を示していたベリーは病室のベッドに移された。ベリーがその部屋に移されたのは、そこがナースステーションの向かいであり、看護師たちがあらゆる怪我からベリーを守れるようにするためだった。しかしどういうわけか、カズコと私がいないあいだにベリーは体を起こしてベッドから降り、床に倒れてしまった。この事故に関してカズコと私は強い怒りを覚えた。

翌朝になった。病室には息子たちと、カズコを含めた二人の娘ら、そして私がいた。そこに主治医が病室に入ってきた。カズコはためらうことなく、ソルトレイクシティの医者と連絡を取りつけたのでベリーをそちらに移すと主治医に告げた。助けの必要なときに連絡の取れない医者をこのまま主治医にしておくわけにはいかなかったのである。薬を投与する期間を逃してしまったために、ベリーの麻痺は半身に広がっていった。また発話が非常に難しいようであった。私たちはすぐにベリーを理学療法士のもとへ連れて行き、そこでベリーは六週間にもおよぶ集中トレーニングを受けた。トレーニングには、家族や友人たちも見舞いに訪れた。

ある日、アレン［クリステンセン］は一緒に歌える二〜三人の友人をベリーの元へ連れて来てくれた。そのうちの一人がハル・カノンである。ハルは音楽家であり歌手で、さまざまなジャンルのフォークソング、とりわけカウボーイソングを得意としていた。ギターを持ってきていたハルは、ベリーと一緒にそれを弾いてみることにした。ギターを弾くには両手が必要である。ベリーは左半身を難なく動かせたが、右半身は完全に麻痺していた。ハルはベリーの後ろに座り、ベリーにギターを持たせた。そして自分は右手で弦をかき鳴らして歌うので、そのあいだ左手でコードを押さえてくれるようベリーを優しく説得した。それは素晴らしい光景だった。ベリーはハルの歌にあわせて左手で正しいコードを次々と見つけていったのである。別の日、ドイツにいる友人がベリーに電話をよこした。すると、ベリーは何のためらいもなく流暢なドイツ語で返事をしたのである。私たちは本当に驚いた。英語を話すことすら難しかったベリーがドイツ語を話していたのだから。

ようやくベリーを家に連れて帰ることができたが、その後も言語・理学療法の治療を長いあいだ受けなければならなかった。また記憶していた数百もの歌・冗談・物語を思い出すことも難しいとわかった。字を読むことも困難になり、もはや数字に関することは理解できなくなっていた。言語療法を通して短い会話をする能力は取り戻したものの、歌を思い出すことはできないままであった。そこでアレンはあることを思いついた。週に一度、友人をベリーの家に招いて一緒に歌を歌うことである。それが音楽療法となって歌を思い出すことにつながるのではないか、とアレンは考えていた。

（アレン・クリステンセン）

集いし友たち

私とベリー・トーキンは一九九八年にディナーパーティーで出会ったのだが、これほど親しい仲になるとは思いもしていなかった。ベリーはユタ州立大学でのフォークロア・プログラムを率いていて、ユタ芸術協議会の議長を数年間務めていた。ベリーはギター弾きで、膨大な数の歌を知っていた。その数は八〇〇を超えており、その多くは私にとって耳慣れない歌であった。古い歌である。旋律は聞き覚えがあっても、知っている歌詞とは違うこともあった。航海時代の労働歌である舟歌、カウボーイソング、酒の歌、黒人霊歌、讃美歌などである。それは人生についての歌であり、何世代にもわたって受け継がれてきた歌であった。それが何百曲もあった。素晴らしかった。

二〇〇〇年、ユタ州立大学でファイフ・フォークロア会議が開催された。友人らと共に招待された私は、そこでトーキン一家と歌を歌うことになっていた。その友人たちと歌ったのはそのときが初めてであった。披露したのは伝承歌で、すべてベリーとその家族が私に教えてくれたものであった。

ベリー・トーキンははじめから民俗学者であったわけではない。若いころはユタ州南部でウラニウムの調査をしていた。ある日、ベリーは岩だらけの荒野で単独調査中に体調を崩してしまった。回復を見込んで数日間苦しんだが、望みもむなしくやがて気を失った。数日後、気がつくと彼はナバホ族のホーガン［訳注：泥や土で覆って作る先住民の伝統的住居」にいたという。その家族の名はイェローマンといった。イェローマン家の人々は数週間にもわたってベリーに食事を与え、看病してくれたのである。これがベリーにとってのナバホ生活のはじまりであった。イェローマン家はベリーを養子にした。そこでベリーはナバホの言葉や風習を学び、ナバホの一員と認められるまでになった。ベリーは短いあいだであったが結婚をし、ナバホの保留地に住みながらヴァネッサという娘をもうけた。ヴァネッサについては後でまた触れることにする。イェローマン家やナバホ族とベリーの関係は今日に至るまで続いている。

ミドリが先ほど述べた通り、ベリーは二〇〇二年の真夏に脳梗塞で倒れた。当然ながら家族や友人にとっては非常に辛い時期であった。症状が一段落した後、医者は発作の終結を言い渡した。悪性で凶悪な脳梗塞であり、悲劇的な結果となった。ベリーはすらすらと話すことができなくなった。心から好きだった歌もすべて忘れてしまった。だが不思議なことにドイツ語とナバホ語は忘れておらず、また歌の旋律を口ずさむこともできた。ある日、カズコとミドリがベリーの友人を病室に呼んで一緒に歌う機会をもうけた。その日やって来たのは八人だった。

ベリーはその年の秋に退院した。ある火曜日の夜、私たち七人とベリーは彼の家に集まって歌を歌った。そして冬のあいだ中、私たちは毎週欠かさず集まった。それ以来、人数は徐々に増えていったが、火曜日の夜に歌うということだけは変わらなかった。歌を忘れてしまったと思っていたベリーも、この集まりを通して多くの歌を思い出せるようになっていた。

ベリーの、ナバホの娘であるヴァネッサは、ベリーとナバホの文化をつなぎとめる架け橋となった。伝統的なナバホ族の中では、病気は外的な力による攻撃だと考えられている。ナバホ族の養子であり民俗学者であるベリーは、ナバホの伝統的な治癒儀式に参加することにした。その儀式は外部からの攻撃から身を守り、自らを

「調和」の状態に保つためのものであった。この儀式は「シングズ（Sings）」という名で知られており、三日がかりで行われることが多い。その中には「恵みの道（"Blessing Way"）」という一連の歌があり、複数の「シングズ」が必要となる。これは数週間～数か月に分けて行われることもある。発作の前にもヴァネッサはベリーのために「シングズ」の儀式を用意したことがあった。しかし、この儀式のうち三つの「シングズ」が完了して残りひとつとなったとき、発作がベリーを襲ったのである。ヴァネッサはベリーが最後の「シングズ」を終えられるよう取りはからった。

火曜夜の歌のメンバーとナバホの家族は、発作を起こしたベリーの心身に大きな影響を与えたと私は信じている。

ひとりを癒すこと、皆を癒すこと

（カズコ・トーキン）

ベリー・トーキンの娘である私は歌と物語に囲まれて育った。父の歌を聞いて一緒に歌うことで歌や言葉を覚えた。そして歌を通して自分の家族やその歴史について学んだのであった。たとえば家族の皆がどこから来たのか、どのような職についていたのか、精神的・身体的な病の治療法、食文化に関わることなどである。また父はさまざまな人を家に招いたため、他の文化における歴史や伝統も知ることができた。父の教え子、同僚、友人、隣人、そして世界中から来た人々と交流する中で、この多文化な社会での振る舞い方を私は学んだ。伝統や慣習は、人が日々の状況を構造的に理解したり、集団への帰属を認識したりする手助けとなる。異なる文化的状況では自分の慣習を柔軟に対応させていけばいいのだということを、私は人生の早い段階で学んでいた。我が家での歌は未だに伝統であり、私の人生を通して伝統であり続ける。両親と私にとって歌うことは不可欠なのである。

物心ついたころから私の家にはいろいろな人が集まっていた。昔集まっていたグループの録音を聞くと、この

「飲みながら歌う」という伝統の中にも変化があることに気づく。集団力学が違うのである。現在のグループも独自の伝統を発展させてきたし、歌によってはアレンジを変化させ、その歌の伝統的な歌い方とは異なるやり方も試みてきた。また父は歌の集まりのリーダーであり、皆は彼のリードを見ながら歌っていたが、今の私たちは他の誰かのリードで歌う。新たな伝統がここにも生まれたのである。

歌を伝えることもまた、我が家の伝統である。父は記憶している膨大な数の歌を私に教えていた途中で発作に襲われたのであった。それ以降、父は歌の記憶をすべて失い、話すこともきわめて困難となった。父にとって脳梗塞がもたらした現実はトラウマであり、それは家族、友人、同僚など私たち皆をもひどく混乱させた。

若いころ、父はナバホ族の一家に迎え入れられ、その後は学者としてナバホの民話や伝承を研究してきた。ナバホ族の人々にとって、病気とは平常な状態の崩壊であり、それを引き起こす要因は患者の外部にあるとされている。そして病気は患者の家族全体に影響をおよぼすとも考えられている。そのため、誰かが悪い病気にかかると行われる儀式は、患者本人だけでなくその家族やナバホ族全体を癒すために行われる。皆が病の影響を受けるからである。儀式には、家族、友人、隣人、よそから来た人など、皆が参加し協力する。そして呪医は伝統的な儀式の歌をそのあいだずっと歌い続ける。

発作の前、父はナバホの神聖な物語を研究しており、非ナバホ族の学者たちが物語をより深く理解できるよう議論や分析を重ねていた。ところが、ナバホの呪医は父に研究をやめるよう警告したのである。「スキン・ウォーカー〔訳注：アメリカ先住民の伝承に登場する特殊能力者。望んだ動物に変身できる〕や魔女は、物語を研究し、悪用しようとする」と、ある呪医が言った。「お前には死ぬ覚悟が、もしくは代わりに家族の誰かを失う覚悟があるのか」、そこで父の属するナバホのイェローマン家は、父や皆を起こりうる危機から守るため、すぐさま「恵みの道」の儀式の手はずを整えた。

「恵みの道」は四つの儀式によって構成されており、数か月にわたって執り行われる。家族や友人もやって来て、儀式を見守ったり参加したりする。そして歌い手たちは伝統的な癒しの歌を歌う。父のための最初の儀式はユタ州ローガンにある父の家で行われた。二回目はユタ州スミスフィールドにある私の家で。そして三回目はアリゾナ州レッド・メサにあるナバホ族の保留地で、父の知人一家のホーガンでだった。しかし四回目の儀式の前に、不運にも発作が起こってしまったのである。父が動けるようになってから、四回目の「恵みの道」の儀式がアリゾナのチューバ・シティで行われた。そこは同じナバホの保留地にある父の長女（ヴァネッサ）の家であり、私たちの家からは遠く離れた場所であった。歌のグループからは、アレンとゲイル・クリステンセンが家族と一緒に出席してくれた。

ローガンの家に戻ると、発作の起こる前に父と一緒に歌っていた友人たちが、父のために集まって歌を歌ってくれた。そしてアレン・クリステンセンやマイケル・スプーナーらが毎週家に集まって父と歌うことを決めた。それにより父は言葉を思い出す刺激を受けながら歌に触れることができるからである。皆は毎週やって来た。やがて集まる人数は増えていき、父と歌うことは毎週の伝統となった。この伝統は二〇〇二年から始まり今なお続いている。父は歌自体を覚えていても歌詞を思い出すことができなかったが、ときが経つにつれて多くの歌を思い出し、再び歌えるようになった。それにとどまらず、父は少しばかりグループをリードできるようにもなってきたのである。

私たちは気づいた。父が自ら歌い、積極的にグループの歌に参加することが治癒プロセスを維持するためには大切であることを。医者が体の内側から父を治療している一方で、私たちは外側から、歌と伝承の力を通して父を癒していたのである。「恵みの道」において演奏されたナバホの伝統的な歌も治療に力を貸してくれた。父や私たちをさらなる危険から守ってくれたのである。

ナバホの歌に守られながら「恵みの道」から帰ったとき、毎週の歌の集いは私たちにとって一段と重要なものになっていた。私たちは歌を歌うという伝統を通して、父だけでなく自分たちをも癒していたのである。

グループのパフォーマンスおよびメンバー数名のインタビューは以下の YouTube にて視聴可能。
ミドリとベリー・トーキンのインタビュー：http://youtu.be/0dbu-8EiKlk
「優れたフォークソングに必要な要素は?」：http://youtu.be/-IsddbF_v_0
民俗学者リン・マクニール（Lynne McNeill）のインタビュー：http://youtu.be/k67SmKhKGgc
歌手アイザック・スプーナー（Isaac Spooner）のインタビュー：http://youtu.be/obLa2U87egs

〈付記〉　本章は初出「バラッド（物語歌）の力――記憶喪失と失語からの回復」および「〈翻訳〉脳梗塞と歌――フォーク・シンガー達が、療法としての音楽を体験する（The Stroke and the Song: A Folk Group Experiences Music as Therapy）」（『立命館国際言語文化研究所紀要』第二五巻三号、二〇一四年二月）の本文を一部、改稿・改訳したものである。

謝辞

本書は、立命館大学国際言語文化研究所に所属する「ヴァナキュラー文化研究会」の活動成果である。活動と本書出版にあたっては左の共同研究助成金、出版助成金をいただいたことをここに記し、心からお礼申し上げます。

サントリー文化財団研究助成金（代表・ウェルズ恵子）
二〇〇九年「「語りえない人々の語り」に関する超域的研究」

立命館大学 衣笠総合研究機構 研究所重点研究プログラム研究助成金（代表・ウェルズ恵子）
二〇一二年度「語りえない者の語りに関する研究」
二〇一三年度「デジタル時代のヴァナキュラー文化：ヴォイスの諸相」
二〇一四年度「デジタル時代のヴァナキュラー文化：移動するヴォイス」
二〇一五年度「ヴァナキュラー文化の多面的研究：流体としてのことば、文化、地域」
二〇一六年度「ヴァナキュラー文化の多面的研究：流体としてのことば、文化、地域」
二〇一七年度「ヴァナキュラー文化の多面的研究：文化の拡散と発展」

立命館大学 研究の国際推進化プログラム（代表・坂下史子）
二〇一四年度「ポストソウル世代のアフリカ系アメリカ人文化：歴史的記憶継承の視点から」

立命館大学 国際言語文化研究所出版助成 二〇一七年度

末筆になりましたが、ヴァナキュラー文化研究会副代表で立命館大学文学部の同僚である坂下史子さんには、特に編集の後半で、さまざまな側面から相談にのっていただきました。感謝にたえません。また、本書刊行に当たって企画の段階からご尽力くださり、丁寧な編集作業をしてくださった思文閣出版の大地亜希子さんに、深く感謝します。加えて、出版までさまざまな手続きを援助してくださった国際言語文化研究所事務局の皆様、原稿の整理をお手伝いくださった立命館大学文学研究科院生の川内有子さん、山﨑遼さん、猪熊慶祐さん、中谷可惟さん、ありがとうございました。

ウェルズ恵子

二〇一八年三月三日

執筆者紹介

（掲載順、現職・専門分野・主要な業績および著作物を示した）

ウェルズ恵子　WELLS, Keiko
立命館大学文学部教授　アメリカ文学・文化、比較文化研究、音楽文化研究
『アメリカを歌で知る』（祥伝社、2016年）、『魂をゆさぶる歌に出会う―アメリカ黒人文化のルーツへ』（岩波書店、2014年）、『アメリカ黒人霊歌19世紀・20世紀初頭文献復刻集成』全4巻（編纂・解説、ユーリカ・プレス、2012年）、『黒人霊歌は生きている―歌詞で読むアメリカ』（岩波書店、2008年）、『フォークソングのアメリカ―ゆで玉子を産むニワトリ』（南雲堂、2004年）

サイモンJ. ブロナー　BRONNER, Simon J.
ペンシルベニア州立大学ハリスバーグ校特別名誉教授　アメリカ学、民俗学
ケネス・ゴールドスタイン賞（アメリカ民俗学学会）、生涯功績賞（子どものフォークロア研究／同会）受賞ほか多数
〈近著〉*Folklore: The Basics*. New York: Routledge, 2017. *Pennsylvania Germans: An Interpretive Encyclopedia*. Baltimore: Johns Hopkins University Press, 2017. *Youth Cultures in America*. Santa Barbara: Greenwood, 2016.

石田文子　ISHIDA, Fumiko
英米文芸翻訳
訳書：コナン・ドイル『シャーロック・ホームズの冒険』（角川書店、2010年）、シャルロット・ハプティー『オットーと空飛ぶふたご』（小峰書店、2005年）、アレックス・シアラー『スノードーム』（求龍堂、2005年）

ジャック・サンティーノ　SANTINO, Jack
ボウリング・グリーン州立大学教授　民俗学
Santino, Jack, ed. *Spontaneous Shrines and the Public Memorialization of Death*. New York: Palgrave Macmillan, 2006. *New Old-Fashioned Ways: Holidays and Popular Culture*. Knoxville: University of Tennessee Press, 1996. *Halloween and Other Festivals of Death and Life*. Knoxville: University of Tennessee Press, 1994.

佐藤　　渉　SATO, Wataru
立命館大学法学部教授　オーストラリア文学
「エスニシティの境界を越えて書く―ナム・リーの短編小説に見るアジア系オーストラリア文学の新たな展開」（『立命館法学』別冊『ことばとそのひろがり（5）』2013年）、"A Role of Woman in Australian Colonial History: Patrick White's *Voss*"（『立命館法学』別冊『ことばとそのひろがり（4）』2006年）

荒このみ　ARA, Konomi
東京外国語大学名誉教授　アメリカ文学・文化
『マルコムX―人権への闘い』（岩波新書、2009年）、『歌姫あるいは闘士―ジョセフィン・ベイカー』（講談社、2007年）、『アフリカン・アメリカン文学論―「ニグロのイディオム」と想像力』（東京大学出版会、2004年）
訳書：マーガレット・ミッチェル『風と共に去りぬ』全6巻（岩波書店、2016年）

リサ・ギャバート　GABBERT, Lisa
ユタ州立大学英文学科准教授　民俗学
『多文化理解のためのアメリカ文化入門―社会・地域・伝承（*An Introduction to Vernacular Culture in America: Sosiety, Region, and Tradition*）』（ウェルズ恵子との共著、丸善出版、2017年）、"Teaching Fairy Tales in Folklore Classes," in Christa C. Jones and Claudia Schwabe eds., *New Approaches to Teaching Folk and Fairy Tales*, Utah State University Press, 2016. *Winter Carnival in a Western Town: Identity, Change, and the Good of the Community*, Utah State University Press, 2011.

中川典子　NAKAGAWA, Noriko
フリーランス翻訳家　アメリカ研究

坂下史子　SAKASHITA, Fumiko
立命館大学文学部准教授　アメリカ研究
「人種的〈他者〉としての黒人性―アメリカの人種ステレオタイプを例に」（兼子歩・貴堂嘉之編『「ヘイト」の時代のアメリカ史―人種・民族・国籍を考える』彩流社、2017年）、「他者の死を扱うということ――次史料としてのリンチ写真を例に」（『アメリカ史研究』第36号、2013年）

江川ひかり　EGAWA, Hikari
明治大学文学部教授　トルコ近代史
『世紀末イスタンブルの演劇空間―都市社会史の視点から』（永田雄三との共著、白帝社、2015年）、『Yağcı Bedir Yörükleri: Bir Yörük Grubu ve Hayat Tarzı（ヤージュ・ベディル遊牧民―ある遊牧民グループの生活様式）』（イルハン・シャーヒンとの共著、Eren、2007年）、『ワードマップ　イスラーム―社会生活・思想・歴史』（小杉泰との共編、新曜社、2006年）

トーマス・マケイン　McKEAN, Thomas A.
アバディーン大学エルフィンストーン研究所所長　民俗学
"The Dialect Conundrum in Transcribing Early Sound Recordings." In *From 'Wunderhorn' to the Internet: Perspectives on Conceptions of 'Folk Song' and the Editing of Traditional Songs,* ed. by Eckhard John and Tobias Widmaier, BASIS, 6. Trier: WVT, 2010. Highly Commended in the 1998 Michaelis Jena Ratcliffe Folklore Prize. *Hebridean Song-maker: Iain MacNeacail of the Isle of Skye,* with 72 minute CD. Polygon, July 1997.

山﨑　遼　YAMASAKI, Ryo
立命館大学大学院文学研究科博士課程後期課程　民俗学、文学研究
"Didactic Elements in the Traditional Ballad: Male-Female Relationships, Bereavement, and Symbiosis with Nature"（『立命館英米文学』第26号、2017年）、「スコティッシュ・トラベラーと「生きている伝承」」（『立命館言語文化研究』第28巻1号、2016年）

関口英里　SEKIGUCHI, Eri
同志社女子大学学芸学部教授　消費文化論、メディア文化論
『現代日本の消費空間―文化の仕掛けを読み解く』（世界思想社、2004年）、「東京オリンピックと日本万国博覧会」（老川慶喜編著『東京オリンピックの社会経済史』日本経済評論社、2009年）、「東京オリンピックという「文化装置」―都市のメディアと祝祭的な消費をめぐる仕掛け」（東京国立近代美術館『現代の眼』第598号、2013年）

小長谷英代　KONAGAYA, Hideyo
早稲田大学社会科学総合学術院・社会科学部教授　文化人類学、民俗学
『〈フォーク〉からの転回―文化批判と領域史』（春風社、2017年）、『アメリカ民俗学―歴史と方法の批判的考察』（共編訳、岩田書院、2012年）、「「アート」と文化人類学の境界―理論と文化政策の系譜から」（『文化人類学研究』第18巻、2017年）

ソンドラ・ウィーランド・ハウ　HOWE, Sondra Wieland
比較音楽学
Women Music Educators in the United States: A History. Lanham, Md.: Scarecrow Press, 2014. *Luther Whiting Mason: International Music Educator.* Warren., Mich.: Harmonie Park Press, 1997.

ディーン・L・ルート　Root, Deane L.
ピッツバーグ大学音楽学部教授・アメリカ音楽センター所長　アメリカ音楽、大衆音楽、アメリカのミュージカル
Voices Across Time: American History Through Music, co-author. University of Pittsburgh, 2004 : http://voices.pitt.edu/　*The Music of Stephen C. Foster: A Critical Edition.* Edited with Steven Saunders. 2 vols. Washington and London: Smithsonian Institution Press, 1990. Paperback edition, 1983. *American Popular Stage Music, 1860–1880.* Ann Arbor: UMI Research Press, 1981.

湊　　圭 史　MINATO, Keiji
同志社女子大学表象文化学部准教授　アメリカ文学、オーストラリア文学・文化
「Langston Hughes の *ASK YOUR MAMA* に見るヴァナキュラー文化のゆくえ」(『立命館言語文化研究』第25巻３号、2014年)、「オーストラリアン・グロテスクの現在―近年の豪州小説から」(『オーストラリア研究』第26号、2013年)
訳書：クリストス・チョルカス『スラップ（オーストラリア現代文学傑作選)』(現代企画室、2015年)

宮 下 和 子　MIYASHITA, Kazuko
鹿屋体育大学名誉教授　アメリカ研究、日米の異文化コミュニケーション
"Foster's Songs in Japan" *American Music: Stephen Foster*, Volume 30, Number 3, The University of Illinois, 2013.「America Keeps Singing ―19世紀から21世紀へのコミュニケーション」(『九州コミュニケーション研究』第10号、2013年)、「日本人の知らないスティーブン・フォスター」(『九州コミュニケーション研究』第３号、2005年)

索　引

あ行

か行

さ行

た行

な行

は行

ま行

や・ら行

ヴァナキュラー文化《ぶんか》と現代社会《げんだいしゃかい》

2018（平成30）年３月23日発行

編　者　ウェルズ恵子

発行者　田中　大

発行所　株式会社　思文閣出版

〒605-0089 京都市東山区元町355

電話 075-533-6860（代表）

装　幀　北尾崇（HON DESIGN）

印　刷
製　本　株式会社 図書印刷 同朋舎

© Printed in Japan　　ISBN978-4-7842-1933-9　C3036